Markus Müller
Lebensplanung für Fortgeschrittene
Wie wir älter werden wollen

W0233494

Markus Müller

LEBENSPLANUNG FÜR FORTGESCHRITTENE

Wie wir älter werden wollen

SCM

SCM

Stiftung Christliche Medien

Der SCM Verlag ist eine Gesellschaft der Stiftung Christliche Medien, einer gemeinnützigen Stiftung, die sich für die Förderung und Verbreitung christlicher Bücher, Zeitschriften, Filme und Musik einsetzt.

© der deutschen Ausgabe 2016
SCM-Verlag GmbH & Co. KG · Max-Eyth-Straße 41 · 71088 Holzgerlingen
Internet: www.scmedien.de · E-Mail: info@scm-verlag.de

Umschlaggestaltung: Kathrin Spiegelberg, Weil im Schönbuch
Titelbild: shutterstock.com
Satz: typoscript GmbH, Walddorfhäslach
Druck und Bindung: CPI books GmbH, Leck
Gedruckt in Deutschland
ISBN 978-3-7751-5702-5
Bestell-Nr. 395.702

»Die Türen sind offen, um aufregende, befreiende Räume des Alters zu betreten. Man muss es nur wagen.«

Reimer Gronemeyer[1]

INHALT

Anstelle eines Vorwortes: Ein herzliches Danke 11

Vom ungebetenen Gast A wie Alter 13

Kapitel 1

Zwischen 40 und 70 – so ticken wir 17

Ein offener Brief an die 68er-Generation –

so kennen wir euch 18

Wir Babyboomer – so umschreibt man uns 22

Wir Babyboomer:

Zwölf Besonderheiten und Merkmale 24

Nach uns: Die Generation Golf 38

Von den Großeltern zur Generation Y 41

Kapitel 2

Irritierendes auf dem Weg in unsere Zukunft 45

Die kommenden Jahre – womit wir gesellschaftlich

zu rechnen haben 46

Und dann: Unsere Eltern –

mehr Fragen als Antworten 52

Älterwerden: Lebensplanung erschwert 56

Die gute Nachricht: Wir Babyboomer lassen

uns gerne einspannen 60

Kapitel 3

Vom ungebetenen Gast A wie Alter –

ganz anders als gedacht 63

Ein Blick in die Geschichte des Alters –

eine Zuversichtsquelle 64

Von einigen Missverständnissen im Zusammenhang

mit dem Alter 68

Der Mensch – was ist er eigentlich?

Vier Kennzeichen 87

Das Alter: Ohne Skript und Regisseur –

das darf unmöglich so bleiben 93

Kapitel 4

»Schönes Alter« – Eine zaghafte Spurensuche **97**

Midlife-Booming – das finden wir gut 98

Höhepunkte am Ende des Lebens –

Beispiel Johann Sebastian Bach 102

Palliative Care – eine altbewährte Sache 105

Was Alte zu sagen haben, wenn wir sie fragen 108

Jede Phase des Lebens hat ihre Bestimmung –

bis zum Ende des Lebens 112

Alter und Giftbecher – von der gebrochenen Liebe

zum Alter 116

Kapitel 5

Vergangenheit und Zukunft: Die großen Ressourcen

für meine Gegenwart **123**

Meine Vergangenheit – vom unerschöpflichen

Potenzial meiner bisherigen Geschichte 124

Zukunft – was ich sehen darf 134

Beflügelte Gegenwart: Ergebnis mündigen

Umgangs mit Vergangenheit und Zukunft 140

Kapitel 6

Das Land entdecken – Eckpfeiler eines erfolgreichen

Abenteuers **145**

Die Innen- und Außenseite des Lebens –

von ablaufender und anlaufender Geschichte 147

Das Leben in gesunder Identität 152

Den Urfeinden des Älterwerdens widerstehen:

Gegenwartsoptimierungswahn – Jugendwahn –

Selbstbestimmungswahn 158

Schreckgespenster Demenz – Pflegeheim –
Abhängigkeit: Ein neues Verständnis gewinnen 164
Das Alter ergibt Sinn –
die Sinnfinsternis überwinden 174
Milieu der Hoffnung – zu Hause, in Schule,
Gemeinde, Kaufhaus, Rathaus und 183

Kapitel 7
Als Babyboomer in Schlüsselposition –
Darum wird es gehen **189**
Das Alter neu erfinden: Die Landkarte
zeichnen – Wegweiser im Land benennen 191
Wir Babyboomer: Das können wir –
von den Stärken, die wir einsetzen sollten 195
Wir Babyboomer und die Herausforderungen –
hier haben wir zu lernen 198
Vom guten Vermächtnis, über das kommende
Generationen reden werden 202
Das Bewegende – von der Melodie des Älterwerdens
in unserer Stadt und auf unserem Dorf 207
Die Hohe Schule des Älterwerdens –
jetzt wird es gut mit uns 215
Alte werden mit Jungen, Junge mit Alten lachen 220

Kapitel 8
Als Babyboomer glücklich sterben **225**
Sterben – ein Teil des Lebens 227
Der Tod – nur der Erzfeind? 231
Das Schönste kommt noch – vom Finale 234

Zum Schluss: Ein Plädoyer 239
Literaturverzeichnis 242
Abbildungen 247
Anmerkungen 248

Anstelle eines Vorwortes: Ein herzliches Danke

»Die größte Kraft des Lebens ist der Dank.«
Hermann von Bezzel (1861–1917), Theologe und Schulrektor

Lebensplanung für Fortgeschrittene. Das wird eine Abenteuerreise sein. Das wusste ich immer. Was ich auch weiß: In meiner eigenen Lebensplanung und -gestaltung habe ich von zahllosen Menschen unendlich viel empfangen und profitieren dürfen. Zu diesen Menschen gehörten eine Reihe von Verantwortungsträgern in unserer Gesellschaft und Leitern in christlichen Gemeinden, dazu gehört ebenso eine stattliche Anzahl Freunde in meinem Alter, dazu gehören meine Frau und meine vier Kinder, dazu gehören meine eigenen Eltern und Geschwister, dazu gehören junge Studierende auf der Suche nach den Geheimnissen und Rätseln des Lebens, und dazu gehören viele ältere, alte und sterbende Menschen, die mir während der vergangenen Jahre in den wirklichen Fragen des Lebens wesentlich weitergeholfen haben.

Ihnen allen gilt mein Dank. Meistens sahen sie mehr als ich selbst. Was verantwortliche Leiter mit mir, in mir und für mich gesehen haben, hat wesentlich zu meiner Reifung beigesteuert. Meine Eltern sorgten für tragfähige Fundamente im Leben. Sich untereinander auf eine gute Art zu messen, lernte ich unter anderem zusammen mit meinen leiblichen Geschwistern. Zur Verankerung im ganz realen Leben haben meine Frau und meine Kindern Entscheidendes beigetragen. Was wäre ich ohne Freunde, die auch mal ein kritisches Wort wagten, die mich unentwegt inspirierten und Eigenartiges einzuordnen vermochten? Und ohne die besondere Gabe unterschiedlichster Studierender, die nie müde wurden und werden, mit ihren Fragen zu neuen Gedanken zu reizen? Danke! Schließlich die Dimension der Weisheit, die ich bei älteren, alten und sterbenden Menschen lernen konnte. Es ist weise, sorgsam auf sie achtzuhaben. Eines Tages werden auch wir zu ihnen gehören. Gut, wenn wir mündig auf unsere nächste Lebensphase zugehen und heute lernen, was wir morgen brauchen – als einzelne Personen wie auch als Gesellschaft in all ihren vielseitigen, aktuellen und kommenden Herausforderungen.

Dr. Markus Müller

Vom ungebetenen Gast A wie Alter

»*Hallo, du altes Haus, wie geht's denn?*« Auf einmal wurde ich auf dem linken Fuß erwischt. War diese Anrede nur ein kleiner Spaß, vielleicht im Sinne eines gut gemeinten Stimmungsaufheiterers? Oder hat mein Gegenüber tatsächlich etwas von dem wahrgenommen, was ich weder für möglich hielt, geschweige denn für möglich halten möchte? Könnte es wahr sein, dass der Gast A wie Alter, ohne zu fragen und ohne anzuklopfen, in mein Leben eingetreten ist, ja, sesshaft wurde und keine Anstalten macht, sich wegschicken zu lassen? Eigentlich will ich es nicht hoffen.

Szenenwechsel: Gebe ich auf Google »Babyboomer« ein, lese ich heute, am 31. Dezember 2015, oben links: »Ungefähr 1 370 000 Ergebnisse (0,31 Sekunden)«. Ganz dumpf erinnere ich mich: So einer bin ich auch, wenngleich ich den Ausdruck nie geliebt habe. Aber ich stelle fest: Das ist die Generation, von der es zurzeit in Deutschland, Österreich und der Schweiz am meisten Menschen gibt – rund ein Viertel bis ein Drittel, je nach Rechnungsart. Es ist zudem die Generation, die drauf und dran ist, mehr Leben hinter als vor sich zu haben. Und es ist die Generation, die unseren Sozialstaat mit seinen Renten- und Pflegeversicherungen ab 2025 aufs Äußerste strapazieren wird beziehungsweise, wie es die Schwarzmaler ausdrücken, ihn kollabieren lässt.

Szenenwechsel: Im Regal einer Bahnhofsbuchhandlung entdecke ich ein Buch mit dem Titel: »Wir werden älter. Vielen Dank. Aber wozu?«. Geschrieben von Peter Gross, dem Autor des 1994 erstmals erschienenen Bestsellers »Die Multioptionsgesellschaft«. Der Schock lässt nicht lange auf sich warten: Peter Gross schreibt von einer »Sinnfinsternis«, die sich über das Alter spannt. Was, so der Autor, machen wir eigentlich mit den rund 30 Jahren nach dem Austritt aus dem offiziellen Erwerbsleben? Was wird aus uns, wenn wir die Lebensmitte überschritten haben und sich die ersten

Gedanken an das Älterwerden in unser Bewusstsein schieben? Uns, sagt Gross, fehle ein Muster, uns fehle das Vorbild, uns fehle Skript und Regisseur.

Szenenwechsel: Wieder einmal feiern wir einen sechzigsten Geburtstag. Eigentlich widersteht mir dieses Feiern, bei dem es – ehrlich gesagt – niemandem ums Feiern ist. Und doch. Manchmal kommen Fragen auf wie: Ist es nicht doch gut, dass wir älter werden dürfen? Oder: Könnte das Alter nicht trotz einiger Unannehmlichkeiten etwas Schönes und Zufriedenstellendes werden, falls wir es richtig angehen? Oder: Haben wir uns nicht ein ziemlich falsches Selbstverständnis angeeignet, wenn wir dachten, es käme im Leben nur auf Leistung, Aussehen, Besitz, Status, Genuss und ein »immer mehr« an?

Letzter Szenenwechsel: Ich kann es kaum fassen, wie viele Gleichaltrige und Ältere mir ermutigende und gute Geschichten und Erfahrungen erzählen. Ich habe – gerade auch dann, wenn mir viel Übles über das Alter und Älterwerden zu Ohren kommt – gelernt, genau hinzuhören. Könnte es nicht sein, so muss ich dann unweigerlich fragen, dass uns mit dem Alter etwas Einzigartiges, jetzt noch Unentdecktes, aber Abenteuerlich-Spannendes bevorsteht? Könnte es sein, dass wir das Alter nochmals ganz neu erfinden und mit großer Überzeugung leben werden? Ich glaube es. Ich glaube, dass das Alter eine genauso erstrebens- und liebenswerte Lebensphase ist wie die Kindheit, die Jugend und das sogenannte Erwachsenenalter. Ich glaube, dass wir, die wir auf das Rentenalter beziehungsweise die Pensionierung zugehen, als letzte wirklich große Herausforderung in unserem Leben das Meisterstück abzuliefern haben, wie es sich sinnvoll und sinnstiftend, mündig und froh, zufrieden und als freie Menschen alt werden lässt. Darüber haben sich die uns vorangehenden Generationen nur wenig Gedanken gemacht, und darauf werden die nach uns kommenden Generationen angewiesen sein.

Dazu will dieses Buch Mut machen: dass Sie sich als Leser trotz unzähliger Widerstände aufmachen, das bisher nur wenig oder allzu einseitig entdeckte Land Alter zu erkunden, zu entdecken und für sich zu erfinden.

Eines ist klar: Der Gast A wie Alter kommt und bleibt. Das Beste: Sie schließen Freundschaft mit ihm. Wer weiß, ob er sich nicht eines Tages als sinnvoller Gast erweist, für den Sie dankbar sind und mit dem Sie richtig entspannt und hoffnungsfroh umzugehen wissen?

Ich möchte Sie dazu ermutigen, dass Sie ein Beispiel und Muster für Ihre Kinder, Neffen und Nichten, Enkel und vielleicht noch kommenden Urenkel geben, von dem diese sagen: Wenn das mit dem Alter so ist, dann ist alle Ängstlichkeit und Abwehr fehl am Platz. Ob wir, die wir den fünfzigsten, teilweise den sechzigsten Geburtstag hinter uns haben, wollen oder nicht: Wir werden im Zusammenhang mit dem Älterwerden ein Vermächtnis an die kommenden Generationen hinterlassen. Die Frage ist nur, welches. Mut also, das uns zunächst fremd und eher abweisend erscheinende Land »Alter« zu erobern und zu gestalten, in besonderer Weise auch um der kommenden Generationen willen!

Und nicht zuletzt geht es darum, dass wir, die wir mitten im Leben stehen, nie vergessen: Wir haben viel und wirkungsvoll dazu beigetragen, dass die vergangenen 40 Jahre in der westlichen Welt unübertrefflich gute Jahre waren. Wenn Sie dieses Buch in den Händen halten, dann in der unbändigen Hoffnung des Autors, dass Sie mithelfen, dass auch die kommenden 40 (und mehr) Jahre für unsere Gesellschaften lebenswerte, sinn- und hoffnungserfüllte, inspirierende Jahre werden – trotz allem Gerede rund um die Altersfalle, das Mammutaltersheim Europa und den drohenden Kollaps der Rentensysteme.

Die folgenden Seiten nehmen Sie mit auf eine einzigartige, manchmal bedrohlich erscheinende, meist aber mitreißende, einzigartige, packende Abenteuerreise. Bei uns selbst – wer wir sind und wie wir ticken – wird die Reise beginnen. Willkommen zum Aufbruch!

KAPITEL 1
ZWISCHEN 40 UND 70 –
SO TICKEN WIR

»Wer bin ich überhaupt?«,
*fragte der 58-Jährige, der sonst leidenschaftlich gern
in die Zukunft schaut und im Rückblick humorvoll
mit sich selbst umzugehen pflegte.*

Großartig, meist beflügelnd und manchmal abschreckend. Wann
immer ich eine mir bisher unbekannte Stadt besuche, besteige
ich als Erstes die höchstmögliche und aussichtsreichste Plattform,
meist eine Kathedrale, eine Burg oder ein Hochhaus. Mein Bedürfnis: Überblick, Blick für das Ganze, Orientierung. In nahezu allen
Völkern zu fast allen Zeiten versuchten Menschen den Blick von
oben, nicht nur auf die eigenen und fremden Städte, sondern auf
ihr eigenes persönliches und gesellschaftliches Leben. So fragten
sie dann etwa: Wer sind wir eigentlich? Was treibt uns? Was bewegt
und erregt uns? Was erfreut und ängstigt uns? Was glauben und
hoffen wir? Was war's bisher, und was wird kommen? Wie agieren
und reagieren wir? Kurz: *Wie ticken wir?*

Drei Generationen sind es, die in den ersten drei Jahrzehnten
des 21. Jahrhunderts dabei sind, die Lebensmitte zu überschrei-
ten. Sie leben wohl oder übel, gewollt und ungewollt, reflektiert
und unreflektiert auf jene Lebensphase zu, die im Allgemeinen als
nur bedingt erstrebenswert gilt. Es handelt sich um die 68er-Ge-

neration, die sogenannten Babyboomer und die Generation Golf. Zahlenmäßig weit an der Spitze liegen die Babyboomer, geboren zwischen 1950 und 1968. Im Bewusstsein unserer Gesellschaft allerdings stehen sie ganz im Schatten der 68er. Ob sich dies nochmals ändern wird?

Ein offener Brief an die 68er-Generation – so kennen wir euch

Liebe 68er-Generation,

ihr seid's, über die so unendlich viel zu hören und zu lesen ist. Erbauliches und Kränkendes, Mutiges und kaum Nachvollziehbares. In jedem Fall zutreffend: »Die 68er« ist ein Begriff, den wir alle kennen.

Ihr seid's, die ihr so viel von euch haltet, die aber wie wohl keine andere Generation kritisiert, hinterfragt, idealisiert, verabscheut und verleumdet worden ist. Vor euch waren die Kriegsgeneration und die »Trümmerfrauen«. Geboren seid ihr kurz vor dem Krieg, im Krieg oder unmittelbar nach dem Krieg. Kriegsverarbeitung war unweigerlich euer ganz großes Thema.

So viel wissen wir: Im Jahr 1968, dem »wilden Jahr«, hat sich für euch Entscheidendes zugespitzt. Die bestehende, nach dem Zweiten Weltkrieg über zwanzig Jahre hinweg erschaffene Welt hat euch nicht zufriedengestellt. Viele Antworten, Entscheidungen und Verhaltensregeln haben unter euch Unwohlsein, Abscheu oder gar Verachtung hervorgerufen. Vieles, was vor euch selbstverständlich war, wurde euch zunehmend frag- und kritikwürdig.

Insgesamt waren es wohl drei Dinge, die euch unerträglich erschienen. Da waren zunächst die *schweigenden Eltern*, also die Kriegsgeneration, die euch nie wirklich erzählt hat, was im Krieg war, wie sie mit dem Schrecklichen umgegangen sind und wie sie es verarbeitet haben beziehungsweise es zu verarbeiten gedenken. Es waren dann die *nationalen und vor allem internationalen politischen Entscheidungen*, die euch den Kragen platzen ließen. Beispiele: Nicht nachvollziehbare Notstandsgesetze wie der Bonner Beschluss, dass in Spannungszeiten die Grundrechte außer Kraft gesetzt werden können, oder der pompös gefeierte Besuch des Schahs von Persien in Berlin. Schließlich war es das *materialistische Programm der Moderne* auf dem Boden der analytischen Wissenschaftslehre, das euer Unbehagen ins Uferlose wachsen ließ. Adorno und Horkheimer, Habermas, Marcuse und eine Reihe anderer waren eure Meinungsmacher. Als Professoren waren sie bereit, euch zu stützen. Sie waren bereit, das Gespräch mit euch auf öffentlichen Plätzen und in euren neu gegründeten Kommunen zu führen. Eine neue Gesellschaft, eine gerechte Gesellschaft, eine lebensorientierte statt unterdrückende Gesellschaft, eine menschliche und nicht traditionsdiktierte Gesellschaft sollte entstehen. Das war euer Wunsch, eure Sehnsucht und euer Programm.

In und aufgrund dieses Unbehagens seid ihr aufgestanden und habt euch zur Wehr gesetzt. Mehr noch: Ihr habt euer Leben für das Neue gegeben, investiert und riskiert. Ihr wart bereit, »dicke Bretter zu bohren« und »den Marsch durch die Institutionen« anzutreten, ja, ihr wart womöglich die Letzten in unserer westlichen Gesellschaft, die bereit waren, für eine Idee das Leben zu opfern. Tote gab es in der Tat, in Deutschland etwa Rudi Dutschke oder Benno Ohnesorg. Und dann wart ihr Zeuge davon, wie sich die Welt, in der ihr lebtet, stürmisch, weitreichend und tief greifend verändert hat. Ihr wart ein Teil davon, bewusst und unbewusst, gewollt und ungewollt.

Neidlos müssen wir bekennen: Unvorstellbar, was ihr erreicht habt! Die Welt nach 1968 war nicht mehr die Welt vor 1968. Lebensmittelpunkt etwa war nicht mehr zwingend Elternhaus, Schule und Universität. Tabus wurden großzügig, oft lustvoll, gebrochen. Die Erfahrung mit der Droge galt als erstrebenswert, die sexuelle Freizügigkeit war selbstverständlich. Und über alles durfte und sollte geredet werden. Verpönt war, auch unter den Braveren, was nicht hinterfragt worden war. Das Neue war grundsätzlich besser als das Bestehende, auch ohne Tatbeweis. Allen Respekt!

Deshalb hört auch dies: Mag es manche Menschen irritieren, aber hier ist auch mal ein Dank fällig. Ihr hattet Vorstellungen einer kommenden Gesellschaft. Ihr habt sie euch etwas kosten lassen. Ihr wart bereit, euch nicht von kleinsten Widerständen in die Schmollecke treiben zu lassen. Unbequeme und irritierende Fragen habt ihr nicht nur toleriert, sondern willkommen geheißen. Kritik habt ihr als Chance gesehen. Dem Streitgespräch seid ihr nie ausgewichen. Euch stand nicht zuerst die gesellschaftliche und politische Korrektheit vor Augen, sondern das, was ihr für richtig hieltet. Eure Träume und Utopien habt ihr nicht nur benannt, sondern gelebt. Theorie war immer gleichzeitig Praxis. »Langer Atem« war kein Fremdwort. In der Tat habt ihr Menschen hervorgebracht, die zwanzig oder dreißig Jahre später maßgebliche Ämter in unserem Staat zu besetzen vermochten. Ihr wart, so stellen wir unumwunden fest, buchstäblich eine erfolgreiche Bewegung. Und – für uns später Geborene das Beste – ihr habt uns nahezu unendlich viel Frei- und Gestaltungsraum geschaffen und freigekämpft. Wir hatten das unbezahlbare Vorrecht, diese Räume zu füllen. Das war dann sozusagen das Lebensmotto von uns, das, worin wir uns seit Kindesbeinen üben konnten. Ohne euch hätten wir Boomer niemals so viel Freiheit, derart viele Gestaltungsräume und dermaßen viele Verantwortungsmöglichkeiten in unserem Leben gehabt. Deshalb: Vielen Dank!

Am Rande: Nehmen wir euch heute – 45 oder 50 Jahre danach – wahr, werden wir das Gefühl nicht ganz los, dass ihr da und dort müde seid, manchmal auch mutlos oder gar resigniert, zum Teil richtiggehend verunsichert. Zu finden seid ihr – falls nicht schon pensioniert und als Frauen noch öfter als Männer – vor allem im Medienbereich und auf Ämtern. Viele von euch haben sich in Gelungenem und Gescheiterten eingerichtet. Von euch hört man Sätze wie: »Mein Leben war so unruhig, so rastlos – jetzt habe ich das Recht und den Anspruch auf ...« Ziemlich sprachlos empfinden wir euch, wenn es um eure Zukunft, eure nächste Lebensphase, euer Älterwerden geht. Deshalb eine Frage: Könnte es stimmen, dass ihr wenig Lust habt, jetzt auch noch das mit dem Älterwerden – persönlich wie gesellschaftlich – zu entdecken und konstruktiv zu gestalten, also auch das Alter, wie ihr öfter gern gesagt habt, umzupflügen?

Sollte dem so sein, dann haben wir als Babyboomer eine Bitte. Wir, die wir so oft in eurem Schatten, aber auch in euren Fußstapfen gegangen sind und gehen durften, merken, dass das mit dem Älterwerden und dem Alter in der Tat eine Mammutherausforderung ist, persönlich wie gesellschaftlich. Deshalb: Warum nicht mal einen Rollentausch? Gebt uns doch einfach mal Vertrauen! Mutet uns etwas zu, unterstützt uns! Um der Zukunft eurer und unserer Gesellschaft, eurer und unserer Kinder und Enkelkinder willen: Das Land des Alters muss gewonnen und erobert werden – als sinnvolles, Hoffnung stiftendes Lebensgelände, auf das zuzugehen Freude macht. Solltet ihr nicht noch einmal aufbrechen wollen oder können: Wir tun es, auch wenn es uns Überwindung kostet. Genial, wenn ihr uns Vertrauen schenkt! Wir nämlich möchten, dass nicht nur unser, sondern auch euer Älterwerden gelingt.

Respektvoll – ein nach euch Geborener

PS: Wir sind etwas unsicher, wie ihr uns, die sogenannten Babyboomer, wahrgenommen habt. Wir laden euch einen Moment ein, einfach hinzuhören, wenn wir im Folgenden versuchen zu sagen, wer wir sind, wie wir uns empfinden, was uns entspricht, wie wir »funktionieren«. Danach werden wir versuchen, auch über die uns folgende Generation, die Golfer, ein paar Sätze zu formulieren.

Wir Babyboomer – so umschreibt man uns

»Wir sind das unsichtbare Skelett und Nervensystem unserer Gesellschaft.«
Berhard von Becker[2]

Was nun verbindet uns, die wir als »Babyboomer« gelten und grob gesagt zwischen 1950 und 1968 geboren wurden? Zunächst ganz einfach: Wir kamen in jenen Jahren zur Welt, in denen alles boomte oder zu boomen begann: die Wirtschaft, der Konsum, der Immobilienmarkt – und das Kinderkriegen. Kein Wunder, dass es uns so zahlreich gibt. Zu uns gehören viele, sehr viele ohne besonderen Rang und Namen, aber auch Personen, die bekannt sind wie ein bunter Hund, etwa Maybrit Illner, Monika Strauß, Christian Wulff, Walter Kohl, Joachim Löw, Guido Westerwelle, Til Schweiger, Doris Leuthard, Martin Bühlmann, Jürgen Werth, Andreas Malessa, Roland Werner und viele, viele andere. Eine richtige Kohorte, sagt man, ist diese Sandwichgeneration zwischen Krieg (bis 1945) und Postmoderne (ab 1970).

Wer sind wir? Pasqualina Perrig-Chiello und François Höpflinger, zwei Schweizer, charakterisieren uns so: »Als Babyboomer werden die Vertreter der geburtenstarken Jahrgänge der Nachkriegsjahre bezeichnet.«[3] »Speerspitze«, so wird in der Literatur darüber generell betont, sind die Jahre zwischen 1960 und 1965. Die höchste Geburtenzahl findet sich in Deutschland im Jahre 1964. Da wurden 1357304 Babys geboren, also mehr als doppelt so viele wie rund fünfzig Jahre später: Im Jahr 2011, dem Jahr mit der tiefsten Anzahl Geburten seit 1960, wurden in Deutschland 662 685 Babys geboren. In der Regel – auch in diesem Buch – rechnet man zu den Babyboomern Menschen der Jahrgänge 1950 bis 1968. In den USA, wenn wir den Blick weiten wollen, begann der »Babyboom« unmittelbar nach dem Zweiten Weltkrieg. In der Schweiz wiederum gab es zwei boomende Zeiträume: In den Jahren 1943 bis 1950 lagen die Geburtenraten bei rund 240 Kindern pro 100 Frauen, und nach 7 Jahren schwächerer Geburtenzahlen kam es 1957 bis 1966 nochmals zu Geburtenzahlen von 240 bis 260 Kindern pro 100 Frauen. Entsprechend unterscheidet man in der Schweiz die »Nachkriegs-Babyboomer« und die »Wohlstands-Babyboomer«. Nach 1966 brach die Anzahl der Geburten in nahezu allen westlichen Ländern dramatisch ein. Gründe gibt es viele: die zunehmende Verbreitung von Familienplanung und Verhütung (»Antibabypille«), die Abkehr von traditionellen Ehe- und Familienvorstellungen, die Trennung von Sexualität und Kinderwunsch, die später einsetzende Familiengründung, die zunehmenden nicht ehelichen Lebensgemeinschaften, die erhöhten Scheidungszahlen.

Es boomt, will sagen:
Es dröhnt und brummt, blüht und floriert

»Boom« ist ein Reizwort. »To boom« ist englisch und »bezeichnet einen meist mit Lärm verbundenen Vorgang des Beschleunigens«[4]. »Dröhnen« oder »brummen« bedeutet es im Zusammenhang mit einem Flugzeug, »mit vollen Segeln unterwegs« bei einem Schiff. Man spricht auch von einer Wirtschaft, die boomt, also »blüht und floriert«.

Vor diesem Hintergrund verstehen wir, wenn der altgediente Politiker Franz Müntefering gesagt haben soll: Die Generation, die

10 bis 15 – wir ergänzen: 10 bis 25 – Jahre nach dem Krieg geboren worden ist, »hat in ihrem ganzen Leben immer nur mehr gehabt: mehr Geld, mehr Freizeit, mehr Urlaub, mehr Sicherheit, mehr Chancen, mehr Freiheit, mehr Unterhaltung, immer nur mehr. Diese Generation stellt nun fest, dass es nicht mehr mehr gibt.«[5] Man ist irritiert bis geschockt. So klar wollten wir uns eigentlich nicht verstehen, so einfach ist es nun doch nicht. Doch irgendwie hat die Beschreibung etwas Wahres an sich: Wir sind eine Art »Generation mehr«. Prompt kam ja dann in den 90er-Jahren des vergangenen Jahrhunderts die Diagnose zum Ergebnis der Boom-Jahre: Unsere Gesellschaft wird ganz schlicht als Multioptionsgesellschaft beschrieben, als Gesellschaft also, deren Problem nicht der Mangel, sondern der Überfluss, insbesondere an Wahlmöglichkeiten, ist. Das »mehr, besser, schneller, schöner« liegt uns.

Wir Babyboomer: Zwölf Besonderheiten und Merkmale

> »Ich weiß gar nicht, dass ich ein Boomer bin«,
> sagte ein Freund.
> Und ein anderer fügte hinzu: »Ich weiß,
> dass ich ein Boomer bin. Das genügt.
> Warum darüber nachdenken? Ich ticke, wie ich ticke.
> Was will ich mehr?«

Was eint uns, die wir rund ein Viertel bis ein Drittel der Menschen in unserer mitteleuropäischen Gesellschaft ausmachen? Eine spannende Frage! Wir fragen noch etwas tiefer nach unserer Identität, unseren Prägungen, unserem psychischen und sozialen »Erbgut«, unserer tief sitzenden Mentalität, unseren Ängsten und Sehnsüchten, unseren Nöten und Sorgen, unserer Lebensphilosophie, unserem Lebensmuster. Was, so zusammenfassend gefragt, hält uns, die wir auch »Midlife-Boomer«, »Best-Ager«, »Best-Age-Shoppers« und etwas deutsch-schwerfälliger »Junge Alte« oder »Jung-Senioren« genannt werden, im Innersten zusammen? Im Folgenden zwölf Besonderheiten und Merkmale.

Merkmal Nr. 1:
Ohne schmerzhaft prägendes Schlüsselerlebnis

Im Kern erlebten wir friedliche Jahre in zunehmendem Wohlstand und Wohlergehen. Unsere Eltern, meist vor, teilweise noch im Zweiten Weltkrieg geboren, haben existenzbedrohende Erinnerungen an Krieg, Hunger, Armut. Wir wissen davon bloß vom Hörensagen. Nicht der Schutz vor und der Umgang mit Lebensbedrohlichem hat uns geprägt, sondern höchstens die Frustration in jenem Moment, in dem sich unsere Pläne nicht so verwirklichen ließen, wie wir es uns vorgestellt haben. Es herrschte, als wir zwischen null und zwanzig waren, unter uns eine Art Goldgräberstimmung. Das Leben war negativitätsfrei, tendenzmäßig eine kampffreie Zone. Der Rasen ersetzte den mit Schweiß zu bearbeitenden Acker, Küchenmaschinen und Haushaltsgeräte das harte Handanlegen an der Seite der Mutter. Es kam der Supermarkt, in dem wir uns nach Gutdünken selbst bedienten. Fernsehapparate brachten die weite Welt ins Wohnzimmer. Vollbeschäftigung und steigende Löhne der Eltern (Letzteres dann auch bei uns) sowie der Rückgang überlebenssichernder Pflichten erlaubten uns, gut gelaunt, frecher und anspruchsvoller zu werden. Bloß 20 Prozent der zwischen 1950 und 1959 Geborenen geben an, so sagt uns die Statistik, eine schwere Jugend gehabt zu haben. Wer will widersprechen, wenn gesagt wird, dass wir die glücklichste Generation des 20. Jahrhunderts sind, die tief verinnerlicht hat, dass alles immer besser wird und dass die Behebung des Mangels nur eine Frage der Zeit ist?

Merkmal Nr. 2:
Glückliche Eltern, wenn wir glücklich waren

Sie, unsere Eltern, waren glücklich, wenn sie uns glücklich machen konnten. Vermutlich waren unsere Eltern die letzte Generation aus den vergangenen Jahrhunderten, die nichts so sehr wünschten und wollten, als dass es ihren Kindern besser ging als ihnen selbst. Völlig neu: Die Eltern fragten uns, was wir gerne essen möchten, welcher Urlaub uns am meisten reizen würde und welche Hose oder welche Bluse uns denn gefallen könnte. Wir als Kinder, und das ist neu in der Geschichte, hatten plötzlich das Recht, zu bestimmen. Das Antiautoritäre lag in der Luft, auch wenn längst nicht alle Eltern solches Gedankengut bewusst vertreten haben. Zum Teil haben sie es sogar massiv bekämpft, wenn auch meist mit mäßigem Erfolg. Wir nämlich waren erfinderisch und fanden außerhalb des Elternhauses genügend Ermutigung und Unterstützung. Fragen wir uns umgekehrt, was wir von den Eltern hielten, so kam ziemlich deutlich zum Ausdruck: Sie waren ganz okay. Am Rande: Das Wort »okay« gilt als Lieblingswort unserer Generation. Vielleicht schade, aber nicht wirklich tragisch erwies sich, dass die Eltern tendenzmäßig abwesend (die Väter) oder anderweitig engagiert (die Mütter) waren. Berührungsängste kannten wir kaum, auszusetzen gab es wenig, und ein Gespräch mit ihnen war eher selten, eigentlich auch kaum notwendig, denn Nöte gab es ja nicht. In diesem Sinne müssen wir unseren Eltern zugestehen: Im Anliegen, uns glücklich zu machen, waren sie ausgesprochen erfolgreich. Unser eigenes Interesse wiederum galt nicht so sehr ihnen. Unser Lebensraum wurde mehr und mehr die Nachbarschaft und der Sportplatz. Dort entdeckten und definierten wir unter uns den auf uns zugeschnittenen Lebensentwurf. Die Schule, ein notwendiges Übel, nahmen wir als Unannehmlichkeit in Kauf. Interesse für uns persönlich bestand – nicht zuletzt aufgrund der Klassengröße von manchmal 40 oder mehr Kameraden und Kameradinnen – ohnehin kaum. Meist war es eher langweilig, und so war uns schnell klar: Auch hier war, zumindest in den hinteren Reihen des Klassenzimmers, Raum und Zeit, uns unsere eigene Welt zu schmieden. Im Kern entwickelten wir uns eigenständig, autark. In Notfällen gab es genug Mit-Boomer, die uns unter die Arme griffen.

Merkmal Nr. 3:
Im Auftritt als Rudel, aufgehoben in der Community

Der Verband, etwas herablassend als »Rudel« oder »Kohorte« bezeichnet, liegt uns nahe. Wir selbst reden von »Community«. In ihr sind wir zu Hause und verankert, ohne sie empfinden wir uns sofort verloren, alleingelassen in der Unendlichkeit des Universums. Verbindlichkeit allerdings ist da eine ganz andere Sache. Man wünscht sie uns, doch wenn wir eines nicht lieben, dann das ideologieverdächtige Diktat durch Festlegungen und Strukturen. Wir lieben flexible Daseinsmodelle. Sogar den Teamleader mögen wir nur, solange das Team das Sagen hat. »Ego-Nummern« allerdings liegen uns nicht, weder bei uns noch bei andern. Dabei gestehen wir, dass wir leicht – und manchmal stark – dazu neigen, unorganisiert und chaotisch zu sein und die Übersicht zu verlieren. Streit wiederum, falls es ihn gibt, genügt noch längst nicht, das ausgeprägte Gruppenbewusstsein hinter sich zu lassen. Viel näher liegt es uns, die »Community« eben einfach zu wechseln. Nur ungern reflektieren wir, ob das neu gefundene Rudel tatsächlich tragfähiger und verheißungsvoller ist als das bisherige. Hauptsa-

che, die Gruppe bleibt – wenn immer möglich mit viel Wachstums-
dynamik und wenig Vorgabe. Sicher ist: Das Lebenskonzept muss
flexibel und ergebnisoffen sein und bleiben.

Merkmal Nr. 4: Hinreichend beachtet?

Unser einziges Problem ist nicht geschenkte Aufmerksamkeit.
»Anything goes«, grenzenloser Optimismus, unbegrenzte Möglichkeiten: Das haben wir eingeatmet und verinnerlicht. Und natürlich
war es schön, zahlenmäßig viele zu sein. Gleichaltrige zu finden,
war nicht schwer. Doch einen Preis mussten wir bezahlen. Weil wir
so viele waren, mussten wir teilen und mit ständiger Konkurrenz
rechnen. Mit Kollektivstrafen in der Schule, und manchmal auch
beim Vater, haben wir uns abgefunden. Wir sahen ja ein, dass vor
allem der Lehrer angesichts der Übergröße unserer Klassen nicht
Zeit und Kraft hatte, sich dem einzelnen Schüler zuzuwenden.
Auch an der Uni haben wir es, andeutungsweise verärgert, hinge-
nommen, dass die Plätze im Hauptraum längst besetzt waren und
wir uns so mit dem Nebenraum und der halbwegs funktionieren-
den Übertragungsanlage zufriedengeben mussten. Die Begleiterscheinung war aber offensichtlich: Sobald
die Plätze definitiv begrenzt waren, etwa
im Fußballklub, im zu kleinen Auto unserer Familie, im schulischen Freiwahl-
fach, später im Zusammenhang mit frei-
en Lehrstellen und schließlich bei den
verfügbaren Arbeitsstellen, wurde die Situation ungemütlich und
die Atmosphäre gereizt. Schmerzlich wurde uns bewusst, dass wir
ersetzbar sind. Ganz leise und unscheinbar wurde eine Art Ängstlichkeit in Bezug auf unsere eigene Zukunft zum ständigen Begleiter auf unserem Weg. Im guten Fall haben wir die Selbsthilfe und

> Ganz leise und unscheinbar
> wurde eine Art Ängstlichkeit
> in Bezug auf unsere eigene
> Zukunft zum ständigen
> Begleiter auf unserem Weg.

das Improvisieren gelernt, im schlechten Fall dann aber auch den einen oder andern nicht immer fairen Trick. Mit dessen Hilfe gelang es uns dann doch meistens, die nötige Aufmerksamkeit im »Aufmerksamkeitswettbewerb« zu erlangen. Die einen hatten hier dickere, die andern dünnere Haut, die einen schneller, die andern erst später ein schlechtes Gewissen.

Merkmal Nr. 5:
Veränderung ist unser täglicher Begleiter

Eine Welt ohne Veränderung ist für uns genauso wenig vorstellbar wie ein Schwimmbad ohne Wasser. Weil wir mit Dauerveränderungen groß geworden sind, merkten wir kaum, wie einschneidend die technischen, gesellschaftlichen und weltpolitischen Veränderungen waren, und wie heute nichts mehr ist wie zu Zeiten unserer Großeltern. Das Besondere und sehr wohl Beängstigende am Ganzen: Uns scheint auch nichts mehr wirklich schockieren zu können. Weder Vietnam noch der russische Einmarsch in Prag – ich erinnere mich vage an die von uns Schülern an die Schultafel geschriebenen Namen Dubček und Swoboda – noch Willy Brandts Ostverträge noch die RAF noch die atomare Aufrüstung und Ölkrise inklusive allen entsprechenden Gegenbewegungen noch Zürich 1980 noch Nicaragua noch – einige Zeit später – das Methusalem-Komplott von Frank Schirrmacher haben uns wirklich existenziell irritiert. Alles fundamentale Ereignisse, doch (fast) alles ging kampf- und scheinbar spurlos an uns vorbei. Gegen Weltuntergangsszenarien waren und wurden wir resistent und immun. Fernsehen, welch ein Geschenk, erlaubte das Zuschauen aus der Ferne. Unsere Revolte war höchstens passiv, etwa mit den langen Haaren, die bei unseren Eltern nicht sonderlich gut ankamen, oder mit den zerschlissenen Jeans, die unsere Lehrer verachteten.

Wirklich schlimm war es nie. Es war okay, vor allem, wenn andere wieder für Ruhe gesorgt hatten. Überhitzte Alarmrufe nahmen wir sportlich – wir gelten ohnehin als Erfinder des Breitensports. Zu existenzieller Betroffenheit waren wir nicht bereit. Der Plattenladen mit tollen Covers und die ersten überdimensionalen Plakate (»Poster«) standen uns näher, und so veränderte sich die Gesellschaft »leise nachhaltig«[6], später auch von uns betrieben. Immer unmerklich und lautlos – aber wirkungsvoll.

Merkmal Nr. 6: Lieber moderieren als vorangehen

Was tut der klassische Babyboomer am liebsten? Ausgesprochen spannend, was nach Jahren und Jahrzehnten so aus uns geworden ist, in der Politik, in der Wirtschaft, in den Medien, in der Kunst. Eines ist auffällig: In der Politik sind wir kaum anwesend. Es war 2012 Christian Wulff, der als echter Boomer auf dem politischen Parkett nicht bestehen konnte. Die deutsche FDP ist aktuell »boomerfrei«, und auch im Kabinett von Angela Merkel sitzt zurzeit nicht wirklich ein Boomer im strengen Sinne. In der Politik sind, so sagt man, die Boomer ein Total- und Komplettausfall. Kaum besser sieht es in der Wirtschaft aus, wesentlich anders allerdings in den Medien und – bezeichnenderweise, wie Bernhard von Becker feststellt,[7] – im Kabarett unter den Komikern. Echte Bedrohungen gibt es ja in unserer Wahrnehmung nicht. Alles ist im Fluss, da werden Vermittler und – scheinbar – die Spaßmacher gebraucht. Gefragt sind die Versteher und Frager, es gilt, die Anders- und Querdenkenden zu verstehen und mit Fragezeichen statt mit Ausrufezeichen zu arbeiten. Unser Handwerk ist die Vermittlung. Auffallen ist kontraproduktiv. »Passt schon« geht uns leicht über die Lippen, ähnlich wie das bereits erwähnte »Okay«. Maybrit Illner, Kai Diekmann, Sandra Maischberger, Anne Will und andere stehen recht hoch in unserem Ansehen. Sie tun, was wir auch gerne tun: Unaufgeregt und unbeschwert für den Ausgleich sorgen, eben moderieren. Leichte Sorgenfalten belegen, dass uns doch nicht alles egal ist. Unbeabsichtigt werden wir zu den Bewahrern. Entscheidend ist, dass sich Lösungswege im Miteinander finden. Dass uns da und dort Kraftlosigkeit und Kurzatmigkeit vorgeworfen werden, ist wenig erstaunlich, dramatischer schon, wenn man von uns als der »erschöpften Generation« spricht, die dazu prädestiniert sei, nach der Frühpensionierung mit dem Wohnmobil durch Europa zu reisen.

Merkmal Nr. 7: Zukunft – nicht unser Lieblingsthema

Aktives Gestalten liegt uns nicht, eher schon das Abwarten. Der Begriff »to boom« bedeutet unter anderem ja auch »streunen«. Wir »streunen in der Zukunft«, sagte jemand. Wir sehen, dem Fernseher sei es gedankt, gerne fern, aber ungern blicken wir in die Zukunft. Natürlich ahnen wir, dass nicht alles immer mehr, besser, schöner und angenehmer werden kann. Doch statt dass wir uns ernsthaft mit der Zukunft auseinandersetzen, beschränken wir uns lieber auf unser privat-individuelles Leben. Bezeichnende Beispiele finden sich im schon erwähnten Buch »Die Babyboomer«[8]. Die Autoren befragten und fotografierten in ihrem Buch rund 30 Personen nach ihren Zukunftswünschen. Neben der Großaufnahme der Babyboomer-Person findet man im großformatigen Buch klein gedruckt deren Wünsche für die Zukunft. Wir finden bezeichnende Sätze wie: »Arbeit langsam reduzieren« (S. 7), »sein im Sein« (S. 13), »die Welt noch besser kennenlernen« (S. 25), »fröhlich älter werden« (S. 29), »Ferien, nie mehr Stress« (S. 58), »weiterhin mit interessanten Menschen leben« (S. 99), »gesund und glücklich die eiserne Hochzeit feiern« (S. 121). Fragt man tiefer, merkt man, dass das Leben, als wir heranwuchsen, in der Tat auch ohne Vision funktionierte. Bis heute haben wir »wie immer keinen Plan«, sagt Bernhard von Becker.[9] Der Weg lässt sich im Getümmel der Zeit auch ohne festgelegtes Ziel finden. Das Risiko zu wirklichem Fiasko halten wir letztlich für gering. Zudem: Wer weiß denn schon, was wirklich kommt? Unaufgeregt nehmen wir denn auch zur Kenntnis, dass es mit unserer Identität nicht besonders gut bestellt ist. Im Moment lebt es sich ja ganz gut: materiell einigermaßen abgesichert, hinreichend versichert und in einigermaßen friedliebendem Umfeld weit weg von bedrohlichem Konfliktpotenzial. Wieso also Sorge um die Zukunft? Es genügt, dass die Anti-Aging-Industrie blüht und boomt. Wir bewältigen das, was uns vor die Füße kommt. So oder ähnlich kamen wir ja bisher gut über die Runden – eigentlich recht glücklich, im Notfall auch ohne Zukunft.

Merkmal Nr. 8: Staat und Gesellschaft sind gut, solange sie für uns da sind

Politik und Staat sind nicht unsere Kernanliegen. Bin ich okay und bist du okay, dann liegt es auf der Hand: Politik und Staat sind gut und wichtig, aber nicht der Raum, in den wir unser Leben investieren. Das sollen andere tun. Staat ereignet sich wie alles in der Gesellschaft – mit und ohne uns. Recht so! Wieso soll ich mich bei Wahlen der Konkurrenz aussetzen und Kopf und Kragen riskieren? (Allzu) öffentliches Engagement ist nicht Sache der Boomer. Eine Pilgerfahrt machen und darüber ausführlich berichten – wie Hape Kerkelings »Ich bin dann mal weg« –, das entspricht uns mehr. Zwei Dinge fallen in diesem Zusammenhang besonders auf: Zum einen steckt in uns so etwas wie ein »Unentschiedenheitsgen«.

Entscheidungen und Zupacken fallen uns nun eben einfach schwer. Wenn, dann lieber ein Engagement in der Kita oder beim Säubern des Waldes in der Umgebung. Gut, denn dort gibt es immer Menschen, die in etwa sagen, was es zu tun gilt. Zum andern: Wie damals die Eltern, so heute der Staat. Nicht die Frage, was wir für die Eltern tun, haben wir uns einverleibt, sondern was die Eltern für uns tun. Und so geht es uns heute eben weniger darum, was wir für Staat und Gesellschaft tun können, sondern was der Staat und die Gesellschaft für uns tun. Entsprechend haben wir ein gutes Gefühl für Gerechtigkeit und für einen berechtigten Anspruch entwickelt. Hier können wir mithalten. Fazit: Von uns kommt nicht nichts, doch schwerpunktmäßig der Anspruch an andere, das Rechte und uns Zustehende zu tun. Das heißt nun aber auch: Wir dürfen etwas erwarten, doch die andern mögen sich zurückhalten, wenn es um Erwartungen an uns geht! Das gilt auch für den Staat und die Wirtschaft: Solange sie für uns unterwegs sind, ist es in Ordnung. Sobald sie uns mit Erwartungen und Ansprüchen zu nahe treten, wissen wir uns zu wehren.

»Ich bin dann mal weg.«

Merkmal Nr. 9: Christsein – schon gut, aber ...

Christsein ist gut, aber ob als Letztinstanz in Leben und Gesellschaft tauglich, muss sich noch erweisen. Die Generation, die zwischen 1950 und 1968 geboren worden ist, weiß, dass Werte wichtig sind. Man hat uns erzählt, dass es in der ersten Hälfte des 20. Jahrhunderts Dinge gab, die nie mehr vorkommen dürfen in dieser Welt. Das Christliche und christliche Werte spielten, das wissen wir, in der Zeit nach dem Krieg eine fundamentale Rolle, in der Politik wie auch im Selbstverständnis von Arbeit und Familie. Doch für uns war es irgendwie schwierig, Hergebrachtes einfach zu übernehmen. Wir sahen nicht ein, wieso der Unterschied von katholisch und evangelisch so wichtig ist. Mickymaus, die Carrera-Rennbahn, die Märklin-Eisenbahn, die Barbiepuppen und die aufkommende Bravo – sie erschien am 26. August 1956 zum ersten Mal und ist bis heute die größte Jugendzeitschrift im deutschsprachigen Raum – waren wesentlich spannender. Wirklich attraktiv war da und dort die »JK«, sprich »junge Kirche«, zudem quer durch das Land aktive Jugendgruppen, ab und zu Großveranstaltungen, später dann Kongresse. Man stellte sich die fast schon bedrückenden Fragen: Ist der christliche Glaube wirklich tauglich, mit den anstehenden Fragen des Lebens, der Gesellschaft und eben auch der Zukunft fertigzuwerden? Ist der christliche Glaube wirklich die innerste Instanz des Lebens oder doch eher bloß Schmuck für gute Zeiten und schön für den Sonntag? Wir, unsere Generation, sind unsicher, was wirklich unsere innersten Leitinstanzen sind, was uns zutiefst treibt und im Letzten steuert. Könnte es der christliche Glaube sein? Von Enttäuschungen im Leben kann jeder erzählen. Doch vielleicht, sagen wir, lag es ja nur an der Gruppe, von der ich ein Teil war. Vielleicht müsste ich die Gruppe, das Programm, die Ausrichtung einfach mal wechseln. Kann ja sein, dass es noch ein besseres und für mich passenderes, tragenderes und vielversprechenderes Angebot gibt. Wenn ja, dann würde ich es wählen.

Merkmal Nr. 10:
Ungeübt im Umgang mit Unangenehmem

»Passt schon« und »okay« sind, wie wir schon gesehen haben, Lieblingsworte von uns. Nicht dass wir Ungereimtes nicht wahrnehmen. Doch weil es nicht in unsere Welt passt, geben wir uns nur so lange damit ab, wie es sich beheben und beseitigen lässt. Was aber, wenn nicht? Da gibt es diesen Spruch, den wir gerne zitieren: »Ich bin dann mal weg.« In der Tat: Dieses Weggehen liegt uns näher als das Sich-einer-Sache-Stellen. Brutal, aber wahr: Ärzte im mittleren Alter, also Ärzte der Boomer-Generation, sind selten dabei, wenn gestorben wird. Gut sind wir (oder sie), solange man helfen und reparieren kann, weniger geübt darin, wenn es darum geht, aktiv und mündig mit Unveränderbarem umzugehen. Unbehebbarer Mangel macht uns nervös, ohnmächtig und sprachlos. Auffällig ist dann auch, wie wir Boomer mit Menschen umgehen, bei denen ein Scheitern nicht zu verleugnen ist: Sind es die Umstände, durch die das Scheitern zustande kam, dann neigen wir zur Heroisierung der betroffenen Person, scheitert jemand an sich selbst, vielleicht sogar durch eigenes Verschulden, dann liegt uns Mitleid nahe. Trotzdem: Weil wir ja nicht gleichgültig sind, uns faule Lösungen nicht befriedigen und wohl die meisten von uns im Bekanntenkreis Gleichaltrige kennen, die »es« (das Unabänderbare) getroffen hat, stehen wir vor einer noch nicht bewältigten Aufgabe. Die Wirklichkeit: betriebliche Umstrukturierung mit der Folge ungewollter, frühzeitiger Pensionierung, oder der erste Freund, der aufgrund unbezwingbarer Krankheit gestorben ist, oder... – all das bekümmert uns natürlich. Doch die spannende Frage ist, wie ein durchtrainierter Weitspringer auch im Hochsprung die notwendige Fitness erlangt. Denn im Umgang mit Scheitern, mit Brüchen, mit Unabänderbarem, mit Leid, Bedürftigkeit, Vergänglichkeit – hier haben wir noch nicht unsere Stärke. Ist das erlernbar? Keine Frage liegt näher als diese.

Merkmal Nr. 11: Unbestreitbar erfolgreich

Wir haben viel erreicht, das kann wohl niemand abstreiten. Schon als Babys haben wir den Marken Pampers und Alete den Weg zur Weltklasse bereitet. Freiräume haben wir bravourös gefüllt. Dass unsere modern-postmoderne Welt äußerlich so gut funktioniert, hat diese Welt, das darf auch mal gesagt werden, besonders uns zu verdanken. Technische Höchstleitungen in Fortbewegung, Medizin, Kommunikation und vielem anderen mehr gehören zur unreflektierten Tagesordnung unserer Welt. Unzählbar heute die verfügbaren Optionen, wenn Wünsche aufkommen, sei es in Bezug auf Kleidung, kulturelle Veranstaltungen, Erleichterungen in Küche und Haushalt, Gestaltung der Freizeit oder Erhaltung der körperlichen Fitness. Es ist uns nicht zu verübeln, wenn wir das Grundgefühl haben, gute Arbeit geleistet zu haben. Deshalb: Haben wir es jetzt nicht auch verdient, die Früchte unseres Tuns zu genießen, gewisse Ansprüche an diejenigen zu stellen, die von uns profitieren, und können wir nicht einfach mal daran festhalten, dass jetzt die Erfüllung von bisher stets aufgeschobenen Sehnsüchten an der Reihe ist? Wer will uns das streitig machen? Keine Frage: Wir sind gerne bereit, uns auch weiter zu engagieren. Doch, so appellieren wir, bitte respektiert unser Bedürfnis, jetzt einfach mal Pause zu machen. So ganz spurlos nämlich ging die Erziehung unserer Kinder (wir gaben unser Bestes) und das anspruchsvolle, kräfteraubende Berufsleben (manchmal kombiniert mit Erziehungspflichten) auch nicht an uns vorbei.

Merkmal Nr. 12:
Kritische Selbstreflexion – nur wenn es sein muss

Es ist so: Das Viele, das Schöne, das Lebenserleichternde hat uns nicht auf die Idee gebracht, auch mal kritisch Bilanz zu ziehen. Zu tief scheint in uns verwurzelt zu sein, dass das »immer schöner, immer schneller, immer besser« selbstverständlich ist. Der Theologe und Soziologe Reimer Gronemeyer legt seinen Finger dann auch tastend auf die Wunde, wenn er sagt: »Mitten in Vollausstattung« wurden wir »von der Leere überrumpelt«. »Inmitten des Wohlstands« schleicht sich »eine radikale Verarmung« ein.[10] Wer die Augen öffnet, sieht tatsächlich nicht nur Gutes und Schönes. Unübersehbar sind in unserer Gesellschaft auch die fragmentierten Familien, die erodierten sozialen Milieus und eine nicht quantifizierbare Menge perspektivloser Menschen. Soll das etwa auch mit uns als Babyboomern zusammenhängen? Sicher weisen wir dies im ersten Moment weit von uns. Jede Gesellschaft, sagen wir, hat ihre Ränder. Doch so ganz hieb- und stichfest wird diese Behauptung nicht sein. Die Mitte ist leer, sagt der Trendforscher Matthias Horx 2003 in seinem Buch »Future Fitness«. Schwierig, dafür unseren Eltern oder einigen Bösewichten die Schuld zuzuschieben. Es hat, so müssen wir zugeben, auch mit uns und mit unserem Engagement, unserer Mentalität, unseren Lebensentwürfen zu tun. Doch wer reflektiert sie? Oder noch etwas tiefer gefragt: Wer ist bereit, auch für die gewordenen Abgründe unserer Gesellschaft Verantwortung zu übernehmen? Nur dann ist Versöhnung mit dem eigenen Leben denkbar und möglich, als Voraussetzung dafür, hoffnungsvoll in die Zukunft zu gehen. Das Verheißungsvolle dabei ist: Das Ungereimte zu reflektieren und auch sich selbst in gesunder Weise infrage zu stellen, wäre ein ideales Sprungbrett dafür, seine eigene Identität und die unserer Generation zu klären. Unser Leben hat eine Innenseite. Sie zu achten und sorgsam zu pflegen ist Vorrecht und Pflicht zugleich. Auch unsere Schattenseiten müssen beleuchtet werden, auch dann, wenn es uns zunächst wenig liegt. Nicht zuletzt sind es die Sinnfragen, die wir niemals wegschieben dürfen, denn: Sie fahren unweigerlich – bildlich gesprochen – auf dem Rücksitz unseres eigenen Autos unweigerlich mit.

Unübersehbar sind in unserer Gesellschaft auch die fragmentierten Familien, die erodierten sozialen Milieus und eine nicht quantifizierbare Menge perspektivloser Menschen. Soll das etwa auch mit uns als Babyboomern zusammenhängen?

Nach uns: Die Generation Golf

Weit weniger sind sie. Geboren nach dem Einbruch der Geburten-zahl. Die »Golfer« sind es, die den Babyboomern auf den Fersen folgen. Wer nun sind sie, die sich heute meist im Alter zwischen 40 und 50 befinden? Wer sind sie, die das meiste, was man in einer modern-postmodernen Welt erleben kann, bereits erlebt und hin-ter sich haben, von gewollter oder ungewollter beruflicher Karriere, vom Traumurlaub in der exotischsten Ecke unserer Welt oder Maxi-malausstattung von Haus und Wohnung bis hin zum Scheitern in all diesen Bereichen – persönlich und wie so oft beziehungsmäßig.

Vielsagend ist bereits, wie der Begriff »Generation Golf« zustan-de kam. Der Golf von Volkswagen: solide, schick und klein, richtig geeignet, ein Generationengefühl zu vermitteln. Wenn Papa nicht besonders kreativ war, konnte er durchaus auf den Gedanken kom-men, seinem Sohn oder seiner Tochter zum Abitur einen VW Golf zu schenken. Nicht selten war Sohn oder Tochter ja Einzelkind, stolzes Projekt nicht immer sehr selbstsicherer, aber doch meist engagierter Eltern. Diese im »langweiligsten Jahrzehnt« – den 80er-Jahren des 20. Jahrhunderts – geborene Generation nannte der Journalist Florian Illies »Generation Golf«.[11]

Wie auch die davorliegenden Generationen wird auch die Gene-ration Golf in besonderer Weise geprägt und eingespurt durch die Zeit, in der sie Kindheit und Jugend erlebt. Böse Zungen meinen: Diese Generation ist beglückt, aber vor allem dazu verurteilt, all das auf dem Tablett serviert zu bekommen, was die Kriegsgene-ration, die 68er, die Babyboomer aus der Welt zwischen 1945 und 1975 gemacht haben. Eigenartig und befremdlich, dass der wohl bekannteste zurzeit aktive Psychotherapeut in Deutschland, näm-lich Wolfgang Schmidbauer, diese Generation als »Genießergene-ration ohne Selbstwertgefühl« umschreibt. In der Tat: Wogegen sollte sie sein? Das Thema Auflehnung gegen Eltern, Tradition und

Politik war ausgereizt, Lebensentwürfe waren bereits alle erprobt, Freiräume längst erobert. Was blieb, waren – im Glücksfall – einige Schulkameraden mit vergleichbaren Interessen, ansonsten die nicht immer sehr zuverlässigen Eltern.

»Der Vater kommt weinend zu dem Siebenjährigen, teilt ihm mit, dass die Mutter sie beide verlassen wolle, und bittet Leonhard, sie doch zurückzuhalten, auf ihn werde sie hören. Leonhard läuft nun ebenfalls weinend zur Mutter, verspricht, braver als brav zu sein und alles für sie zu tun, wenn sie nur dableibe, worauf sie sich umstimmen lässt.«[12]

»No future« oder »null Bock«. Das könnten Begriffe sein, an die wir uns aus den 8oer-Jahren (noch) erinnern. Wir charakterisierten mit diesen Beschreibungen die Generation, die zwischen 1968 und 1980 geboren wurde. Die Gesellschaft war beunruhigt. Der Reflex: Was können wir zusätzlich tun, um dieser Generation Mut zu machen? Eigentlich dachten wir: Endlich, diese Generation hat es so gut wie keine vor ihnen, besser als unsere Eltern, besser als wir. Fehlte dem Sohn in seiner Wohnung das Bügeleisen, haben sich besorgte Mütter auch darum bemüht. Notfalls, wenn derartige Lösungen nicht erfolgreich waren, durfte der mutig Ausgezogene die Wäsche heimbringen oder -schicken. Das wiederum brachte, im schlechten Falle, Sohn oder Tochter auf den Gedanken, doch wieder zu Hause, ins Hotel Mama, einzuziehen. Wenn es sein musste, auch bis weit über 30.

Die Elternkonstellation der Golfer war wenig stabil. Sie redeten unentwegt von ihrer idealisierten Utopie einer schönen neuen Welt, existenzielle Nöte aber hatten sie nicht. Insbesondere Männer, die Väter, hatten Mühe, ihre Rolle zu finden. Schön, wenn sie zu Hause mithalfen, das Sagen aber hatten meist die schnelleren und kreativeren Frauen. Der Golfer deshalb: Nicht leicht, den eigenen Weg in der Vielfalt der Welt ohne eine maßgebende Autorität und ohne eine ihn begleitende Kohorte zu finden. Geblieben ist das Gefühl von Minderwertigkeit, von Ängstlichkeit und von Sehnsucht nach Geborgenheit. Er hat alles. Dennoch bleibt er auf der Suche nach dem Entscheidenden.

In allem und trotz allem: Auch die Golfer vermögen heute, im Alter von mittlerweile über 40, das Herz zu gewinnen. Auch wenn sie oft nicht so waren, wie ihre Eltern es sich gewünscht haben: Im Kern blieben sie, das dürfen wir, ohne überheblich zu wirken, sagen, unendlich liebenswert. Was könnte angemessener sein, als auch ihnen, den Golfern, einige Zeilen als offenen Brief zukommen zu lassen?

Ein offener Brief an die Generation Golf

Liebe Vertreter und Vertreterinnen der Generation Golf,
wir übertreiben nicht: Auch ihr seid uns lieb geworden. Auch bei euch sind so viele Talente und nicht nur äußerliche Schönheiten zu entdecken. Schrecklich, dass wir oft bloß von eurer Unentschlossenheit oder eurer Mutlosigkeit gesprochen haben. Dumm von uns, dass ihr uns an vielen Stellen, vor allem nach eurer Kindheit, ziemlich egal ward. Wir wollen uns nicht wundern, wenn wir für euch in der Folge auch bloß von begrenztem Interesse waren.

»Gelobt sei, was hart macht«, soll der Philosoph Friedrich Wilhelm Nietzsche gesagt haben. Genau diese Härte zu erwerben, wurde euch verwehrt. Für euch wurde alles getan. Ihr hattet alle Möglichkeiten: beziehungsmäßig, technisch, beruflich. Nie hätten wir gedacht, dass es für euch auch ziemlich langweilig sein könnte. Dass die meisten von euch es trotzdem ganz gut geschafft haben: alle Achtung!

Im Gespräch mit euch merken wir als die euch vorangegange-
ne Generation: Nicht alles, was wir in die Welt gesetzt haben, ist
wirklich hilfreich und zukunftsweisend gewesen. Ihr spürt das,
manchmal freut ihr euch, oft ist aber euer Schmerz nicht zu übersehen und zu überhören. Das nehmen wir zur Kenntnis, spät, aber
mit Betroffenheit. Klar, wir haben uns auf uns selbst und unsere
selbst konstruierte Welt konzentriert. In dieser Haltung kann es
sein, dass wir euch zwar äußerlich und materiell alles gegeben
haben, was ihr als Bedürfnis angemeldet hattet. Doch es liegt auch
nahe, dass wir eure tieferen Bedürfnisse nicht gesehen haben. Bitte übt Nachsicht, wenn es uns nicht gelungen ist, euch wirklich
Hoffnung und Sinn im Leben zu geben. Unsere Bitte: Verzeiht!
Und gebt uns als den unmittelbar vor euch Geborenen noch eine
Chance! Die Chance nämlich, es bzw. das, was wir können, in
unserer zweiten Lebenshälfte besser zu machen, als wir dies in
der ersten Hälfte unseres Lebens getan haben!

Danke, wenn ihr mit uns auf dem Weg bleibt.

Respektvoll – Ein vor euch Geborener

Von den Großeltern zur Generation Y

Bisher haben wir die Eigenheiten und Originalität von Menschen
betrachtet, die sich heute im Alter zwischen 40 und 70 befinden – die sogenannten 68er, Babyboomer und Golfer. Sie werden
eingerahmt von der (Kriegs-)Generation der Großeltern und der
Generation Y.

Im Folgenden findet sich eine grobe tabellarische Übersicht
über die hier besonders angesprochenen Generationen. Kategori-
en, die interessieren, sind neben grundlegenden Kernmerkmalen
u. a. Vorlieben zu bestimmten Dingen (was also eine Generation

will), Distanzen zu bestimmten Dingen (was eine Generation nicht haben kann), welche Chancen voraussichtlich von ihr in den kommenden Jahren/Jahrzehnten genutzt werden und, wie könnte es anders sein, was ihr im Älterwerden wichtig sein wird. Der Vollständigkeit halber sind hier auch die Generation unserer Großeltern (Zwischenkriegs-/Kriegsgeneration) und die Generation Y aufgeführt.

Genera-tion	Vorlieben	Abneigungen	Chancen	Im Älter-werden
Großeltern	Einsatz für andere	Gleichgültig-keit, Ziellosig-keit	Unterstüt-zung, Mit-trägerschaft	Akzeptie-ren, was kommt
68er	Kontrast-gesell-schaft, Experimen-tieren	Tradition, materielles Wohlergehen	Neues gewinnen, Freiräume schaffen	Aufrecht, rebellisch-anspruchs-voll
Baby-boomer	Vorhande-ne Freiräu-me füllen	Vorgaben, Programme	Neue Formen ausprobie-ren	Als Gruppe zusammen-bleiben
Generation Golf	Genuss und Verdienst	Pflichter-füllung	Klare Kos-ten-und-Nutzen-Ab-wägungen	Materiell und indivi-duell ehr-geizig
Generation Y	Sinnsuche, Leben nach eigenen Werten	Funktionieren	Vernetztes Denken	Integrie-rend, auf der Suche nach Sinn

Tabelle: Überblick über die Generationen

Was nun ist den unterschiedlichen Generationen zwischen 40 und 70 neben den ganzen Unterschieden *gemeinsam*? Fraglos steht

Zukunft – die Zukunft dieser Welt, die Zukunft unserer Gesellschaft – vor ihnen allen. Diese Zukunft wird anders sein als all das, was hinter uns allen liegt. Einen Moment innezuhalten, um Künftiges aufleuchten zu lassen, könnte hilfreich sein und uns vor Illusionen bewahren. Die kommenden 70 Jahre werden mit Sicherheit nicht sein wie die vergangenen 70 Jahre.

KAPITEL 2
IRRITIERENDES AUF DEM WEG
IN UNSERE ZUKUNFT

Wir sind wir. Recht so! Doch was geschieht um uns herum? Wovon sind wir umgeben? Was kommt auf uns zu und womit müssen wir rechnen? Was stellt sich uns entgegen?

Es sind vor allem zwei Dinge, die uns, die Generationen im Alter zwischen 40 und 70 – reflektiert und unreflektiert – umtreiben. Zunächst wissen wir, dass heute nichts so selbstverständlich ist wie Wandel und Veränderung des persönlichen Lebensumfeldes wie auch der globalen Welt. Und dann kommt – ganz konkret – ein eigenartiges bis befremdliches Erleben dazu: Das Ergehen unserer eigenen, jetzt 75-, 85- oder 95-jährigen, uns stets mehr oder weniger nahestehenden Eltern. Natürlich: Für die einen oder andern kein Thema, sind doch die Eltern früh und unauffällig bereits gestorben. Oder: Da ist doch die Schwester. Sie wird das schon regeln, wie bisher auch. Oder: Die Eltern sind noch so selbstständig und lebensfreudig: Warum sich sorgen, wenn doch keine Spur von Vergänglichkeit zu erkennen ist? Und doch: Die meisten von uns, speziell Babyboomern, erleben im Zusammenhang mit den eigenen Eltern etwas, das für sie neu und manchmal erschütternd ist.

Die Frage liegt auf der Hand: Wenn wir so ticken, wie wir ticken, wenn die Zeit ist, wie sie ist, und wenn sich plötzlich etwas von Hinfälligkeit und Endlichkeit unseres Lebens andeutet: Wie gehen wir damit um? Was tun, denken und empfinden wir? Was geht in uns ab, was »macht das Alter mit uns«? Was planen wir, sozusagen als Fortgeschrittene?

Die kommenden Jahre – womit wir gesellschaftlich zu rechnen haben

Es sind wohl drei wesentliche Herausforderungen, die im Grundsatz von uns nicht (mehr) zu beeinflussen sind, allerdings für unsere individuelle Zukunft so etwas wie den Rahmen bilden, in dem unser künftiges Leben stattfinden wird. In den bevorstehenden Jahrzehnten werden sich diese Trends und Tendenzen verstärken. Wir werden mit ihnen zu leben haben – gewollt und ungewollt, freudig oder trotzig, als Chancenseher oder hoffnungslose Skeptiker.

Auch wenn wir uns hier nicht in die Trendforschung vertiefen (bei Interesse siehe Literaturverzeichnis), so sollen doch jene drei Grunddynamiken, von denen unser Lebensrahmen künftig in besonderer Weise geprägt sein wird, in unser Bewusstsein geholt werden. Wie schnell erkennbar ist, kommen sie unserem Lebensentwurf und -empfinden nicht immer nur entgegen. Zu den drei Dynamiken gehören die demografischen Veränderungen, der Ressourcenmangel und die Auseinandersetzung mit Menschen aus fremden kulturellen und religiösen Hintergründen.

Demografische Veränderungen

Die demografischen Veränderungen betreffen im engeren Sinn die Zunahme älterer Menschen und den zahlenmäßigen Rückgang jüngerer Menschen. Behauptet wird, mit Berufung auf nicht immer hieb- und stichfeste Statistiken, dass im Jahr 2060 in Deutschland jeder Erwerbstätige seinen persönlichen Rentner hat. Er, der Erwerbstätige, hat also zu ermöglichen, dass von seinem eigenen Erwerb nicht nur er und gegebenenfalls seine Familie zu leben hat, sondern zusätzlich ein Rentner, der vermutlich sein Leben lang treu in die Altersvorsorge einbezahlt hat. Er nun wird, logischerweise, beanspruchen, gemäß den früher gemachten staatlichen Versprechen versorgt zu werden: »Zum Mitschreiben: Die Rente ist sicher.« (so Norbert Blüm im Bundestag am 10. Oktober 1997)

Das Faktum also ist bekannt. Deutschland – und mit ihm Mitteleuropa und eine Reihe weiterer Länder weltweit – »altert dramatisch«, so Horst W. Opaschowski, bekannt als »Mister Zukunft« oder »Zukunftspapst«. Die Deutschen sind nicht nur Spitzenreiter im Fußball, im Bierkonsum und in der Anzahl Krankenhausbetten. Neu sind sie – oder wir – auch an der Spitze, was die weltweit niedrigste Geburtenrate betrifft. Leere Kindergärten, volle Altersheime: Das könnte uns als (unbewusste) gesellschaftliche Leitidee untergeschoben werden.

Die Alterspyramide steht buchstäblich Kopf. Bekannt ist: Bereits 2020 ist jeder zweite Deutsche über 50 Jahre alt. Wenn heute rund 25 Prozent der Wahlberechtigten über 65 Jahre alt sind, so sind es im Jahr 2030 bereits 35 Prozent. 2060 wird jede dritte Person über 65 sein, und jede siebte Person ist dann über 85 Jahre alt. 14,3 Prozent der über 65-jährigen Menschen in Deutschland kennen jetzt schon das Risiko der Altersarmut. Verständlich, dass im März 2012 »das andere Angstthema« neben der Energie die »Demografie, der Doppeltrend aus Alterung und Schrumpfung der Bevölkerung«, ist.[13] Das 21. Jahrhundert, so wird etwas spöttisch angemerkt, wird zu einem »Jahrhundert der Senioren«.[14] Sogar dann, wenn ab sofort gebärfähige deutsche Frauen durchschnittlich vier Kinder zur Welt bringen, wird es angesichts des Einbruchs der Geburtenzahlen seit rund 1968 vier Generationen dauern, bis sich wieder eine stabil bleibende Bevölkerung auf dem Stand des Jahres 2000 einstellt.

Verheißungsvoll und gleichzeitig bedrohlich erweist sich die Zunahme der Lebenserwartung im Laufe der vergangenen 100 Jahre. Wurden unsere Urgroßeltern im Durchschnitt zwischen 44 und 47 Jahre alt, so haben wir heute eine rund 30 Jahre höhere Lebenserwartung. Schmunzelnd nehmen wir zur Kenntnis, dass sich die durchschnittliche Lebenserwartung zurzeit täglich um 6 Stunden und somit jährlich um 3 Monate erhöht. Die Frage ist berechtigt: Was machen wir mit den uns zusätzlich geschenkten Jahren? Peter Gross kommt auf die grotesk anmutende These, dass wir aufgrund dieser zusätzlich geschenkten Jahre gar keinen Bedarf an ewigem Leben und Ewigkeit mehr haben – ein Gedanke, den man zunächst verdauen muss, der aber doch eine Art Erklärung liefern könnte, wieso die Lust zum Leben gerade am Ende des Lebens dramatisch abnimmt. Genug ist genug! Doch wir werden nicht nur mit einigermaßen wuchtig daherkommenden demografischen Veränderungen zu leben haben:

Zunehmender Ressourcenmangel

Hauptstichworte sind zunächst Energie und Finanzen. Tatsächlich vergeht seit der Hiobsbotschaft des Club of Rome im Zusammenhang mit dem 1972 veröffentlichten Bericht »Die Grenzen des Wachstums« kaum ein Tag, an dem wir nicht neue dramatische Nachrichten zum Thema Energie (und damit Umwelt) und Finanzen zur Kenntnis nehmen müssen. Wir leben, dummerweise, in der Grundüberzeugung der Unerschöpflichkeit von Energiereserven. Und noch schlimmer: Wir leben in der Annahme, dass finanzielle Ressourcen ohne Ende verfügbar sind. Das Dramatische bezüglich Finanzen: Bereits die Beträge, die wir in Form von Geld ausgegeben haben, ohne sie zu besitzen, und deshalb jetzt schulden, also zu ent-schulden haben, sind unvorstellbar astronomisch hoch. Rechnet man allerdings zu diesen bereits geschuldeten Beträgen all jenes Geld dazu, das aufgrund von politischen Versprechungen bestimmten Menschen zusteht, ohne generiert zu sein (Rente, Pflegeversicherung, Krankenkassen...), vervierfachen sich die jetzt schon nicht vorstellbaren Schulden in Billionenhöhe. Keine sehr zuversichtlich stimmende Aussicht also für die kommenden Jahre.

Die Jahre der zunehmenden Wohlfahrt haben ihre Schattenseite. »Softfaktoren« wie Wertschätzung, Vertrauen, Verantwortungsbewusstsein, Versöhnungsbereitschaft, Durchblick, Hoffnung, Liebe, Leidensbereitschaft, Toleranz oder Lebenszufriedenheit haben nicht in gleichem Maß wie unser Wohlstand zugenommen. Beispiel Lebenszufriedenheit: Meinhard Miegel, einer der bedeutendsten Sozialforscher in Deutschland, weist darauf hin, dass die »Parallelentwicklung« von Wohlstandszunahme und Lebenszufriedenheit um 1970 endete. Davor, das heißt ab dem Jahr 1945, stieg »die Lebenszufriedenheit ... parallel zur Wohlstandszunahme«. Rund sechzig Prozent der Bevölkerung waren 1970 »zufrieden oder sehr zufrieden«. Das verfügbare Einkommen und damit die Möglichkeit, Leben nach eigener Vorstellung gestalten zu können, nahm bis 2009 um 75 Prozent zu, während »der Anteil Zufriedener und sehr Zufriedener wie festgenagelt« bei 60 Prozent »verharrte«.[15]

Vertrauen, Durchblick oder Zufriedenheit als Ressource. Es scheint, als würden sich nicht nur in den Bereichen Energie und Finanzen Engpässe im Sinne von Ressourcenmangel ankündigen, sondern auch, und vielleicht nochmals mit viel weitreichenderen Folgen, im Bereich unseres Denkvermögens und unserer Beziehungen. Gerade der Faktor Zufriedenheit – nicht mehr durch zunehmendes materielles Wohlergehen zu steigern – ist die entscheidende Ressource, um mündig mit den Herausforderungen des 21. Jahrhunderts umzugehen.[16]

Ungewohnte Lebens- und Glaubensvorstellungen

Die dritte elementare Herausforderung, mit der wir unweigerlich in den kommenden Jahrzehnten zu rechnen haben, besteht im Umgang mit verschiedenartigen, uns zunächst fremd erscheinenden Lebens- und Glaubensvorstellungen. Seit dem Jahr 1989 ist eine hitzige Diskussion im Gange, ob nach dem scheinbar endgültigen Sieg des Westens »das Ende der Geschichte« (so der amerikanische Politikwissenschaftler Francis Fukuyama) eingetreten ist, oder aber, ganz im Gegenteil, ob anstelle des bisherigen »Krieges der Nationen« so etwas wie ein »Kampf der Kulturen« (so der Titel des 580-seitigen Buches von Samuel Huntington) entbrannt ist. Die ersten 15 Jahre des 21. Jahrhunderts widerlegen definitiv die These Fukayamas und liefern zahllose Belege für die Voraussage von Huntington. Beispiele: Terroranschlag 2001 in den Vereinigten Staaten, später in Madrid (2004) und London (2005), dann 10 Jahre danach in Paris. Das Flüchtlingsdrama im Mittelmeer, die unbeschreibliche Dramatik im Nahen Osten sowie die Bevölkerungsverschiebungen im asiatischen Raum sind bisher lediglich Anzeichen für eine Zeit, auf die wir unweigerlich und ungewollt zugehen. Das Merkmal von Politikern ist Ratlosigkeit und Ohnmacht. Sie befinden sich in einer »Überlastungsdepression«, wie Bernd Ulrich in der ZEIT beschreibt.[17] »Atemlos« will man Wirklichkeit begreifen. Sie bricht schlicht durch, unübersichtlich und ohne Aussicht auf Beruhigung. »Sie ist versunken, diese Welt, die der Westen noch leidlich unter Kontrolle zu haben schien.« Niemand glaubt mehr, dass wir in einer Ausnahmephase leben. »Die Krise ist das Normale, die Jahre zwischen 1990 und heute waren die Ausnahme.« Wir aber haben uns an den Frieden gewöhnt. Doch das »Epochenthema« ist nicht Friede – wie vielleicht von 1989 bis 2015 –, sondern die kulturelle Auseinandersetzung mit völlig neuen Alltags- und Lebenswirklichkeiten, geprägt von andern kulturellen und religiösen Vorstellungen als bisher in Mitteleuropa üblich.

Spätestens seit Herbst 2015 ist uns allen klar: Das »Epochenthema« ist in Europa angesichts der Herausforderung Flüchtlinge vorgegeben.

Offensichtlich und in diesem Zusammenhang kaum zu widerlegen ist, dass nahezu täglich auf allen möglichen Kommunikationskanälen neue Voraussagen zu künftigen Themen und Entwicklungen vermeldet werden. Stichworte sind: Zunahme von Geschwindigkeit und Komplexität, prekäre Arbeitsverhältnisse, Jugendarbeitslosigkeit, Inflation von Gesetzen und Regelungen zur Steuerung der Außenseite unserer Gesellschaft, Ökonomisierung aller Lebensbereiche inklusive Ehe und Familie, Globalisierung des Terrors, Individualisierung, Vorherrschaft der Technologie, Google-Car und Google-Glasses, künstliche Intelligenz, Auslagerung (etwa auch von Verantwortung), Revolution der Ernährungsgewohnheiten, Feminisierung, Social Freezing, erodierender Lebensschutz am Anfang und Ende des Lebens, Herkunfts- und Zukunftsvergessenheit, Betonung des Jetzt (»Jetztismus«), irritierende Zunahme des Verbrauchs von Beruhigungs- und Schlafmitteln, Einschränkung der freien Meinungsäußerung, Ende der Privatsphäre, Entmündigung des Bürgers, Multitasking, Leben in Parallelwelten und Parallelgesetzgebung, Virtualisierung und vieles, vieles andere mehr.

Deutlich wird, so das Fazit dieses Ausblickes, dass wir uns gerade vor dem Hintergrund des uns selbst charakterisierenden Lebenskostüms während der kommenden Lebensjahre unter anderen, tendenzmäßig anspruchsvolleren und herberen Lebensumständen zu bewähren haben. Zukunft findet statt, allerdings unter Verhältnissen, die wohl kaum denen entsprechen, die wir von Jugend an gekannt haben und in denen wir uns generell leicht zurechtfinden.

Und dann: Unsere Eltern – mehr Fragen als Antworten

Beinahe hätte ich das Älterwerden vergessen,
wenn da nicht meine Mutter wäre, 35 Jahre älter als ich.
Ein früherer Arbeitskollege

Irritierende Situationen und Fragen

Es ist gut, wenn Alters- und Pflegewohnheime großzügige Eingangsbereiche aufweisen. Dieser Bereich scheint der nahezu einzige Ort zu sein, an dem 40- bis 70-Jährige über jenes Thema frei reden, das sie zwar innerlich berührt und manchmal umtreibt, mit dem sie sich aber meist ausgesprochen schwertun.

Oft, so immer neu konkret erlebbar, bricht es geradezu aus diesen Menschen heraus, wenn sie bei ihren Eltern im Pflegewohnheim zu Besuch waren. Da fallen Sätze wie:»Furchtbar, was ich gerade gesehen habe«; oder:»Da nehme ich meine Mutter so schnell wie möglich wieder raus«; oder:»Wie halten Sie es aus, täglich unter solchen Umständen zu arbeiten?«. Fast heilend, so die Erfahrung, wirkt oft die Rückfrage an Menschen rund um die sechzig: Haben Sie denn schon Ihre Mutter oder Ihren Vater gefragt, wie er sich bei uns fühlt? Meist lautet die Antwort:»Nein, *auf mich* wirkt es so!«

Eigenes Älterwerden wirkt auf die Generation im Alter zwischen 40 und 70 verunsichernd. Besonders heikel aber wird es, wenn »junge Alte«, die Midlife-Boomer also, wie die Politikjournalistin Margaret Heckel sie nennt, direkt damit konfrontiert sind, dass ihre eigenen Eltern, die die Boomer immer schon »okay« fanden und die für sie nie von besonderem Interesse waren, plötzlich in existenzielle Grenzsituationen geraten. Dies betrifft beileibe nicht nur den unterschiedlich begründeten Gang ins Pflegewohnheim.

Irritierend wirkt, wenn zu hören ist, wie viele und welche Medikamente der Arzt dem eigenen Vater oder der eigenen Mutter verschrieben hat. Oder welche längst abgelaufenen Nahrungsmittel sich zu Hause bei Mutter im Kühlschrank befinden. Oder wenn die Polizei meldet, dass der eigene Vater im 70 Kilometer entfernten Nachbarort verwirrt aufgefunden worden sei. Oder wenn die eigene Mutter mich als Tochter oder Sohn nicht mehr wiedererkennt. Das macht etwas mit einem. Das Unentschiedenheitsgen, typisch für unsere Generation, verliert seine Wirksamkeit.

Geschichten über Geschichten kommen jenen zu Ohren, die Orte schaffen, an denen vergleichbare Irritationen benannt werden können und dürfen. Immer schwingen Fragen im Hintergrund mit wie: Gehe ich selbst auf Vergleichbares zu? Was, wenn ich selbst so weit sein sollte? Habe ich Kinder oder Freunde, die zu mir stehen werden? Wo finde ich Erleichterung? Wo bahnen sich erbbedingt analoge Phänomene wie bei meinem eigenen Vater oder meiner eigenen Mutter an, denen ich mich unweigerlich zu stellen habe? Wo vielleicht gilt es Weichen zu stellen, damit bestimmte Wege doch noch anders verlaufen? Bin ich dem Älterwerden und dem Alter wehrlos ausgeliefert? Was aus der Riesenfülle an der Literatur zur Lebens- und Altersoptimierung ist wirklich lesenswert? Wo ist Hoffnung, für mich persönlich, für mein Älterwerden? Gibt es überhaupt noch eine lohnenswerte Zukunft? Sind Tabletten, Demenz, Einsamkeit und Pflegewohnheim unausweichliche Markierungen auch meines künftigen Weges, des Weges einer Person, die ihr bisheriges Leben ziemlich souverän und ohne allzu große Dellen gemeistert hat?

> Bin ich denn dem Älterwerden und dem Alter wehrlos ausgeliefert?

Vielen 40- bis 70-Jährigen ist es oft buchstäblich nicht möglich, sich der Wirklichkeit ihrer Eltern zu stellen. Letztere haben stets ermöglicht, was ich wollte – vielleicht zuletzt ein Erbe hinterlassen, das mir erlaubte, ein Eigenheim zu erwerben. Sie, die mir (fast) alles möglich machten, sie – und die Sprache verrät es – gehen dem Ende entgegen, werden von Hilfe abhängig, sind von den Lebensgeistern verlassen, steigen ab und aus, können dies und jenes »nicht mehr«. Zum Kontrast, den wir bereits im eigenen Leben an uns selbst erfahren, kommt der noch stärker empfundene Kontrast im Erleben der eigenen Eltern hinzu. Es ist zum Aussteigen. Zu den äußeren Falten im eigenen Gesicht gesellen sich so etwas wie innere Falten in meiner Gedanken- und Herzenswelt. Darauf vorbereitet bin ich in keinerlei Weise. Im Freundeskreis konnten wir bisher über alles gut reden, vor allem natürlich über alles Verbesserungsfähige und -würdige dieser Welt. Auch ließ uns weder das Gespräch über Sexualität noch über Abtreibung, weder über Schulden noch eine mögliche eigene Scheidung von mir oder den eigenen Kindern wirklich erröten. Doch das ehrliche Gespräch über mein eigenes Alter und Älterwerden ist eine eigenartige Sache, eher unliebsam, vermeidenswert, querstehend.

Die Eltern als Projekt?

Wir haben insbesondere im Laufe unseres bisherigen Berufslebens viel darüber gelernt, wie wir Projekte managen. Sanft und nahezu unmerklich hat sich, meist ziemlich gewollt, immer mehr von unserem eigenen Leben in ein Projekt verwandelt. Der Haushalt ist ein Projekt, die Kinderbetreuung, die Urlaubsplanung, die Karriere, die eigene Gesundheit – alles sind Projekte. Eigentlich keine dumme Idee, auch bei der Betreuung unserer Eltern von einem Projekt zu sprechen. Absprachen unter Geschwistern, mit Nachbarn der Eltern oder dem ambulanten Pflegedienst und vieles andere lässt sich ja doch am besten projektähnlich organisieren. Doch stopp! Uns wird es mulmig, wenn unsere eigenen Kinder vom »Projekt Kinderkriegen« reden. Leicht kritisch weisen wir darauf hin, dass Kinder doch keine Angelegenheit wie die Karriere oder der Urlaub sind. Und plötzlich merken wir, wie nahe es uns liegt, auch aus der Begleitung unserer Eltern ein »Projekt Eltern« zu machen. Sind nun auch meine eigenen Eltern zum Projekt geworden? Hat die Ökonomisierung auch hier zugeschlagen? Wie weit ist es noch hin, bis dass wir unser eigenes Leben zum Projekt degradieren, einem Projekt, das, wenn nicht erfolgreich, gegebenenfalls abzuschließen und zu beenden ist? Man werfe einen Blick auf das hochaktuelle Thema Sterbehilfe.

Häusliche Gewalt im Alter?

Pflegenotstand und weitere Missstände im Betreuungssektor alter Menschen sind hinreichend bekannt. Es ist doch so: Im Pflegewohnheim entspricht vieles nicht dem, was wünschenswert ist. Das Pflegeheim – ein Schrecken. Doch auch hier steht ein Stoppschild. Denn weithin unbekannt ist das Phänomen der »häuslichen Gewalt im Alter«. Eine Studie der Zürcher Hochschule für Angewandte Wissenschaft (ZHAW), die im Auftrag der »Unabhängigen Beschwerdestelle für das Alter« in der Schweiz erfolgte, zeigt auf, dass jeder fünfte Betagte Opfer häuslicher Gewalt wird, unabhängig von Schicht und Geschlecht. Dieser Studie liegt eine repräsentative Untersuchung in mehreren europäischen Ländern zugrunde. Die Dunkelziffer liegt wesentlich höher, Zahlen von 80 Prozent werden genannt.[18] Wer also üble Zustände in Pflegeeinrichtungen beklagt, muss sich bewusst sein, dass es auch aufgrund von Überforderung bei der Pflege von eigenen Familienangehörigen sehr wohl zur unkontrollierten häuslichen Gewalt kommen kann. Wohl kaum eine wirklich gute Alternative zum Pflegewohnheim.

Älterwerden: Lebensplanung erschwert

Im Fitnesszentrum auf dem Rad eine schwitzende, gut 50-jährige Frau zu ihrer Freundin: »Älter zu werden: Das geht einfach nicht. Ich bin gesund, und das bleibe ich.«

»Runtastic ist das Beste, was es gibt«, posaunte ein 56-Jähriger in die Runde. Er merkte nicht, dass zwar einige für die Aussage Verständnis hatten, dass aber der anwesende 62-Jährige leer schluckte, der ahnte, dass sein schleichend daherkommendes Parkinsonsyndrom ihm alle Freude am Rennen – am Leben? – nehmen würde.

»Das Alter: Es ist, als würde ein nicht mehr weichendes Kontrastmittel in meine Seele gegossen«, sagte der für einmal ehrliche Arzt, mehr zu sich selbst als zu seinem Umfeld.

Bei der Besichtigung des Pflegewohnheimes sagte der 90-jährige Mann, als er eine 94-jährige Frau sah: »Alles gut, aber mit so alten Menschen mag ich nicht unter dem gleichen Dach leben.«

Verunsichert, erschüttert, ratlos?

Zugegeben: Es wirkt verunsichernd, wenn wir sehen, wie unzählig viele alte Menschen um uns herum leben. Es irritiert uns, dass die kommenden 30 oder 50 Jahre persönlich, aber vor allem auch gesellschaftlich mit Sicherheit nicht so sein werden wie die vergangenen 30 oder 50 Jahre. Es erschüttert uns, wenn Freunde in unserem Alter plötzlich sterben oder Diagnosen erhalten, die keine schöne Zukunft versprechen. Es macht uns ratlos, wenn Schreckgespinste wie Alzheimer oder angeblich sinnloses Vor-sich-hin-Vegetieren thematisiert werden. Und wir sind betroffen, wenn wir sehen, welche Veränderungsprozesse unsere ureigenen Eltern plötzlich durchmachen. Augen zu und durch? Am besten verdrängen? Verleugnen als Strategie zur Bewältigung dieser Wirklichkeit? Zugegeben: Sie, die Wirklichkeit, ist zwiespältig. Sie erschwert eine fundierte und perspektivenreiche Lebensplanung.

Einerseits versuchen wir, diese wenig erbaulichen Umstände zu ertragen und hinzunehmen – doch dann wird uns, und manchmal suchen wir solche Botschaften geradezu, von Männern erzählt, die mit 80 quietschfidel im Pazifik surfen, oder von Johanna Quaas, Jahrgang 1925, die mit 90 am Reck turnt, oder von der 85-jährigen Fitnesslegende Bob Delmonteque, oder von dem Inder Fauja Singh, der 2011 als Hundertjähriger den Marathon in Toronto mitlief. Ein tiefgründiges Hin- und Hergerissen-Sein entsteht, paradox und zwiespältig, kaum ertragbar, hervorragend geeignet, als Wirklichkeit einfach verdrängt zu werden. Alter kommt später. Vorerst sind andere Themen dran. Wer ist denn schon müde mit 70? Auch mit 80 wird das alles gut gehen, vielleicht nicht bei den andern, aber bei mir. Krisen werden wir gerne auch mit 90 sportlich zu vernachlässigen versuchen. Braucht jemand Ermutigung oder Trost, werden wir, zumindest wir Babyboomer, zahlenmäßig genug sein, um uns Mut zu machen und Trost zu spenden.

Und dann saugen wir trotz gewisser Skepsis Botschaften auf, wie sie vor nicht allzu langer Zeit Ray Kurzweil, einer der Stargäste auf Kongressen und Berater der US-Präsidenten Reagan und Clinton, in die Welt gesetzt hat:[15] Gene können repariert werden, Zellen sind austauschbar, »niemand muss sterben. Wir alle können das ewige Leben erlangen, und ich werde der Erste sein.« Das Jahr des Durchbruchs sei 2045, also ein Jahr, das Babyboomer und Golfer aller Voraussicht nach erreichen werden. Und wieder wird damit nahegelegt: Wieso sich sorgen? Was wir uns – wie jede Generation – als Denk- und Gefühlslogik angeeignet haben, wird uns durchtragen. Negatives war, falls es das gab, stets Durchgangsstadium. Brüche, Scheitern, Niederlagen gab's, doch sanft und leise haben wir sie weggesteckt oder einfach beiseitegeschoben, verdrängt und verleugnet. Über kurz oder lang, nach kürzeren oder längeren Tiefs haben wir uns immer auf der Sonnenseite des Lebens wiedergefunden. Der Weltuntergang fand nicht statt, wieso sollte es bei uns im Älterwerden anders sein? Oder doch? Es gilt: Lebensplanung erschwert.

Der Jungbrunnen

Wer die Gemäldegalerie Berlin durchschreitet, kann das im Jahre 1546 entstandene Bild von Lucas Cranach dem Älteren mit dem Titel »Der Jungbrunnen« nicht übersehen. Gemalt ist ein Bad, in dem von der einen Seite gealterte Frauen ins Wasser steigen, das sie auf der anderen Seite verjüngt verlassen. Das Bild nahm voraus, was sich in den kommenden 400 bis 500 Jahren ereignete: die sogenannte Moderne mit ihren Säulen Leistung, Erfolg, Machbarkeit, Wachstum, Wohlstand, Ansehen durch Besitz und Können, Wissenschaft, Beherrschbarkeit der Natur und damit der Welt. Das menschliche Älterwerden ist, merken wir plötzlich, nicht nur pures Kontrastprogramm zu dem, was uns Boomern als DNA mitgegeben ist (»besser, schneller, schöner«), sondern auch krasses Kontrastprogramm zu dem seit 450 Jahren laufenden Programm der Moderne, in dem der Mensch, wie es der Philosoph Giovanni Mirandola (1463–1494) postuliert hat, endgültig »sein eigener Baumeister« wird.

Ein drastischer Vergleich

Die Bibel ist ein Buch mit nahezu unendlich vielen Aufmerksamkeit erregenden Geschichten und Erzählungen. Es war anlässlich eines gemeinsamen Bibelstudiums, als wir miteinander die Geschichte von Josef im alten Ägypten lasen. Der höchste Herrscher im Land hatte zwei Träume. Niemand außer Josef aus dem Geschlecht von Abraham, Isaak und Jakob war fähig, dem Pharao diese Träume auszulegen. Die Botschaft: Es wird jetzt sieben fruchtbare Jahre und danach sieben dürftige Jahre der Ernte geben. Symbolisiert waren diese je sieben Jahre durch sieben schöne, fette Kühe, die aus dem Wasser stiegen, und sieben hässliche und magere Kühe. Und dann lesen wir: »Und die hässlichen und mageren fraßen die sieben schönen, fetten Kühe« (1. Mose 41,4). Es war im Laufe unseres Gesprächs ein sehr ernüchternder Moment, als jemand die Übertragung auf unser Leben wagte. Er wusste, dass die glücklichsten Menschen in unserer Gesellschaft, das belegen unterschiedlichste Statistiken, die Menschen zwischen 65 und 75 sind. Entsprechend fragte er ziemlich keck: Könnte es sein, dass das »junge« Alter die fruchtbaren und »fetten« Jahre sind, die Jahre danach aber jene Jahre, die alles, was wir bisher im Leben hatten und erwarben, auf hässliche und unansehnliche Art »auffressen«? Im Raum – wir waren Menschen unterschiedlichen Alters – herrschte betretene Stille. Fast kam uns der Rat von Josef entgegen, der dem Pharao riet: »Darum empfehle ich dir, einen klugen Mann zu suchen, der fähig ist, ganz Ägypten zu regieren. Und setze noch weitere Verwalter ein, die in den fruchtbaren Jahren ein Fünftel der Ernte als Steuern erheben« (1. Mose 41,33-34). Danach erhob sich unter uns eine ziemlich kontroverse Diskussion. Ob (hohes) Alter wirklich nur das »Magere und Hässliche« nach einem prallvollen Leben ist? Klar, dass auch sofort gefragt worden ist, ob diese Geschichte, sie hatte im alten Ägypten übrigens weitreichende und positive Folgen, einfach so auf das Alter übertragbar ist. Die Frage blieb schlussendlich im Raum stehen. Doch irgendwie war allen klar: Es gab schon immer sowohl gute als auch notvolle Zeiten. Und es ist eine Frage der Weisheit, mit diesem Spannungsverhältnis konstruktiv und zukunftsweisend umzugehen.

Die gute Nachricht: Wir Babyboomer lassen uns gerne einspannen

»Das Alter, die unterschätzte Ressource für das 21. Jahrhundert«, meinte ein verständnisvoller Zuhörer nach einem ziemlich gelungenen Vortrag.

»Wir brauchen Kreative, Unerschrockene und Innovative«, bemerkte ein auf dem Sozialamt Tätiger, und der gespannt lauschende 58-jährige Boomer ließ es sich nicht nehmen, zu sagen: »Wenn du willst, bin ich dabei!«

Zwei Urbedürfnisse hat der Mensch: Er will Sicherheit, und er will Bedeutung. Diese beiden Bedürfnisse sind bei uns Babyboomern in unserer Kindheit hinreichend zufriedengestellt worden. Sicherheit gaben uns unsere Eltern, unsere Geschwister und »das Rudel«. Was hätte uns in diesem Rahmen Schlimmes passieren können? Was die Bedeutung betrifft, so waren wir Weltmeister im Ausfüllen vorhandener Freiräume. Diesen Job haben wir bravourös gemeistert. Nicht nur verhalfen wir den Marken Pampers und Alete zu Weltruf, sondern füllten nahezu jeden Lebensbereich mit bisher nicht oder kaum bekannten Ideen, Gedanken und Überlegungen. Die Freiräume, für deren Existenz die Generation 68 kämpfte, entdeckten und füllten wir mit ungemein viel Entdeckergeist. Zurückhaltung, weder im technischen noch im moralischen Bereich, kannten wir kaum. Negativ reagierten wir bloß dann, wenn unsere Freiheit eingegrenzt werden sollte.

30 oder 40 Jahre später: Es gibt nichts, was wir nicht probiert und ausgelotet hätten. Selten, dass wir in nur einem Beruf an nur

einer Arbeitsstelle tätig waren, und selten, dass wir über Jahrzehnte hinweg am gleichen Ort in den gleichen vier Wänden wohnten. Wenn etwas nicht funktionierte, suchten wir die meist vorhandene Alternative. Optionen gab es in der Regel genug – bis hinein in unser engstes Beziehungsnetz.

Und jetzt, je älter wir – unausweichlich – werden, desto mehr angebliche Irritationen. Das Erleben der eigenen, bisher eher wenig wahrgenommenen Eltern ist nur ein Beispiel, Burn-out und Frühpensionierungswünsche im Kollegenkreis ein anderes. Sind wir etwa doch müde geworden, fehlen uns die Angriffsfreude und der Wunsch, doch nochmals aufzubrechen?

Dies kann unmöglich der Fall sein. Mag das Leben an der Substanz geknabbert haben, so konnte uns eines nicht geraubt werden, nämlich diese Ursehnsucht, leere Räume zu füllen. Da mag etwas Gebrochenes, da mögen Spuren von Enttäuschungen mitschwingen, doch das Eroberungsgen zum Füllen von Freiräumen ist geblieben. Notfalls müssen wir uns bewusst gegenseitig daran erinnern, dass sich, so Margaret Heckel, »für Menschen um die 50« die »beste aller Welten« eröffnet. Sie spricht von einem »Paradigmenwechsel« nach einem Vierteljahrhundert, in dem der ältere Arbeitnehmer in der Politik, der Wirtschaft und den Medien als ersetzbar, nicht belastbar und verbraucht beschrieben wurde.[20]

In der Tat: Dieser Paradigmenwechsel liegt in der Luft. Wir, die Generation, die jetzt 50 oder 60 ist, kann es trotz vieler auch unschöner Erfahrungen nicht stehen lassen, dass Älterwerden nur Niedergang und Abstieg meint. Symptomatisch dafür ist der Aufbruch mit dem Wohnmobil in den Monaten nach dem Eintritt ins Rentenalter. Zutiefst ist ein solches Aufbrechen in uns verwurzelt, wir können es einfach nicht lassen. Und zutiefst, so die etwas pauschale Behauptung, können wir es nicht zulassen, dass der Freiraum Alter leer bleibt. Im Tiefsten widerspräche dies unserer DNA. Kein Lebensthema haben wir bisher ausgelassen. Wo das Drehbuch fehlte, haben wir eines verfasst. Stets und ununterbrochen haben wir neue Skripte geschrieben: zu Familie und (Lebensabschnitts-)Partnerschaft, zu Erziehung und (Nicht-)Autorität, zu Sexualität und seinen vielfältigsten Formen, zu interkulturellem Zusammenleben und politischer (Un-)Korrektheit. Seit unserer Kindheit, so könnten wir zusammenfassen, haben wir gesellschaftliche Trends und Erwartungen neu definiert. Es war und ist geradezu unsere Ursehnsucht, Land zu erobern, Landkarten zu zeichnen und Drehbücher zu schreiben. So wurden wir bedeutungsvoll, so erwarben wir Bedeutung. Das gab uns Selbstbewusstsein, das prägte unser Selbstverständnis, das vermittelte uns Identität. Es würde uns im Kern demütigen, am Ende des Lebens als Babyboomer kleinlaut beizugeben und das Alter der Beliebigkeit preiszugeben, oder – im Grunde genommen wäre das der *Worst Case* – gar selbst als Opfer des Alters in die Geschichte einzugehen. Zu viel Spott würde auf uns lasten, würden wir nicht auch das Alter neu erfinden. Das Bedürfnis nach Bedeutung lassen wir uns nicht nehmen und abtöten. Wir wollen, dass unsere Nachkommen sagen: Auch nach Ablauf der ersten Halbzeit ihres Lebens hat diese eigenartige Gruppe der Babyboomer es nicht ausgelassen, auch die letzte Landkarte im Leben, die Landkarte zum Alter, neu zu zeichnen. Wie, das muss sich zeigen. Es wird im Folgenden versucht.

> Wir, die Generation, die jetzt 50 oder 60 ist, kann es trotz vieler auch unschöner Erfahrungen nicht stehen lassen, dass Älterwerden nur Niedergang und Abstieg meint. Zu viel Spott würde auf uns lasten, würden wir nicht auch das Alter neu erfinden.

KAPITEL 3
VOM UNGEBETENEN GAST A
WIE ALTER – GANZ ANDERS
ALS GEDACHT

>»Die Alterung ist kein Schicksal, sondern eine fas-
>zinierende Möglichkeit, die gewonnenen Jahre
>sinnvoll und für jeden Einzelnen und die Gemeinschaft
>gewinnbringend zu gestalten ...
>Kein Lebensabschnitt ist so vielfältig wie der,
>den die Midlife-Boomer vor sich haben ...
>Es war nie spannender, älter zu werden.«
>*Margaret Heckel*[21]

An sonnigen Tagen sind die Bergbahnen voll. Theater- und Kon-
zertsäle füllen sich wöchentlich. Im Privatkundenbereich der Ban-
ken herrscht auch morgens, wenn andere längst bei der Arbeit
sind, Hochbetrieb. Museen weisen hohe Besucherzahlen aus. Unschwer erkennbar: Die Alten sind da, das Alter kommt. Das kann
man Mut machend finden (so eine Reihe moderner Dienstleister)
oder deprimierend (so meist die unter 50-Jährigen).

In der bisherigen Weltgeschichte waren immer die Jüngeren in
der Überzahl. Jetzt sind es, zumindest in einigen Teilen der Welt,
die Alten. Wo immer wir hinschauen: Von allen Seiten klopft das
Alter an. Die Begriffe sind in der Regel nicht schön, die uns in
diesem Zusammenhang begegnen. Vom »Problem Alter« reden

wir oder von der »eiskalten Gerontokratie«, dem »gigantischen Altersheim Europa«, den »tödlichen Bedrohungsszenarien Alzheimer und Demenz«, dem »Sozialdrama«, der »Altersfalle, die zuschnappt wie ein Krokodil«. All dies: ganz bestimmt nicht sehr hilfreich, um mit dem Alter Freundschaft zu schließen.

Es gilt, einen weiteren Horizont zu erwerben, die Geschichte des Alters und entsprechend dessen Einordnung in den Blick zu bekommen, gängige Missverständnisse rund um das Alter zu klären, Grundlegendes zum Menschsein generell zu bedenken sowie die Frage mutig zu wagen, ob es nicht angemessen ist, das Alter neu zu erfinden.

Ein Blick in die Geschichte des Alters – eine Zuversichtsquelle

Wer der aktuellen gesellschaftlichen Wirklichkeit im Zusammenhang mit dem Alter ins Auge schaut, muss sich vor dem Schnellurteil hüten, dass heute – und scheinbar nur heute – alles schwierig geworden ist. Dem ist bei Weitem nicht so. Wie auch in andern Themengebieten hilft ein Blick in die Geschichte.

Ein Erstes: Anthropologische Studien belegen, dass sich die biologische Lebensspanne des Menschen über Jahrtausende hinweg kaum verändert hat. Die vor allem seit hundert Jahren deutliche Erhöhung der durchschnittlichen Lebenserwartung ist allein darauf zurückzuführen, dass die sogenannte biologische Lebensspanne wesentlich besser genutzt wird. Schon immer wurde ein hohes und sehr hohes Alter erreicht, bloß wesentlich seltener. Grundsätzlich älter wird der Mensch heute nicht. Die Gründe dafür, dass es aktuell viel mehr sehr alte Menschen gibt, liegen in der heutigen Ernährung, den gewaltigen Fortschritten der Medizin und der wesentlich verbesserten Bekämpfung von Seuchen und Epidemien.

Nicht neu ist ebenso wenig, wie man mit dem Spannungsverhältnis umgeht, das Alter als Schwächer-Werden oder aber als unverkennbare Chance für sich selbst und die menschliche Gemeinschaft zu verstehen. Der bekannte altrömische Schriftsteller, Politiker, Anwalt, Philosoph und Redner Cicero schreibt skeptisch-realistisch zum Thema Alter: »Fort ist der Reiz der Jugend ... es wackeln meine Zähne ... schlüpfrig ist der Abstieg, und ist man einmal drunten, dann gibt es kein Zurück mehr.« Im Alten Testament der Bibel ist es der »Prediger«, der das Alter in ähnlich eindrücklicher Weise beschreibt. »Alles hat seine Zeit«, heißt es in Kapitel 3: Geboren werden und Sterben, Weinen und Lachen, Zerstören und Bauen, Klagen und Tanzen, Verlieren und Bewahren, Reden und Schweigen. Kapitel 12 beginnt mit der Mahnung: »Denk an deinen Schöpfer, solange du jung bist. Warte damit nicht, bis du alt bist, die Tage für dich beschwerlich werden und die Jahre kommen, von denen du sagen musst: sie gefallen mir nicht!« Der Autor meint damit die Zeit, wenn »die Wächter des Hauses zittern« (gemeint sind die Arme), »die Starken sich krümmen» (gemeint sind die Beine), wenn »die Müllerinnen aufhören zu arbeiten, weil nur noch wenige übrig geblieben sind« (Zähne), wenn »die, die durch die Fenster blicken, sich verdunkeln« (Augen), »die Türen zur Straße geschlossen bleiben« (Ohren) und »die Stimme der Mühle leiser wird« (Stimme).

Doch gab es zu diesen und vergleichbaren Aussagen schon seit Menschengedenken einen Gegenpol: Das Alter hat seine schöne, einmalige Seite. Im Werk »De senectute« meldet sich Cato, ein 60-jähriger Freund von Cicero, zu Wort. Er verteidigt das Alter als eine notwendige und erfreuliche, für alle Menschen bedeutsame Lebenszeit. Er hat dabei unter anderem folgende Argumente: Die Taten des Alters zeichnen sich nicht durch Kraft, Behändigkeit oder Schnelligkeit, sondern durch Voraussicht, Autorität und Entschlusskraft aus. Das dabei erwähnte Bild spricht eine deutliche Sprache: Während der Steuermann eines Schiffes auf die Masten steigt oder bei nahenden Schwierigkeiten aufgeregt durch das Schiff rennt, sitzt der weise Alte, das sei für das Ganze wesentlicher, auf dem Hinterdeck und spricht Ruhe und Frieden zu. So weit ein erstes Argument.

Weiter sagt Cato: Lust steht dem vernünftigen Lebenswandel entgegen. Folglich ist es kein Verlust, sondern geradezu ein Geschenk, hiervon befreit zu sein. An die Stelle von kurzzeitiger Lustbefriedigung treten die weit erfüllenderen Freuden der geistigen Betätigung und der Pflege von Freundschaft. Alter, so Cato, ist nicht Verlust, sondern Gewinn.

Mindestens so vielversprechend klingt es aus dem jüdisch-christlichen Raum. Das Alter besitzt eine ausgesprochen Hoffnung stiftende und verheißungsvolle Seite. Allem voran lesen wir etwa in den Psalmen, welch einzigartige Chance im Alter steckt. Beispiel: »Noch im hohen Alter werden sie Frucht bringen und werden grün und lebendig bleiben, um zu bezeugen, dass der Herr gerecht ist« (Psalm 92,15-16). Der Prophet Jesaja steht dieser Grundmelodie in nichts nach, wenn er sagt: »Weißt du es denn nicht? Hast du denn nicht gehört? Der Herr ist ein ewiger Gott, der Schöpfer der ganzen Erde. Er wird nicht matt oder müde ... Er gibt den Erschöpften neue Kraft; er gibt den Kraftlosen reichlich Stärke. Es mag sein, dass selbst junge Leute matt und müde werden und junge Männer völlig zusammenbrechen, doch die, die auf den Herrn warten, gewinnen neue Kraft. Sie schwingen sich nach oben wie die Adler. Sie laufen schnell, ohne zu ermüden. Sie werden gehen und werden nicht matt« (Jesaja 40,28-31). Später fährt Jesaja fort: »Hört mir zu: ... Auch bis in euer Alter bin ich derselbe, und ich will euch tragen, bis ihr grau werdet« (Jesaja 46,3-4; L). Nicht minder deutlich ist das Neue Testament, etwa wenn der Apostel Paulus betont: »Darum werden wir nicht müde; sondern wenn auch unser äußerer

Mensch verfällt, so wird doch der innere von Tag zu Tag erneuert.« Die jetzige Bedrängnis wiegt leicht für uns, »die wir nicht sehen auf das Sichtbare, sondern auf das Unsichtbare« (2. Korinther 4,16-18). Dieses Schauen auf das Nicht-Materielle, Nicht-Beherrschbare, Nicht-Verfügbare wird entscheidend, um mündig mit den Einschränkungen und Belastungen unseres Lebens und damit auch dem Älterwerden umzugehen.

Mit diesen Einsichten wird dem Alter das Bedrohliche genommen, ohne das Notvolle zu verleugnen, beim Namen zu nennen und als Wirklichkeit anzuerkennen. Schwäche und Gebrechlichkeit waren seit jeher ernst zu nehmende Gegebenheiten, doch in all dem Bedrohlichen immer auch relativiert. Weil Alter etwas unschätzbar Kostbares in sich trägt, hatten Alte stets ihren anerkannten und geachteten Platz, früher nicht zuletzt in den Klöstern und den daran angeschlossenen Hospitälern.

Im 16. und 17. Jahrhundert wurden – wir kommen zu einem dritten grundlegenden Hinweis aus der Geschichte – die Darstellungen der menschlichen Altersstufen populär. Bilderbücher verdeutlichten, welche Lebensphasen der Mensch durchläuft. Hochgehaltene Tugenden wie Lebensfreude, Genügsamkeit, Zufriedenheit ließen es zu, dass alte Menschen sehr wohl Vorbildcharakter bekommen konnten. Heikel wurde es für das Ansehen des Alters im ausgehenden 19. und im 20. Jahrhundert erst, als sich zunehmend ein Ideal der Jugend herauskristallisierte. Alter hatte seinen Maßstab nicht mehr in bestimmten Werten, sondern in der Lebensweise der idealisierten Jugend. Erst, das muss eingestanden werden, zu Beginn des 21. Jahrhunderts wuchs die Einsicht, dass Alte Dinge können, in denen ihnen die Jungen weit unterlegen sind (»Alt kann, was Jung nicht kann.«). Das Alter könnte, so ahnen wir, sehr wohl verborgene Schönheiten und bisher unbe-

> Das Alter könnte sehr wohl verborgene Schönheiten und bisher unbeachtete Liebenswertigkeiten enthalten.

achtete »Liebenswertigkeiten« enthalten. Alter könnte ein Zuversicht stiftendes Gesicht bekommen – im krassen Unterschied zur abstoßenden Fratze, die dem Alter unter vorgehaltener Hand heute nicht selten zugeschrieben wird.

Von einigen Missverständnissen im Zusammenhang mit dem Alter

Unschön, was sich da und dort in unseren Köpfen im Laufe der vergangenen Jahre und Jahrzehnte eingenistet hat. Dies wird nicht nur, aber vor allem dann wenig konstruktiv sein, wenn es um uns selbst, unsere Zukunft und unsere eigene Lebensplanung geht. Umso mehr gilt es, einige dieser Missverständnisse so schnell wie immer nur möglich zu entlarven.

Missverständnis Nr. 1: Ab 50 geht es abwärts

Eine demnächst 95-jährige Frau, ein »echter Pflegefall«, die seit über einem halben Jahr bettlägerig ist, empfängt mich freudestrahlend und sagt: »Nicht alles ist schön, glauben Sie es, aber Sie, ich kann nicht anders als dankbar sein, ich wundere mich selbst, mir geht es so gut, immer besser!«

Die geglaubte Abwärtsspirale ist bekannt: »alt = schwach = krank = hilfsbedürftig = abhängig = minderwertig = nicht lebenswert«. Unsere Alltagssprache verrät uns: »Es geht abwärts mit ihm«, oder: »Jetzt wird es wohl bergab gehen mit ihr«, oder: »Er baut ab«, oder: »Mit ihr kann man nicht mehr viel anfangen«, oder: »Mit ihm ist nichts mehr los«, oder: »Er »ist nicht mehr recht beieinander«, oder: »Langsam, aber sicher geht er dem Ende entgegen«, oder: »Mit ihr ist es bald aus«.

Es gibt in unserer Gesellschaft tief verwurzelte Bilder des Alters: Aufstieg bis 50 – Abstieg ab 50. Nach 50 werden Begriffe häufiger wie »die alte Jungfer«, »der sture Bock« oder »der Tattergreis«. Alter, so das Fazit, gilt tendenzmäßig als Synonym für Verfall, Hinfälligkeit, Talfahrt, Abstieg. Kaum lässt sich dieses Denken plastischer ausdrücken als durch das Bild aus dem 18. Jahrhundert zum Thema »Das Stufenalter des Menschen«:

Abbildung 1: Das Stufenalter des Menschen

Es ist ganz offensichtlich, dass hier eine beängstigend einseitige Sichtweise im Vordergrund steht. Im Blickfeld steht das, was dem Programm der Moderne vorschwebt: Stärke, Größe, Können, Leistung. Bis 50 geht das so: groß, stark, leistungsfähig. Was danach kommt, kann logischerweise bloß weniger, unfähiger, schwächer – eben abnehmend sein.

Der Fundamentalwiderspruch zu dieser Denkweise kam interessanterweise nach dem Zweiten Weltkrieg von Viktor E. Frankl, einem Juden, der als einer der wenigen das Konzentrationslager überlebt hat und neben Freud, Adler und Jung als der bedeutendste Psychologe des 20. Jahrhunderts gilt. Er nämlich sprach vom »Gesetz der entgegengesetzten Daseinskurven«. Nicht das Bild der ablaufenden Sanduhr darf uns prägen, denn die Sanduhr symbolisiert: Immer weniger Zeit liegt vor uns, immer mehr ist hinter uns. Sehr viel hilfreicher sei es, sich das Bild der Ernte vor Augen zu malen. Was, wenn wir unseren Blick nur auf das abgeerntete Stoppelfeld fixieren? Dies wäre buchstäblich todbringend. Im Herbst, auch im Herbst des Lebens, ist es angebracht, den Blick auf die vollen Scheunen zu richten. Im Ja zur vollen Scheune, in Dankbarkeit für die volle Scheune, in Vorfreude auf kostbares Brot liegt die reife Grundhaltung. Es gibt eine sogenannte Gleichzeitigkeit des Blickes auf das, was geworden ist, und auf das, was werden wird. Das innere Erfülltsein ist es, das den äußeren Abstieg kontrastiert und in ein völlig neues, anderes Licht stellt. Konkret: Alter ist Aufstieg zur Reife, *lediglich äußerlich* ein Abstieg. Es ist Aufstieg zu wirklicher Erfüllung angesichts dessen, was geworden ist. Es gibt die entgegengesetzte, innere Entwicklungslinie – dem äußeren »besser, schneller, schöner« entgegengesetzt. Für Frankl gehört es zur »Pathologie des Zeitgeistes«, nur die Außenseite des Alters und des Lebens schlechthin zu sehen. Es gibt eine Innenseite des Lebens. Ab 50 geht es nicht einfach abwärts, nicht einfach bergab und in das große »nicht mehr«.

Missverständnis Nr. 2: Älterwerden ist peinlich

»Ich habe einen Sieg errungen«, sagte ein früherer Landwirt lächelnd beim Besuch seines Sohnes auf der Station des Pflegewohnheimes, »ich schäme mich nicht, dass ich hier bin, es ist ein Geschenk des Himmels, was ich hier erlebe, fast so etwas wie ein zweiter Frühling.«

Nicht überraschend: Wer im Muster von »schneller, besser, schöner«, also gemäß dem Programm der Moderne (und der DNA insbesondere des Babyboomers), lebt, für den ist es spürbar peinlich, wenn er diesem Muster des »besser, schneller, schöner« nicht mehr entsprechen kann. Wenn wir die ersten grauen Haare und Falten im Gesicht entdecken oder den Namen eines nahestehenden Menschen vergessen, löst das eine Art Scham in uns aus, und wir meinen, uns dafür entschuldigen zu müssen. Irgendetwas ist nicht so, wie wir dachten, dass es eigentlich recht und uns angemessen wäre. Endgültig schwierig wird es, wenn wir uns vor Augen halten, wovon das graue oder ausgefallene Haar der Anfang sein könnte. Dann baut sich vor unserem inneren Auge schnell das Bild auf, eines Tages auf eine Gehhilfe beim Spaziergang, auf den Beistand beim Gang auf die Toilette und auf eine helfende Hand beim Essen angewiesen zu sein. In der Tat, aus unserer heutigen Perspektive: abgrundtief peinlich.

Nichtsdestotrotz: In uns Jüngeren regt sich etwas Eigenartiges, wenn uns ein 90-Jähriger, der etwas nicht sofort versteht, sagt: »Entschuldigung, ich bin halt schon etwas älter.« Unser Reflex: »Dafür brauchen Sie sich doch nicht zu entschuldigen!« Es gilt: Etwas ist nicht grundsätzlich und »an sich« peinlich. Peinlichkeit ist auf die Umstände bezogen. Sie ist sehr wohl abhängig von der Lebensphase, in der der Mensch sich gerade befindet.

Ist der Großvater, der ruhig auf der selbst gezimmerten Holzbank vor dem Hause sitzt und seine Pfeife raucht, nicht ein nachahmenswerter Gewinnertyp, ein echter »Winner«?

Unsere Gesellschaft, und das ist ihr nicht generell zu verübeln, liebt die Erfolgreichen und die Gewinnertypen. Was unsere Gesellschaft aber wenig erkennt, ist, dass Erfolgreichsein und Gewinnen ausgesprochen relativ sind. Eigentlich gut, sich mal zu fragen, ob der 20-, der 40-, der 60- und der 90-jährige Gewinnertyp nach den je gleichen Kriterien zu beurteilen ist. Ist der Großvater, der ruhig auf der selbst gezimmerten Holzbank vor dem Hause sitzt und seine Pfeife raucht, nicht ein nachahmenswerter Gewinnertyp, ein echter »Winner«?

Spannend ist in diesem Zusammenhang, dass das Thema »Scheitern« seit ungefähr dem Jahr 2010 plötzlich salonfähig wird. Im März 2011 lautet die Titelgeschichte der Zeitschrift *Psychologie heute* »Erfolgreich scheitern«. Im gleichen Jahr bereits wird in der Zeitschrift *Aufatmen* ein Artikel mit der Frage »Kompetent scheitern?« abgedruckt. Unübertrefflich dann in der Weihnachtsausgabe des ZEIT-Magazins (27. 12. 2013) die Nacherzählung des Märchens vom Hans im Glück. »Schluss mit Scheitern« steht plakativ da. Von »Failure Conferences« ist in diesem Zusammenhang die Rede, und gegeben wird die Anregung zu einem »Tag des Scheiterns«. Es läge, so der Artikel, so etwas wie ein befreiendes Neuinterpretieren von Scheitern als etwas Nicht-Peinlichem in der Luft. Urvorbild dazu wäre Hans im Glück, der »erfolgreichste Gescheiterte« und »der blamierteste Erfolgsmensch der deutschen Märchenwelt«, beschrieben von den Brüdern Grimm im Jahr 1818. Zur Erinnerung: Der junge Mann Hans hat sieben Jahre lang treu seinem Meister gedient. Er empfängt als Lohn einen Goldklumpen in der Größe eines Fußballes, wobei bei Hans von Anfang an keine rechte Freude über den Goldklumpen aufkommen will. Er spürt nur das Gewicht. Zum Glück: Er begegnet bei seiner Rückkehr nach Hause einem Reiter mit Pferd. Hans tauscht den Goldklumpen gegen das Pferd und kann nicht anders, als den Reiter zu bedauern: »Jetzt müsst ihr euch damit abschleppen.« Das Pferd tauscht Hans mit einer Kuh, und weil diese zu melken ist, tauscht er sie gegen ein Schwein. Schließlich lockt, weil angeblich einfach und leichter, die Gans. Nach jedem Tausch ist Hans in besserer Stimmung und dankt Fortuna, weil sie es gut mit ihm meint. Er sagt: Ich bin in einer Glückshaut geboren. Zum Schluss: Hans tauscht auch die Gans gegen einen schadhaften Schleifstein bei einem Scherenschleifer. Zuletzt plumpst der Stein in einen Brunnen. Da kniete Hans nieder »und dankte Gott mit Tränen in den Augen«, dass Gott ihn von der Last befreit hat. Im wahrsten Sinne unbeschwert kehrt er zu seiner Mutter zurück.

Im Verlieren, Loslassen und Hingeben liegt anscheinend der entscheidende Gewinn. Peinlich und beschämend, gerade dies nicht wahrhaben zu wollen. Verlieren und Hergeben ist weder enttäuschend noch verbitternd noch peinlich. »Fail forward« würde man heute vielleicht sagen, etwa im Sinne: Mach mutig weiter zu scheitern. Warum eigentlich peinlich? Loslassen, Hergeben, Verzicht auf alles konforme – sprich: stark, groß und mächtig sein müssen – ist der Weg der Zufriedenheit, gerade für kluge Köpfe. Beispiel: Hans im Glück. Es könnte kluges, reifes Älterwerden geben, zwar im ersten Moment vielleicht peinlich, im zweiten aber tief erfüllend.

Missverständnis Nr. 3: Das Alter ist das Ende von Selbstbestimmung

»So schön, dass ich Ihnen vertrauen darf«,
sagte eine etwas besorgte ältere Dame,
die seit rund zwei Jahren im Pflegewohnheim ist;
sie fährt fort: »Wissen Sie, ich musste in meinem Leben
immer alles selbst entscheiden. Wie schön, dass es auch
diesbezüglich einen Ruhestand gibt.«

Zwei Werte haben in unserer Gesellschaft Hochkonjunktur: Steigerung des eigenen Wohlergehens und Autonomie beziehungsweise Selbstbestimmung. Wer insbesondere den Leitwert Selbstbestimmung relativiert, rüttelt an der Wertearchitektur der Gesellschaft des beginnenden 21. Jahrhunderts. Ich, so wird argumentiert, bestimme selbst, wann ich wo, wie, was tue. Alles ist erträglich, nicht aber, von außen fremdbestimmt zu sein. Fremdbestimmt sein ist, so der Mainstream, das definitive Ende von Glück.

Drei Beobachtungen legen es nahe, der Verherrlichung von Selbstbestimmung eine Absage zu erteilen.

Beobachtung 1: Nichts sei so anstrengend, wie »andauernd und immerwährend alles selbst bestimmen zu müssen... Ich bin so dankbar, dass ich dies nicht mehr selbst entscheiden muss.« So und ähnlich lauten Aussagen von Menschen, die in ihrer Vergangenheit vieles ziemlich kompetent entschieden haben. Fragt man zurück, was sie denn leiten würde, jetzt bestimmte Dinge und Entscheidungen aus der Hand zu geben, dann gibt es eine auffallend oft genannte Begründung. Die Begründung heißt Vertrauen. Hört man dies des Öfteren, ist man versucht, eine Art Grundgesetz zu formulieren. Es lautet: »Je mehr Vertrauen ein Mensch hat, desto weniger ist er vom Anspruch auf Selbstbestimmung beherrscht.«

Beobachtung 2: Interessant, dass im Kaufhaus bei der Wahl einer Kaffeemaschine, eines Staubsaugers, eines Bügeleisens, einer Filmkamera eine Frage an die Verkäuferin berechtigt und allseits anerkannt ist. Sie lautet: Welches Gerät benützen Sie denn selbst? Und beim Arzt liegt uns meist schnell die Frage auf der Zunge: Würden Sie selbst denn in der gleichen Situation diese Untersuchung machen lassen, oder würden Sie dieses Medikament selbst regelmäßig zu sich nehmen? Auch da gilt: Zum Glück lässt sich der Druck zur Selbstbestimmung abbauen. Mag sein, dass ich mich gerne – meinen Umständen und meinem Urteilsvermögen entsprechend – am Entscheidungsprozess in eigener Angelegenheit aktiv beteilige. Doch alles selbst zu bestimmen? Da liegt das Fiasko greifbar nahe. Zu anstrengend, zu riskant.

Beobachtung 3: Wer Führungserfahrung hat, sei es in Firma, Familie oder Schule, der weiß, dass die Frage nicht lautet, ob jemand auf die Stimme von Beratung hören will oder nicht, sondern bloß, *auf welche* expliziten und impliziten, transparenten und nicht transparenten Stimmen er hören möchte. Es ist wie im ganz normalen Leben: Nicht, ob wir fremdbestimmt sind, ist die Frage, sondern wem oder was wir das Recht einräumen, dass er oder es uns bestimmen darf. Es gibt so etwas wie die geheimen Ratgeber zu jeglicher Entscheidungsfindung. Die Angst beispielsweise ist so ein geheimer Ratgeber, oder die Erwartung anderer, oder der Ehrgeiz, sich nichts zuschulden kommen zu lassen. Da und dort lohnt es sich, in Bezug auf die sogenannte Selbstbestimmung genauer hinzuhören, gerade auch bei älteren Menschen. Der Verdacht liegt auf der Hand: Gerade wo die Selbstbestimmung so stark in den Vordergrund gerückt und beansprucht wird, lauert Fremdbestimmung im Hintergrund.

Kaum eine Person hat mich in den vergangenen Jahren so sehr ermutigt wie jene Person, die von sich sagt: »Ich kann nichts mehr selbst tun.« So sagte vor Kurzem eine Pflegefachfrau. In diesem Moment leuchtete auf, dass es eine Art Schönheit von Schwäche, Hingabe und Abhängigkeit gibt. Wahre Reife liegt mehr in diesem Grundvertrauen als in der Selbstverpflichtung, bis ans Ende des Lebens alles selbstbestimmt und autonom, niemals fremdbestimmt, zu entscheiden.

Missverständnis Nr. 4: Mein Gehirn taugt zu nichts mehr

»Eines kann ich sagen«, bemerkte ein gerade 98 Jahre alt gewordener ehemaliger Lehrer, »mit Lernen will ich niemals aufhören, denn es gibt nichts Schöneres als das. Hier haben Sie meine acht Themen, in denen ich gerne Neues entdecke.«

»Lernen im Alter? Yes we can!« So der Titel in einer bekannten Wochenzeitung. Warum ältere Menschen Jüngere sogar überflügeln können, wird mittlerweile von unterschiedlichen Wissenschaftsdisziplinen mit großer Selbstverständlichkeit vertreten.

Viele Menschen haben ein düsteres und falsches Bild vom Alter. Es scheint, als wären dafür die im und nach dem Zweiten Weltkrieg Geborenen besonders anfällig. Körperlich werde es anstrengender, und geistig werden wir, je älter wir sind, desto mehr zu den Verlierern gehören, denkt man. Dem allerdings ist, so Lern- und Hirnforscher, nicht so. Wie unser Gehirn zwei Hälften hat, die linke und die rechte, so gibt es zwei Arten von Intelligenz beziehungsweise Denkarten. In der Fachsprache nennt sich das »fluide« und »kristalline« Intelligenz, zu Deutsch etwas vage umschrieben mit dem mechanischen und dem pragmatischen Denken. Ersteres hat den Schwerpunkt bei Informationsaufnahme und -verarbeitung, Letzteres in der Einordnung und Deutung des Wahrgenommenen, auch »postformales Denken« genannt. Es liegt auf der Hand, dass jüngere Menschen den älteren Menschen im Bereich Informationsaufnahme und -verarbeitung, also im mechanischen Denken, überlegen sind. Umgekehrt allerdings ist es bei der kristallinen Intelligenz beziehungsweise der Pragmatik. Martin Korte fasst im seinem Buch »Jung im Kopf – Erstaunliche Einsichten der Gehirnforschung in das Älterwerden« neun Merkmale des »50plus-Gehirns« zusammen.[22] Geistige Funktionen, die unverändert bleiben oder sich verbessern, sind unter anderem Sprachkompetenz, räumliche Orientierung, schlussfolgerndes Denken, »Weisheit«, emotionale Kontrolle und das, was man »Emotionale Intelligenz« (Umgang mit dem emotionalen Haushalt und den Gemütslagen) nennt. Schnelle Auffassung und Reaktion gehört wie der 100-Meter-Lauf stärker zur Kompetenz der Jüngeren. In exis-

In existenziellen Krisen sind ältere Menschen häufig umsichtiger in ihren Entscheidungen und bedenken besser die Konsequenzen.

tenziellen Krisen jedoch sind, so Korte, – und dies ist unübertroffen verheißungsvoll im Hinblick auf das Älterwerden von uns Jüngeren –, »ältere Menschen häufig umsichtiger in ihren Entscheidungen und bedenken besser die Konsequenzen«. Nicht zuletzt deshalb sind ältere Menschen bessere Ratgeber als jüngere.

Zwei Dinge fallen im Alltag mit älteren Menschen besonders auf. Zum einen betrifft es die von uns gefürchtete Vergesslichkeit und zum andern den Umgang mit unserem Gehirn.

Was die Vergesslichkeit betrifft – das beschreibt etwa André Aleman in seinem Büchlein »Wenn das Gehirn älter wird« –, geht es nicht darum, dass bestimmte Dinge, die wir gehört oder gesehen haben, plötzlich nicht mehr da sind, sondern umgekehrt: Es geht darum, dass bestimmte Dinge, die wir wahrnehmen, gar nie erst in unserem Bewusstsein landen konnten. Wir geben ihnen ganz schlicht zu wenig Zeit und Aufmerksamkeit, um sich in Ruhe in uns zu verankern. Logisch, dass sie dann auch nicht hervorgeholt werden können, wenn sie gebraucht werden. Bildlich könnten wir deshalb sagen: Es ist nicht so, dass wir vergesslich werden. Es bedarf einfach im Alter eines etwas größeren Achthabens auf den »Landevorgang der Informationsflugzeuge«.

Das andere betrifft unser Gehirn bzw. die Aufräumarbeiten in unserem Gehirn. Christen kennen dieses Thema etwa vom Apostel Paulus, der von solchen Aufräumarbeiten im Bereich des Denkens redet: »Erneuert euer Denken«, schreibt er, wörtlich: »Stellt euer Denken nicht dem gängigen Schema gleich«, sondern, darauf will Paulus hinaus, *dem Schema des Himmels* (Römerbrief 12,2). André Aleman erläutert unter dem Thema »Ein aufgeräumtes Gehirn« die sogenannte Hirnreserve-Hypothese. Zur Illustration: Mit dem Ballast, der bei uns real im Keller oder im Schuppen nicht mehr Platz findet, füllen wir nur allzu oft auch den Dachboden und notfalls weitere Räume unseres Hauses. Übertragen: Negative Bilder und Erinnerungen aus der Vergangenheit überwuchern sämtliche

Räume unseres Hirnareals. Sie blockieren auch die Reserveräume in unserem Gehirn. Statt dass diese für neue geistige und soziale Erfahrungen frei bleiben, werden sie auf wenig sinnvolle Weise besetzt. Fazit: Wer sein »Gehirn aufräumt«, hat Platz für neue Erfahrung und Erinnerung. Mehr noch: Wem es gelingt, diese Räume mit Hoffnungsvollem zu besetzen, wird wesentlich mehr Zuversicht und positive Erwartungshaltung im Hinblick auf sein kommendes Leben aufbauen. Ergebnis: Er wird sage und schreibe 7,5 Jahre länger leben.[23]

Ältere Gehirne also sind clevere Gehirne. Nicht mehr lernen, nicht mehr denken, sich nicht mehr erinnern können im Alter: traurige Missverständnisse, die die Aussicht auf ein frohes und froh machendes Älterwerden verwischen. Falsch jedenfalls ist die Annahme, dass mein Gehirn je älter, desto untauglicher wird.

Missverständnis Nr. 5: Im Alter wird man nutzlos

Eine 90-jährige frühere Ladenbesitzerin nach einem Sturz im Pflegewohnheim: »Einen Wunsch habe ich: Wenn ich doch wieder stricken lerne, dann freuen sich meine Enkel.« Sechs Monate später: »Das ist für mich das Schönste, dass ich noch stricken kann. Trotzdem weiß ich gerade jetzt: Davon hängt mein Lebenswert nicht ab.«

Es fällt ihr schwer, der Mutter, die ihr Leben für ihre Familie, früher für ihre Eltern, später ihren Ehemann, ihre Kinder, ihre Enkel und neuerdings ihre Urenkel hingegeben hat. Es fällt ihr schwer, wenn sie plötzlich realisieren muss, dass plötzlich sie selbst auf Hilfe angewiesen ist. Hilfsbedürftigkeit: ein Fremdwort für sie. Ob sie, das ist das Gesprächsthema unter vier Augen, konkret die gedankliche Umstellung schafft, vom einseitigen Geben zu gegenseitigem Geben und Nehmen zu finden?

Und dann ist da der 85-jährige Mann, der zeitlebens nie eine andere Frage hatte als die, was er für andere tun und wie er anderen helfen könnte. Er war sogenannter Hilfsarbeiter in einer Behinderteninstitution. Was für eine eigenartige Anmerkung für ihn, wenn ihm gesagt wird, dass er in seinem Leben genug getan hätte und dass er sich jetzt verwöhnen lassen dürfe. Er versteht die Welt nicht mehr. So eine Bemerkung ist zu viel für ihn, fremdartig.

Schließlich die Frau aus dem Gastgewerbe. Ihr Leben lang hat sie das Wohl der Gäste an erste Stelle gesetzt. Was, wenn all die Arbeiten, die sie während Jahrzehnten mit ihren Händen geleistet hat, von modernen Küchen- und Putzmaschinen oder von flinkem, neu eingestelltem Personal übernommen werden? Was bin ich denn noch wert, fragt sie. Wozu bin ich noch da? Oder: Wer braucht mich denn? In schlechten Momenten sagt sie klar und deutlich: »Ich möchte sterben, ich bin ja nur noch eine Last.«

Es sind unsere Eltern oder Großeltern, die in ihrer Jugend morgens manchmal unsicher waren, ob mittags etwas zu essen auf dem Tisch steht. Für sie war klar: Hand anlegen ist gefragt. Wer fleißig ist, der bringt es zu etwas. »Ohne Fleiß kein Preis!« sagten sie uns immer mal wieder, ihrem Lebensmotto entsprechend. Leistung erbringen, etwas schaffen, auch unter Schmerzen arbeiten: Das war entscheidend wichtig, um leben und überleben zu können. Doch was, wenn ich nichts mehr bringe, nichts mehr schaffe, nicht mehr arbeiten kann oder darf?

Mit Sicherheit wird das Leiden der später geborenen Generationen nicht darin bestehen, dass sie nicht mehr von morgens früh bis abends spät arbeiten können oder dürfen. Doch die Grundarchitektur unseres Denkens und Empfindens wird sehr oft analog sein: Wir messen unseren Selbstwert an dem, was wir einbringen und was von uns anschaubar, verwertbar und beachtenswert ist. Was, wenn uns dies genommen sein wird? Es ist voraussehbar, dass auch wir das nicht verstehen werden und dass auch wir in

Gefahr sein werden zu sagen: »Ich bin ja nur noch eine Last, nutzlos!« Wozu eigentlich, fragen wir, wenn der Genuss, für mich und andere, entfällt? Was, wenn wir nicht mehr attraktiv im wörtlichen Sinne sind (»Adtrahere« ist lateinisch und heißt »anziehen, heranziehen«)? Auch hier geht es um Nutzen, bloß mit anderem Gesicht.

Reimer Gronemeyer erzählt in seinem Büchlein »Alt werden ist das Schönste und Dümmste, was einem passieren kann« eine schöne Geschichte aus den 60er-Jahren des vorigen Jahrhunderts, nämlich: »Der alte, sehr alte und fast blinde Bloch« liegt auf der Wiese irgendwo in Berlin und ist mit Rudi Dutschke, Wortführer der 68er, »ins Gespräch vertieft«. Was wird wohl zwischen diesen beiden derart unterschiedlichen Menschen vorgegangen sein? Wer die Gegebenheiten in diesen vorrevolutionären Zeiten kennt, der weiß: Vor lauter Leistung und »schaffe, schaffe, Häusle bauen!« ist eines abhandengekommen, nämlich das Leben. Wenn der junge Rudi Dutschke, später bei den Studentenunruhen 1968 schwer verletzt, beim alten Ernst Bloch, Jahrgang 1885, das Zwiegespräch sucht, dann wohl mit der Überzeugung: Wir beide haben uns etwas zu geben, und wir beide können vom andern etwas bekommen. Beide haben etwas. Es ist niemals das Gleiche, was wir haben, aber beide haben etwas. Wir geben, was wir haben – nicht weniger, nicht mehr.

Der Moment auf dem Rasen symbolisiert so etwas wie die »Köstlichkeit des Unbrauchbaren«[24]. Es gibt sie, diese Nützlichkeit des Unnützen, diese Erfrischung trotz des äußerlich Belastenden, diese Freude ohne Leistung, dieses Wesentliche ohne Dringlichkeit. Es ist eine Art Verbrechen der Moderne, uns einzureden, dass das Leben nur eine Außenseite besitzt, dass der Wert eines Menschen nur in seiner Leistung aufgeht, und dass nur zählt, was äußerlich zähl- und messbar ist. Die Angst vor dem Drama eines Lebens ohne Wert hat seine Begründung. Doch gilt: Wenn die Lernforscher uns sagen, dass Lernen bis zum letzten Atemzug möglich ist, dann darf angenommen werden, dass das zur Lastfallen und das angebliche Unnütz-Sein kein Schicksal ist. Viele Begegnungen mit Menschen in hohem Alter zeigen, wie unschätzbar wertvoll ein zuversichtliches Herz, ein »Danke« oder ein freundliches Lächeln auf dem Gesicht eines Menschen ist, und wie dabei alle Leistung einen völlig neuen Stellenwert bekommt. Es sind unnachahmbare und unwiederholbare Momente der Würde unter Menschen, wenn nicht mehr das äußere Tun und Verhalten im Vordergrund steht, sondern die »Schönheit des Herzens« alles andere verblassen lässt. Zum Beispiel ein »Danke« der Mutter für das, was andere für sie getan haben, als alle dachten, diese Mutter wäre souverän und auf niemanden angewiesen. Oder der Satz aus dem Munde eines Mannes, dem man scheinbar nie gerecht werden konnte, dass er in allem Schweren stolz auf seine Kinder gewesen sei. Oder die Aussage jener sich für unentbehrlich haltenden Frau, die plötzlich meint: »Ihr macht das schon gut!« Einzigartig, wenn Menschen merken, was sie in all ihrem Angewiesensein auf Hilfe zu geben vermögen. Was wohl wertvoller ist: Das erwähnte »Danke«, das Bekenntnis des Stolzes, die wertschätzende Bemerkung – oder das Aufräumen der Küche und das Mitschaffen im Betrieb? Ein fataler Irrtum zu meinen, dass wer äußerlich hilfsbedürftig ist, bloß eine Last sei. Echtes Leben dringt durch, wenn Menschen, die etwas von der Innenseite des Lebens verstanden haben oder noch verstehen lernen, dieser Innenseite Raum geben. Sie sind nicht automatisch Last, sondern in nie da gewesenem Maß Geschenk. »Wie gut, dass ich jetzt einfach sein und dem Leben Raum geben darf«, bekennt ein ehemaliger Vorgesetzter von 420 Angestellten. Ein Geschenk für viele.

> Es sind unnachahmbare und unwiederholbare Momente der Würde unter Menschen, wenn nicht mehr das äußere Tun und Verhalten im Vordergrund steht, sondern die »Schönheit des Herzens« alles andere verblassen lässt.

Missverständnis Nr. 6: Im Alter werden wir alle gleich

»Na denkste, ›alle gleich‹. Vielleicht als Baby oder als Jugendlicher angesichts des Markenzwangs, aber nie und niemals die 80- oder 95-Jährigen«, sagte der sportlich aussehende, fünfundvierzigjährige Arzt, der merkt, dass sich seine Praxis mehrheitlich mit alten Menschen füllt.

Im Alter zeigt sich, wer jemand wirklich ist. Nur eines vermag Einzigartigkeit und Originalität zurückzubinden: die oft nicht besonders originellen Tagesabläufe und die Medikamente, die, so meinte der gerade erwähnte Arzt, »das Maschinenöl des modernen Menschen« sind. Schade. Alter ist der Moment, in dem Kontrollinstanzen fallen (dürfen). Die Frau, die nie sagen durfte, was sie empfindet, kann dann plötzlich singen und malen und darin ihre Gefühle ausdrücken. Der äußerst beherrscht wirkende Mann kann weinen, und das Ehepaar, das angeblich ein Ideal darstellte, spricht plötzlich über Spannungen und Konflikte, von denen vorher nie jemand Kenntnis hatte.

Es ist ein einzigartiges Vorrecht, in das Leben alter und sehr alter Menschen hineinhorchen zu dürfen. Schatzsuche ist kein spezielles Kinderspiel mehr, sondern unübertreffliche, erlebbare Wirklichkeit. Es sind wahre Schätze, die nach Jahrzehnten an Lebenserfahrung, manchmal nach viel unbewusster Unterdrückungsarbeit, zum Vorschein kommen. Sterben solche Menschen, ist es oftmals Gebot der Stunde, sich einige Momente auf eine Bank zu setzen und sich zu vergegenwärtigen, wie dieser verstorbene Mensch sein Umfeld gerade durch seine einzigartige Originalität bereichert hat.

Solche Originalität hat mindestens drei Quellen. Zunächst ist es ganz schlicht der *Lebenslauf,* der Gang durchs Leben, das Durchstehen von schönen und schweren Erfahrungen. All diese Erfahrungen hinterlassen Spuren. Wer ahnt, wie Perlen entstehen, weiß, dass Perlen sich in langjährigen Prozessen herausbilden. Keine

Perle ist der andern gleich. Und wer sich mit Kristallen beschäftigt, weiß, was hier geschliffen, gepresst, geputzt und schließlich bewundert wird. Der Gang durchs Leben hinterlässt immer, auch und gerade durch schwere Erfahrungen, unbezahlbare Perlen und Kristalle.

Es sind dann die *Prägungen*, die einen Menschen zu dem machen, was er ist. Nicht selten sind es frühe Erfahrungen im Leben eines Menschen, die ihn immer wieder ähnlich denken, empfinden und handeln lassen. Nicht was ich erlebe, ist entscheidend, sagt der bekannte Arzt und Psychotherapeut Alfred Adler, sondern wie ich mit dem Erlebten umgehe. Vor allem dann, wenn jemand Erlebtes nicht einfach als Schicksal hinnimmt – das tun die wenigsten Menschen –, prägen sich einzigartige Weisen aus, mit unserer Welt umzugehen. Klar: Nicht all diese Weisen sind konstruktiv, bewunderns- und nachahmenswert. Aber sie sind da. Sie zu entdecken und bewusst wahrzunehmen, gehört mit zur Erfüllung mit und im Alter. Und es hilft Fortgeschrittenen, Schritte im Älterwerden zu planen.

> Es hilft Fortgeschrittenen, Schritte im Älterwerden zu planen.

Und dann sind es die *Hoffnungen*, die ein Mensch in sich trägt. Sie mögen zerquetscht, gegängelt und aufgerieben sein. Doch ohne Hoffnung ist der Mensch tot. Sie, die Hoffnungen, sind Kernbereich der Originalität von Menschen: Was hat ein Mensch schon alles gehofft? Was hat ihm mit welcher Wirkung Hoffnungen geraubt? Was ist geblieben an tragender Hoffnung? Worin letztlich besteht die Geschichte der Hoffnung eines Menschen? Was schließlich ist geblieben an Hoffnung – für die Zeit vor dem Tod und für die Zeit nach dem Tod?

Die Chance des Alters: Was in einer Person im Laufe eines Lebens geworden ist, darf, wenn die Kontrollmechanismen gefallen sind, nochmals durchbrechen, Bahn brechen, »durchblühen«, wie jemand sagte. Es mag sein, dass Originalität manchmal erfreulich und erfrischend, manchmal erschreckend und niederschmetternd ist. Doch es gilt: Zunehmendes Alter hat zunehmende Originalität zur Folge. Welche Art von Originalität es ist, das haben wir, mindestens teilweise, in der Hand. »Jetzt ist die Zeit, Weichen zu stellen«, merkte ein rund 55-Jähriger im Anschluss an ein Seminar an. Er, so war ihm klar, hat es in der Hand, wie er alt werden möchte: als Perle und Diamant oder als ein Mensch, der das Ganze mit dem Leben schon irgendwie über die Runde bringt. Es hat ihn ermutigt, als er hörte, dass 55-Jährige angeblich doppelt so viele erfolgreiche Firmen wie 20- bis 34-Jährige gründen. Sein Leben, sagte er, sei eigentlich auch so etwas wie eine kleine Firma, und schließlich mache auch keine öffentliche 08/15-Firma Spaß und Sinn. Auch bei ihm könnte es nochmals einzigartig und originell werden, nicht als Opfer, sondern als Gestalter.

Missverständnis Nr. 7: Am Ende bloß dem Tod und seinen Vorboten ausgeliefert

> »Ich bin so froh, dass ich weiß, dass der Tod nicht das letzte Wort hat«, sagte ein 85-Jähriger, als er mit einer niederschmetternden Krebsdiagnose fertigwerden musste.

»… hilfsbedürftig = abhängig = minderwertig = nicht lebenswert«. So ist einige Seiten vorher das fatale, manchmal tief in uns eingravierte Denkmuster beschrieben worden. Es gehe, so nehmen es viele an und äußern es auch so, letztlich ja nur dem Tod entgegen, und nichts sei schwerer erträglich, als dass das Leben von all den Todesvorboten beherrscht wäre: Krankheit, zunehmende Schwäche, Schmerz, Gebrechlichkeit.

Es war in einer Gruppe von elf oder zwölf Menschen, weltanschaulich ziemlich breit gestreut. Plötzlich, es war schon später am Abend, stellte jemand die Frage: »Was, sagt doch mal, ist aus eurer Sicht eigentlich das entscheidende Merkmal der christlichen Botschaft?« Einige fanden die Frage lästig, andere meinten nach dem Abend, dass sie selten eine derart spannende Diskussion erlebt hätten. Erste Versuche einer Antwort waren: »Natürlich die Liebe, vor allem die Nächstenliebe.« Dann: »Nein, der Friede« oder: »Der Welt einen Sinn geben.« Oberflächlich, das war klar, wurde hier nicht geredet. Jemand fragte zwischendurch: Trägt das denn tatsächlich, auch in größten Lebenskrisen? Was trägt denn wirklich? Einige hatten es satt, wenn unter christlichem Mäntelchen immer wieder der moralische Appell durchdrang. Damit, meinte jemand, werde mit Sicherheit keine Krise durchgestanden. Plötzlich wurde es sehr still und von der Atmosphäre her eigenartig, als ein vermutlich bald 60-jähriger, emotional ziemlich berührt wirkender Mann, recht ehrlich davon zu reden begann, dass sich sein Vater bei einer Sterbehilfeorganisation angemeldet habe. Natürlich hätte er auch seine zwei Söhne gefragt. Doch er selbst, also der an diesem Abend Anwesende, wäre völlig überfordert gewesen: Den Vater unterstützen? Oder ihn hindern? Plötzlich, so erzählte er, wäre für ihn die Frage nach dem Tod und was »da vorher alles so abgeht« absolut präsent gewesen. Vor allem: Wie ist das jetzt mit dem Christlichen? Heißt den Vater lieben einfach, zu unterstützen und zu befürworten, was er will? Ihm Frieden wünschen? Macht das Ganze denn überhaupt Sinn? Oder einfach den Vater auffordern, sich durchzubeißen und durchzuhalten, wie er das doch in seinem Leben so oft getan hatte? Jemand machte dann noch die etwas plump wirkende Bemerkung, dass am Ende sowieso alles vom Tod verschlungen würde. Wie wir sterben, sei deshalb doch gar nicht so wichtig.

Gut, dass eine Mutter von vier Kindern dabei war, die früher mal Theologie studiert hatte. Für sie war die Aussage, dass der Tod alles verschlinge, der Auslöser, sich sehr deutlich und engagiert zu Wort zu melden. Nein, sagte sie zuerst, völlig falsch, am Ende sei es nicht der Tod, der alles verschlingt. Wenn wir schon die Frage hätten, was eigentlich das entscheidende Merkmal der christlichen Botschaft sei, dann müsse einfach mal deutlich gesagt werden: Nicht der Tod verschlinge das Leben, sondern das Leben den Tod. Nur so könne sie das Evangelium verstehen. Dem Tod, so zitierte sie aus den Briefen des Neuen Testamentes, sei doch der tödliche Stachel gezogen. Die Speerspitze des Evangeliums sei der Sieg über den Tod, meinte sie mit Bezug auf den Schluss des 1. Korintherbriefes. Dieser Tod habe zwar noch eine Reihe Schmerz verursachender »Dornen«, die wir verständlicherweise in der Zeit vor dem Sterben fürchten. Doch es gelte: Mein leiblicher Tod sei der letzte Zugriff des Todes auf mein jetziges Leben. Nicht werde ich vom Tod verschlungen, sondern jetzt ist der Moment gekommen, in dem der Tod definitiv und endgültig zu weichen habe. Im Sterben, so war dann der Höhepunkt des etwas ausführlicher gewordenen Beitrags, weiche der Tod, nicht das Leben.

Wir alle waren ganz betroffen. Kann das wirklich sein? Dies würde doch unser ganzes Weltbild auf den Kopf stellen. Ja, mussten wir gemeinsam eingestehen, in jedem Fall eine ziemlich alternative Sichtweise. Nicht einfach cool, wie wir es lieben, aber vielleicht doch wahrer als gedacht.

Missverständnis über Missverständnis. Möglicherweise hat nicht das Alter etwas Pathologisches, sondern eher unsere Anschauung vom Alter. Sicher ist: Die Notwendigkeit liegt in der Luft, die Sache mit dem Alter nochmals genauer vor unsere Augen zu stellen. Vorerst aber noch einige Hinweise zu Konstanten in unserem Menschsein, die zu oft aus dem Blickfeld geraten.

Der Mensch – was ist er eigentlich?
Vier Kennzeichen

Veränderung persönlich, gemeinschaftlich, gesellschaftlich: Das kennen und lieben (meist) Menschen um die 50 oder 60. Damit sind sie aufgewachsen. Wenn etwas normal und vertraut ist, dann Veränderung. Nichts ist so definitiv wie das Provisorium. Alles ist, so erleben und erlebten wir die Welt, im Fluss.

Es gibt in der Philosophie und in der Theologie seit jeher ein besonders umkämpftes Themengebiet. Was ist eigentlich der Mensch, wird gefragt. Was gehört zu seinen nie entfallenden Kernmerkmalen? Was ist »typisch Mensch«? Was ist zutiefst menschlich in völlig unterschiedlichen Situationen, unabhängig von Zeitepoche und Generation, in die hinein ein einzelner Mensch geboren wird?

Es lohnt sich, diesbezüglich einen Blick in das Alte Testament, eine der Urquellen unserer westlichen Kultur, zu werfen. Vier Kernbegriffe sind es, die den Menschen charakterisieren: der bedürftige Mensch, der hinfällige Mensch, der ermächtigte Mensch und der vernünftige Mensch.

Wo immer solche Begriffe genannt werden, gibt es unterschiedliche Reaktionen. Uns Babyboomern etwa sind »der bedürftige Mensch« oder »der ermächtigte Mensch« sofort sympathischer und näher als etwa »der hinfällige Mensch«. Es liegt nahe, diese vier Wesensmerkmale zu präzisieren.

Der bedürftige Mensch

Die traditionellen deutschen Bibelübersetzungen verwenden »Seele« für das hebräische Wort »naepaes«, das im Alten Testament 755 Mal, also unübertroffen häufig, vorkommt. Im Schöpfungsbericht steht: Gott schuf den Menschen aus Staub vom Ackerboden und blies in seine Nase Lebensodem; so wurde der Mensch eine lebendige »naepaes«, also eine lebendige Kreatur (1. Mose 2,7). Die Grundbedeutung von »naepaes« ist Kehle, Schlund, Rachen oder Begehren. Das ist herausfordernd. Wenn der Mensch nämlich Gottes Geist eingehaucht bekommt, dann ist er nicht gesättigt – so die häufige, aber falsche Annahme –, sondern ganz im Gegenteil: Er wird erst recht bedürftig und sehnsüchtig – etwa im Unterschied zum Tier. Sehnsüchtig und bedürftig also, und zwar immer zuallererst nach Beziehung und einem stabilen Gegenüber. Nach »Luft schnappend«, sagt Jeremia (2,24). Die weithin bekannteste Aussage ist wohl die vom »lechzenden Hirsch«: »Wie der Hirsch lechzt nach frischem Wasser, so lechzt meine Seele – mein »naepaes« –, Gott, nach dir« (Psalm 42,2; E). Das ist Menschsein: bedürftig sein, unfertig, auf ein Mehr angelegt, nicht letztlich zufrieden im Dasein.

Bezeichnend: Da ist nicht die Rede davon, dass das veränderbar wäre: Wenn der Mensch sich doch genügend anstrengen würde, wenn doch die Umstände besser wären – nein, das Kernmerkmal des Menschen ist und bleibt seine Bedürftigkeit. Er ist mit einem vitalen Verlangen, Begehren, Trachten und Sehnen ausgestattet. Gerade darin soll er Gott danken, denn dieser sättigt das Ausgetrocknete, Verschmachtende – den Menschen. Er füllt ihn, er füllt die hungrige »naepaes« mit Gutem. Wie ein bewässerter Garten ist jener Mensch, dessen »schmachtende Kehle« und dessen »nach Luft schnappendes Wesen« gesättigt ist (Jeremia 31,12).

Fazit: Menschsein ist nicht passives Schicksal. Sehnsucht, Verlangen und Begehren des Menschen können unterdrückt werden, niemals aber ist Menschsein ohne ureigene Bedürftigkeit vorstellbar. Bedürftigkeit ist Wesensmerkmal, einzigartige Hoffnung für diesen Menschen, der etwas will, was (noch) nicht ist. Dies wird nie absterben. Der Mensch, ob jung oder alt: ein stets bedürftiges, auf ein Mehr ausgerichtetes Wesen. Gut, wenn wir diese Bedürftigkeit anerkennen, sie stehen lassen und niemals denken, man könne sie beseitigen. Gerade im Alter und Sterben scheint sie zuzunehmen. Wir sollten sorgsam damit umgehen.

Der hinfällige Mensch

Das zweite Merkmal des Menschen ist seine Hinfälligkeit, hebräisch »basar«. 273 Mal steht dieses Wort im Alten Testament. Wird »naepaes«, zwar selten, aber doch auch auf Gott übertragen – auch er hat Sehnsucht –, so ist dies bei »basar« nie der Fall. Vielmehr trifft man den Begriff »basar« auch bei Tieren. Die Grundbedeutung ist schlicht Fleisch, oft sogar Opferfleisch – gegeben, um zu enden. Mensch und Tier sind »basar«, in einen Anfang und ein Ende gesetzt. Nach Psalm 102,6 klebt mein Gebein am »basar«, an der Endlichkeit also. »Nichts Heiles« ist an meinem »basar«, lediglich Gottes Weisheitswort ist dem ganzen »basar« eine Arznei, die einen erleichterten Umgang mit der Hinfälligkeit ermöglicht (Sprüche 4,22). Im »basar« hat alle menschliche Schwäche ihren Ort. Menschliches Leben ist, weil hinfällig, in sich – per definitionem – schwach. Schwachheit darf sein, ja, ist und wird Grundmerkmal alles Menschlichen sein. »Bazar« beschreibt das begrenzte, unzulängliche, kraftlose, nicht vertrauenswürdige, schwache menschliche Wesen. Hart geht entsprechend Jeremia mit dem Menschen ins Gericht, wenn der dem »basar« Vertrauen schenken will: »Verflucht der Mann, der auf Menschen vertraut, auf schwaches Fleisch [»basar«] sich stützt ...« (Jeremia 17, 5). Alles »basar« wird verdorren wie Gras, kraft- und wehrlos. Das ist der Mensch, bedürftig und mit begrenztem, hinfälligem Leben ausgestattet.

Der ermächtigte Mensch

Was nun, wenn es dabei bliebe, und der Mensch bloß bedürftig und hinfällig wäre? Passive Schicksalsergebenheit könnte naheliegend sein, vielleicht besonders Schicksalsgläubigkeit und Gleichgültigkeit am Ende des menschlichen Lebens. Doch dabei bleibt es nicht. Der dritte Kernbegriff, »ruach«, kommt im Alten Testament 389 Mal vor und bezeichnet den Menschen als den in und durch alles »Bevollmächtigen«. Zunächst ist »ruach« mit Wind, Atem und Lebenskraft zu übersetzen. Der »ruach« ist die frische, belebende Brise, die man nach der Mittagshitze in Palästina ersehnt und entsprechend genießt (1. Mose 3,8). Gott, der Schöpfer, belässt den Menschen nicht in Bedürftigkeit und Hinfälligkeit. »Ruach« ist die dem Menschen zustehende und ihn zum Leben aus erster Hand bevollmächtigende Lebenskraft. »Ruach« ist – charakteristisch für den Menschen – die ihm innewohnende Kraft, die Dynamik in seinem Inneren, die Instanz des Menschen, die »basar« relativiert und über seine Hinfälligkeit hinaus eine Perspektive für dessen bedürftiges, hinfälliges Leben eröffnet.

»Naepaes«, »basar«, »ruach«: Sie alle sind dem Menschen gegeben, gehören sozusagen zum Erbgut des Menschen. Die Bevollmächtigung durch den »ruach« zeigt, dass der Mensch einzigartig beschenkt ist und Potenzial zur Grenzüberschreitung hat – in und trotz allen schönen *und* rauen Gegebenheiten einer bestimmten Zeit und eines bestimmten Lebensraumes. Dass später das Neue Testament so stark und positiv von Schwäche redet, ist nur in dieser Linie zu verstehen: Ja sagen zu Bedürftigkeit und Hinfälligkeit, aber damit rechnen, dass uns Menschen etwas gegeben ist, das diese Bedürftigkeit und Hinfälligkeit einordnet und im besten Sinne des Wortes entgrenzt. Gebrechlichkeit, Schwachheit, Leid, Vergänglichkeit, ja Tod, aber auch Prägungen einer Generation, Vorgaben einer Kultur, Korrektheiten und Unkorrektheiten einer

Gesellschaft – sie alle haben nicht mehr das letzte Wort. In der Hinfälligkeit bin ich stark (2. Korinther 12,10), kann Paulus entsprechend sagen – zu Recht.

Der vernünftige Mensch

Schließlich ist es die »Vernunft«, die den Menschen kennzeichnet. 858 Mal findet sich der für sie stehende Begriff »leb« bzw. »lebab« im Alten Testament. Dabei, und das muss im aufgeklärten Europa zur Kenntnis genommen werden, sitzt diese Vernunft nicht im Kopf, sondern im Herzen des Menschen. Wenn also von Vernunft geredet wird, geht es um das Herz (hebräisch »leb«). Alles Überlegen, Bedenken, Entscheiden ist im Innersten des Menschen, in seinem Herzen, verankert. Hier wird »vernommen«, hier sitzt die Vernunft, das »vernehmende« Organ des Menschen. Schlimm ist es, wenn das Herz eines Menschen abzusterben droht. Dies ist der Moment, wo die Vernunft ihren eigentlichen Wurzelboden verliert und das, was wir dann Verstand nennen, orientierungslos und entsprechend verführbar wird.

Der Mensch ist ein »vernünftiges Wesen«: Wie die Augen zum Sehen und die Ohren zum Hören, so ist das Herz zum Vernehmen und Verstehen bestimmt. Es verfehlt seine ureigene Funktion, wenn es – weil es verstockt oder kraftlos ist – sich der Einsicht versagt und verweigert. Getadelt gehört deshalb der Mensch, der die ihm gegebene innerste Seite seines Wesens, sein Herz, verkümmern lässt (Sprüche 10,13). Wer sein Herz nicht würdigt und damit in seinem Denken, Abwägen, Planen und Entscheiden einen fatalen »Mangel an Herz« aufweist, wird dumm und faul.

Die Schlussfolgerung ist klar: Hab acht auf dein Herz, denn hier sitzt deine Vernunft. Das Herz bedarf denn

> Hab acht auf dein Herz, denn hier sitzt deine Vernunft.

auch – ganz besonders um der Vernunft willen – der sorgfältigen Pflege: »Vor allem aber behüte dein Herz, denn dein Herz beeinflusst dein ganzes Leben«, so Sprüche 4,23. Nicht zuletzt aus dem Grund, weil wir Gott »von ganzem Herzen« – also mit unserer ganzen Vernunft – lieben sollen (5. Mose 6,5).

Das Größte für den Menschen: Weil Gott weiß, dass unser Herz anfällig ist für böse Gedanken, beabsichtigt er, dem Menschen ein neues Herz (»leb«) zu geben, er will den steinernen »leb« aus seinem Leib entfernen, um ihm einen »leb« aus lebendigem Fleisch zu geben (vgl. Hesekiel 11,19 oder 36,26). Die Absicht dahinter: dass der Mensch »vernunftvoll« sei und so nach den Geboten Gottes lebe.

Der Mensch ist also trotz aller Hinfälligkeit und Begrenztheit unwiderruflich beschenkt und »bevollmächtigt« mit Vernunft, einem vernehmenden Herzen, mit »leb«, das für Aufmerken, Bedenken, Überlegen, Abwägen, Planen und Entscheiden steht. Damit liegt auf der Hand: Wer stark und hoffnungsvoll denken will, braucht ein starkes und damit gepflegtes, genährtes Herz.

Fazit: »Bevollmächtigung« und »Vernunft« in Bedürftigkeit und Hinfälligkeit. Einzigartige Chance, einzigartiges Sprungbrett, einzigartige Aussicht für alle älter Werdenden. Auch wenn wir schon viel erfahren und erreicht haben, benötigen wir dieses Sprungbrett, um den vor uns liegenden Lebensabschnitt so zu gestalten, dass wir selbst in Erfüllung leben und etwas hinterlassen, auf das unsere Nachfahren stolz sein werden.

Das Alter: Ohne Skript und Regisseur – das darf unmöglich so bleiben

Der italienische Regisseur Luigi Pirandello soll vor hundert Jahren ein Stück mit dem Titel »Sechs Personen suchen einen Autor« geschrieben haben.[25] Inhalt: Die Schauspieler wissen nicht, was sie spielen sollen. Sie rufen verzweifelt nach einem Regisseur und einem Skript. Es gibt aber weder das eine noch das andere. Auch gibt es keinen Souffleur, ebenso wenig ein inspirierendes Bühnenbild. Ein Theaterstück also, in dem nicht klar ist, worum es geht, was das alles soll und worin die mögliche Botschaft liegt – scheinbar genau wie beim Thema Alter. Das Alter ist real existierend, mehr denn je. Die Bühne steht da, bereit, um betreten zu werden. Das Spiel kann – könnte – beginnen.

Premierenangst? Wir sind sofort wieder bei uns, die wir uns mangels eines besseren Begriffs als Babyboomer bezeichnen. Kommt da nicht etwas auf uns zu, das wir längst ahnen? Das Alter ist neu zu erfinden – für uns und mit uns. Unsere Eltern: Sie nahmen dankbar und etwas überrascht an, dass sie älter wurden als gedacht und erwartet. Die 68er: Es war ihre Lebensaufgabe, Räume zu schaffen. Sie zu füllen, überlassen sie gern anderen. Wir Babyboomer: Könnte, ja müsste es nicht unendlich reizvoll sein, das Skript zum erfüllten Älterwerden zu schreiben, sogar dann, wenn die Bühne, auf der wir stehen, wie ein Kontrast zu unserem tief verwurzelten Selbstverständnis wirkt? Die vorher angedeutete »Bevollmächtigung« und die »Vernunft des Herzens« könnten Mutmacher dazu sein.

Was nun heißt es, das Alter neu zu erfinden? Die Antwort liegt auf der Hand: Es bedeutet ganz schlicht, etwas zu denken und etwas zu tun, von dem man sich nie gedacht hat, dass man es denken und tun könnte. Zu viele innere und äußere Widerstände, zu viele fremd-

Was heißt es, das Alter neu zu erfinden?

und selbstauferlegte Blockaden türmen sich vor dem inneren Auge auf. Die Überraschung: Es geht. Beispiele:

Eine begeisterte, hochbegabte, virtuos spielende und ununterbrochen übende Musikerin interessiert sich, so sagt sie, von Natur aus nicht für Rechtsfragen. Verständlich. Nun aber soll sie die Leitung einer großen Musikhochschule übernehmen. Was tun? Ohne dies jemals gedacht oder sich zugetraut zu haben, fängt sie ein Masterstudium in »Business Law« an. Ihr Beweggrund: Plötzlich ist alles anders. Vor ihr liegt ein Feld voller Unbekannten: Personalfragen, Anstellungsverhältnisse, Arbeitsverträge, Finanzplanung, Sponsoring, Baufragen und vieles andere mehr. Damit wird sie, gewollt und ungewollt, zurechtkommen müssen. Sicher: Der Aufwand, einen Master zu machen, ist zunächst Furcht einflößend. Doch die Bühne war frei. Auf dieser Bühne – die Leitung einer Musikhochschule – wuchs im Zusammenhang mit dem zunächst unzumutbar erscheinenden Master in Business Law die Sicherheit von Woche zu Woche, Monat zu Monat. Was zuerst nicht denkbar erschien, wird nun Wirklichkeit.

In gleicher Weise gilt das für den Polizisten, der eine Ausbildung zum Mediator wagt. Vor ihm steht eine für ihn völlig neue Sichtweise im Zusammenhang mit Gewalt. Bisher prägte den Polizisten eine ganz bestimmte Anschauung. Wieso aber nicht einfach mal mit einem ganz andern Ansatz auf die Bühne treten? Das Stück kann neu geschrieben werden. Die Zuschauer blicken gespannt hin.

Oder der Lehrer, der eine Weiterbildung in »Leadership« macht. Führung an der Schule? Ein sehr wohl neuer Gedanke, in einem Rahmen, wo alles vorgegeben erscheint. Und schließlich der Politiker, der für sich Geschichte studiert, ohne primär ein Zertifikat anzustreben. Er weiß: Das Ende der Geschichte ist – entgegen mancher Vermutungen nach 1989 – nicht eingetreten. Die Geschichte geht weiter. Die Bühne ist freier denn je – für eine Politik, die sich auch in Felder vorwagt, die in den vergangenen 40 Jahren ziemlich aus dem Blickfeld geraten sind.

Die Welt ist eine Bühne, sagte schon Shakespeare. Wer schreibt das Drehbuch, ist die Frage. Wer hat den Mut, mit Ungewohntem auf die Bühne zu treten? Wer riskiert auch mal eine Pause voller Ratlosigkeit? Wer hat keine Angst, obwohl der Souffleur fehlt? Wer hat keine Premierenangst?

Fazit aus den bisherigen Ausführungen: Können wir, vor allem wir Babyboomer, uns vorstellen, nach 50 Jahren Pflege und Optimierung der Außenseite unserer Lebenswelt – oft auch der kirchlichen und christlichen Lebenswelt – die jetzt folgenden 50 Jahre in die Innenseite des Lebens, Schwerpunkt Älterwerden, zu investieren? Die These: Wer hier mitwirkt, ist an einem der hoffnungsvollsten Projekte des 21. Jahrhunderts beteiligt.

KAPITEL 4
»SCHÖNES ALTER« –
EINE ZAGHAFTE SPURENSUCHE

»So fahrt denn hin, ihr lieblichen Blüten des Mai! In der
Erinnerung genießen wir noch dankbar euren süßen Duft.
Fahrt hin, ihr goldenen Früchte des Sommers! Noch laben
wir uns an eurer Fülle und eurem Wohlgeschmack. Aber
wir sehnen euch nicht zurück. Denn das Beste ist uns
geblieben, und das Allerbeste steht uns noch bevor.«
Dora Rappard in ihrem mit 80 verfassten Buch »Frohes Alter«.[26]

Alter als Krankheit mit allen Mitteln zu bekämpfen – oder aber als
Höhepunkt und Erfüllung des Lebens? Wer zur Generation der
jetzt 40- oder 60-Jährigen gehört oder wer mit Menschen dieser
Generation spricht, spürt die Spannung und Zerrissenheit, die in
der gestellten Frage aufleuchtet. »Alter ist nicht mein Thema.«
»Für das Alter interessiert sich keiner.« Oder schon fast verach-
tend: »Seid Ihr wieder an der hässlichsten aller Schicksalsfragen?«
Würde jemand Alter auf dem Wochenmarkt anbieten: Sein Stand
würde weiträumig umgangen. Begründet?

Es gehört zum Abenteuer unseres Lebens, Spuren eines frohen,
schönen, erstrebenswerten, erfüllten Alters zu entdecken und in
diesen Spuren zu gehen. Warum nicht? Hilfreich ist es, sich mit
den Begriffen Pathogenese und Salutogenese zu beschäftigen. Der
Begriff »Pathogenese« ist weithin bekannt, zumindest unter Ärz-

ten, Psychologen und einigen anderen Berufsgruppen aus dem Sozialbereich. Pathologie ist die Lehre von der Krankheit. Genese heißt so viel wie Herkunft, Werdegang, Entstehung oder Entwicklungsverlauf. Um Geschichte und Herkunft der Krankheit und des Krankhaften geht es also. Etwas völlig anderes ist das, was seit den 1980ern mit »Salutogenese« beschrieben wird. »Salus« ist lateinisch und heißt so viel wie »Heil, Gesundheit, Wohlbefinden«, Salutogenese also wörtlich die »Gesundheitsentstehung«. Als Erstes wurde der Begriff Salutogenese vom israelisch-amerikanischen Medizinsoziologen Aaron Antonovsky (1923–1994) verwendet.

Nun haben wir im vorangehenden Abschnitt davon gesprochen, dass möglicherweise nicht das Alter »pathologisch« ist, sondern unser Denken über das Alter. Nichts wäre abenteuerlicher, als sich auf die Spuren der »Gesundheitsentstehung« unseres Bildes vom Alter zu machen. Genau dies soll im Folgenden geschehen. Erste Konturen einer Landkarte eines erfüllten, vermutlich langen Lebens werden dabei spür- und erkennbar.

Nicht das Alter ist »pathologisch«, sondern unser Denken über das Alter.

Midlife-Booming – das finden wir gut

Die ersten 50 Jahre – oder etwas mehr – unseres Lebens liegen hinter uns. Enorm die Fülle an Wissen, die wir uns angeeignet haben. Einzigartig das soziale Know-how, das sich in unserem Rucksack befindet. Und riesig das Maß an Einsichten und Erkenntnissen zum Leben und wie Leben funktioniert oder funktionieren könnte. Es erstaunt nicht, wenn Margaret Heckel davon redet, dass sich für Menschen um die 50 »die beste aller Welten« eröffnet. Beweisen müssen wir uns vor uns selbst (meist) nicht mehr, finanziell sind viele von uns gut abgesichert, die Kinder sind ausgezogen. *Noch-*

mals aufbrechen, neu beginnen – Warum nicht? Das könnte Freude machen. Das könnten wir gut finden. Abstieg und Niedergang nach 50: Nein danke, so etwas hat einfach keinen Platz in unserer Vorstellung von Zukunft! Verschiedenste Welten stehen offen. Drei davon seien erwähnt.

Die Welt der sinnvollen Arbeit

2011 hatte in den USA nahezu jeder zehnte Mensch zwischen 44 und 70 nochmals den Mut, einen neuen Beruf zu erlernen. »Enco-re-Karrieren« nennt sich das in Amerika, mit dem Wortbestand-teil »Cor«, zu Deutsch »Herz«, und »encore«, eine Anleihe vom Französischen, mit dem deutlichen Hinweis auf das »nochmals«. Jeder fünfte dieser Menschen gibt an, etwas »für sich und die Welt Sinnvolles« leisten, der Welt »etwas zurückgeben« zu wollen. In Europa nennen wir Vergleichbares etwas abgebrühter »Karriere 2.0«. Zu Hilfe kommt uns, wenn wir über 50 sind, ganz schlicht der Mangel an Arbeits- und Fachkräften. 2011 bleiben in Deutsch-land 75 000 Lehrstellen frei. Firmen mit Weitsicht sorgen vor. Und sie wissen: Die Prüfungsergebnisse der Älteren sind besser als diejenigen der Jüngeren, auch sind ältere Arbeitnehmer seltener krank als jüngere. Einfach dumm, ja, der »größte anzunehmende Unsinn«[27], ältere Menschen auf das Abstellgleis zu schieben und Frühverrentungsprogramme zu propagieren. Weitsicht ist anders. Nicht erstaunlich, dass es mittlerweile eine eigene Universität für Lernwillige ab 65 gibt (»Europäisches Zentrum für Universitäre Studien der Senioren Ostwestfalen-Lippe«; EZUS). Ganze Unter-nehmen stellen sich auf 50-jährige »Lehrlinge« ein. Vorzeigebei-spiel: die badische Großbäckerei K&U aus Neuenburg, Stichwort zweijährige »Senior-Ausbildung«. Das Alter ist keineswegs nicht zu gebrauchen, sondern Säule unserer künftigen Gesellschaft.

Die Welt des weitsichtigen Wohnens

Ein Drittel der Wohnungen in Deutschland sind Singlewohnungen, davon ein Drittel Rentnerhaushalte. Eine Generation, die gewohnt ist, gemeinschaftlich – »rudelkonform« – zu empfinden und zu denken, wird sich schlicht niemals damit abfinden können. Andere und neue Lebens- und Sozialformen liegen in der Luft. Die Stadt Arnsberg im Sauerland (Nordrhein-Westfalen) mit knapp 75 000 Einwohnern schrieb bereits im Jahr 1995 alle Bürger über 50 mit der Frage an, wie sie denn im Alter leben möchten. 48 Prozent der Bürger und Bürgerinnen reagierten. In Dutzenden von Veranstaltungen und Workshops debattierten die Arnsberger über die Zukunft ihrer Stadt. Gegründet wurde eine »Zukunftsagentur« und eine Fachstelle »Zukunft Alter« als eine Art »Denk-Gremium«. Zielvorgabe: Keine etwas verbesserte Seniorenarbeit oder Altenpolitik, sondern Dialog über alle Generationen hinweg: Wie wünschen wir uns als Gesamtbürgerschaft unsere Stadt in 10, 30 oder 50 Jahren? Keine »Verlustdebatte« sollte geführt werden, sondern eine »Gewinndiskussion« angesichts von Schrumpfung und Alterung der Bevölkerung. Klar, dass weitere Städte, Regionen und Dörfer sich in vergleichbarer Weise diesem Denken anschließen. Es geht nicht nur um die »Alten«. Es geht um die Zukunft von uns allen. Der Freiraum ist da, nicht zuletzt – ein nettes Bild für uns Babyboomer – in Form von frei stehenden Wohnungen und Altbauten. Der Fantasie und Kreativität sind keine Grenzen gesetzt. Midlife-Booming: Wieso nicht? Einzigartige Chance für die Generation, die Zeit ihres Lebens Freiräume neu gefüllt hat.

Es geht nicht nur um die »Alten«. Es geht um die Zukunft von uns allen.

Dass im Zusammenhang mit dem Umbau der Sozialsysteme, speziell der Rentengesetzgebung, eine gesellschaftliche und politische Mammutaufgabe ansteht, ist offensichtlich. Der Kollaps der Sozialkassen – also Rentenkasse, Krankenkasse, Pflegekasse – um 2030 ist vorausgesagt. Wenig überraschend, ist doch unser Rentensystem mit seinen starren Altersgrenzen ein Produkt der klassischen Industriegesellschaft des 19. Jahrhunderts. Rente mit 67 kann demnach allenfalls eine aus der Not geborene Tugend sein. Etwas weitblickender ist beispielsweise Dänemark, wo das Renteneintrittsalter automatisch der durchschnittlichen Lebenserwartung angepasst wird und das durchschnittliche Rentenalter bei 14,5 Jahren bleibt. Es gilt als erwiesen, dass Appelle zu mehr Kindern, aber auch mehr Finanzen für Elterngeld und Kitaausbau wenig dazu beitragen, unseren Sozialstaat zukunftsfähig zu machen. In zwei Bereichen müssen wir Babyboomer uns gut wappnen und uns diskussionsbeziehungsweise entscheidungsfähig machen: Wie wollen wir es mit der Rente haben? Und: Wie sehen wir das mit dem Ehrenamt angesichts leerer Kassen? Wir können uns nicht früh genug diesen beiden Fragen stellen, möglichst solange wir noch berufstätig sind. Was die Rente betrifft: Flexibilisierung ist, und das dürfte uns sehr entgegenkommen, Gebot der Stunde. Warum nicht bis 75 im Zusammenhang mit unserer »Karriere 2.0« selbst für eigenes Einkommen sorgen? »Jeder Erwerbstätige mit seinem persönlichen Rentner«: Das dürfte dann ein dummer Spruch aus den ersten Jahren des 21. Jahrhunderts gewesen sein, fern – hoffentlich – jeder Wirklichkeit im Jahr 2060. Auf der Babyboomer-Agenda steht dann das Ehrenamt. Mag der Begriff auch mittelalterlich klingen: Die Idee ist unbezahlbar gut. Wir gehorchen unserem »Rudelinstinkt« und sagen: Als Ältere sind wir sehr wohl fähig, die Verantwortung füreinander zu tragen. Eines wird und darf uns niemals passieren:

Dass wir den Jüngeren bloß noch eine Last sind. Wir wissen: Die Generation, die jetzt 20 oder 30 ist, hat genug Fragen zu klären, Entscheidungen zu treffen und Einschnitte im Leben zu ertragen. Sie wird es uns danken, wenn wir uns so einrichten, dass wir mit alldem, was wir materiell und immateriell haben, für uns zu sorgen wissen – bis an die Grenze. Dort, an der Grenze, werden wir dankbar sein, wenn es junges, dynamisches und weises Pflegepersonal geben wird, das uns an unserem Lebensende jenen menschlichen, körperlichen, seelischen und geistlichen Beistand gibt, den wir dann, eines Tages, nötig haben werden.

Spurensuche: Der Generation der Midlife-Boomer muss, vielmehr darf, viel zugetraut werden. Keiner Generation vor ihr, aber auch keiner nach ihr – so weit wir dies absehen können –, entspricht das auf sie zukommende Alter so sehr wie ihnen. Es ist eine dunkle Legende, dass das Alter für sie nur Gefahr und Bedrohung darstellt. Darf die provokative, aber reizvolle These gewagt werden: Das Alter entspricht uns – auch dann, wenn wir dies noch gar nicht entdeckt haben. Die Zeitschrift »The Economist« hielt 2010 unter dem Titel »The U-bend of life« folgerichtig fest: »Die Menschheit macht einen Fehler, wenn sie das Alter fürchtet.«[28] Uns Babyboomern kommt das Alter entgegen. Wir könnten es lieben lernen. Das Alter entspricht uns. Eigentlich finden wir das gut. Wir lassen uns gerne einspannen.

Das Alter
entspricht uns.

Höhepunkte am Ende des Lebens – Beispiel Johann Sebastian Bach

Ein junger Mann, es war Johann Gottfried Müthel aus Schwerin, bat im Mai 1750 den 65-jährigen Johann Sebastian Bach, ob er denn bei ihm studieren dürfe. Bach entsprach der Bitte. Es war zwei Monate vor seinem absehbarem Tod. Johann Sebastian Bach gilt bis heute für Menschen jeglichen Alters als Lieblingskomponist. Er gilt als unübersehbare und erstklassige Schaffenskraft der Musikgeschichte. Wer tiefer blickt, muss zugeben: Unvorstellbar eigentlich, was dieser Mann – auch Klavier- und Orgelvirtuose – in seinen 65 Jahren geschaffen hat. 1128 Titel enthält das Bach-Werke-Verzeichnis (BWV). In unserem Zusammenhang ist das besonders Bewegende, was Bach am Ende seines Lebens vollbracht hat.

Zu seinem Lebenslauf: Mit 35 verlor Bach seine erste Frau, Maria Barbara. Mit ihr zusammen hatte er sieben Kinder, von denen drei zum Zeitpunkt des Todes ihrer Mutter bereits gestorben waren. Das war für Bach eine erste Grenzsituation. In ihr entstand »Chaconne«, im Bach-Werke-Verzeichnis die Nr. 1004 und als eine der großen Kompositionen gewertet, die in den vergangenen Jahrhunderten in unserem Kulturkreis entstanden sind. Weitere Grenzsituationen folgten: Sehschwäche und daraus folgende Erblindung, Diabetes II und in deren Gefolge ein Schlaganfall. Eine verpfuschte Augenoperation sowie schädliche Medikamente trugen nicht zur kaum beneidenswerten Gesundheit Bachs bei. Und trotzdem: Im Todesjahr arbeitete Bach noch intensiv an zwei Kompositionen: der Messe in h-Moll (BWV 232) als Meisterwerk der geistlichen Chormusik sowie der »Kunst der Fuge« (BWV 1080) als dem Werk der Fugenkomposition schlechthin.

Gemeinsam mit »seinem« Studenten – er spielte im Sterbezimmer auf dem Pedalcembalo – komponierte er schließlich, noch in den letzten Tagen seines Lebens, den Choral »Vor Deinen Thron tret' ich hiermit«. Bach ahnte und wusste, dass er bald sterben würde, und so brachte er nochmals in nahezu vollendeter Form die »Ordnung des Lebens« und die »Ordnung des Todes« zusammen. Eine echte Spur zu erfülltem Alter.

Um eine Ahnung von der enormen Lebenskraft in der Todes-
stunde zu vermitteln, seien hier stellvertretend für die zehn Stro-
phen vier davon wiedergegeben:

1. Vor deinen Thron tret ich hiermit,
o Gott, und dich demütig bitt:
Wend doch dein gnädig Angesicht
von mir, dem armen Sünder, nicht.
...
5. Drum danke ich mit Herz und Mund
dir, Gott, in dieser Morgenstund
für alle Güte, Treu und Gnad,
die meine Seel empfangen hat.
...
9. Erlass mir meine Sündenschuld
und hab mit deinem Knecht Geduld,
zünd in mir Glauben an und Lieb,
zu jenem Leben Hoffnung gib.

10. Ein selig Ende mir bescher,
am Jüngsten Tag erweck mich, Herr,
dass ich dich schaue ewiglich.
Amen, Amen, erhöre mich.

Andreas Kruse, Professor für Gerontologie in Heidelberg, geht mit
dem Hintergrund eines Psychologie-, eines Philosophie- und eines
Musikstudiums in seinem Buch »Die Grenzgänge des Johann
Sebastian Bach« sehr detailliert auf die »Alterskreativität« speziell
von Johann Sebastian Bach ein. Am Beispiel Bachs werden die
kreativen Potenziale des Alters – auch des hohen Alters – veran-
schaulicht. Doch nicht nur das beeindruckt, also die im Alter mögliche »Alterskreativität«. Es ist die Hoffnung und das Sinn-Erleben,

die Zukunftsbezogenheit und die friedevoll Gewissheit im hohen Alter, die sich Bahn brechen. Bach wird nicht müde, sondern geradezu frisch, wenn er merkt, dass er auch jetzt noch, Tage und Stunden vor seinem Tod, mit seinem Werk etwas zur »göttlichen Ordnung auf Erden«[29] beitragen kann. Tod ist im Leben aufgehoben. Das Leben hat das erste und letzte Wort, niemals das Altern, das Sterben und der Tod.

So also eine weitere Spur zu frohem Älterwerden. Ein Fiasko, eine solche Spur nicht zur Kenntnis zu nehmen. Johann Gottfried Müthel aus Schwerin ist uns darin ein Vorbild geworden, wie wir mit dem Alter umgehen könnten. Müthel hat bei Bach fürs Leben gelernt. Er wird auch gelernt haben, wie man mündig auf Alter und Tod zugeht. Das ist Spur für uns Babyboomer. Der erlittene Tod (und dessen Vorboten in Form von Gebrechlichkeit und körperlicher Einschränkung) Johann Sebastian Bachs wird fast vergessen angesichts dessen, was dieser mit seinem Studenten zusammen in den letzten Tagen seines Lebens erfährt, sieht und schafft.

Palliative Care – eine altbewährte Sache

Während Johann Sebastian Bach dem einen oder andern unter uns nicht gerade nahesteht, so ist der Begriff Palliative Care seit einigen Jahren in aller Leute Mund. Kaum jemand, dem Begriffe wie Palliativmedizin, Palliativpflege, Palliative Care, Sterbebegleitung oder Hospiz nicht schon begegnet sind. Im Vordergrund steht dabei stets die Sorge um optimale Lebensqualität eines leidenden und scheinbar unheilbar kranken Menschen. Nicht um Heilung geht es als primäres Ziel, sondern um medizinische, pflegerische, psychologische, soziale und spirituelle Unterstützung im Leiden und Sterben.

Der Medizin und der medizinischen Forschung ist es im Laufe der vergangenen Jahrzehnte zunehmend gelungen, das Lebensende eines Menschen hinauszuschieben. Vor dem Hintergrund angeblicher Allmacht medizinischen Könnens und technischer Geräte war es nahezu zwingend, dass es über kurz oder lang zu einer Bewegung kommen musste, die diese sich verabsolutierende Entwicklung relativiert.

Die Anfänge dessen, was man »Palliative Care« nennt, gehen auf Cicely Mary S. Saunders in London zurück. 1948 erbte sie 500 englische Pfund, um ein Haus und einen Ort aufzubauen, an beziehungsweise in dem sie dem Sterben Würde geben konnte. Sie verstand die letzte Wegstrecke des Lebens als Raum, in dem nochmals Danke gesagt werden soll: der sterbenden Person, ihren Freunden, den Angehörigen. Nach Erhalt des Erbes dauerte es nochmals fast zwanzig Jahre, bis 1967 das erste Hospiz, das St. Christopher's Hospice im Südosten Londons, gegründet wurde. Man sagt, das Jahr 1967 sei die Geburtsstunde der modernen Palliativmedizin, später in erweitertem Sinne der Palliative Care.

Spuren zu »schönem Alter«. Ein in jedem Fall schöner Gedanke, dieses »Palliative Care«. Es lohnt sich, einen Moment lang der Wortbedeutung Palliative Care nachzuspüren. »Pallium« ist lateinisch und heißt Mantel. Mantel ist Symbol für zudecken, sorgen, lindern. Urbild dieser »Ummantelung« ist der heilige Sankt Martin, der als Soldat – er lebte von 316 bis 397 und wird im Alter von 40 Bischof von Tours in Frankreich – nachts im Winter beim Anblick eines frierenden Bettlers seinen Soldatenmantel durchschneidet und die Hälfte sorgsam um den vor ihm liegenden, fast schon erfrorenen Menschen legt. Anzusehen ist die Tat auf der schweizerischen 100-Franken-Note von 1956–1980 (die fünfte von bisher neun

Banknotenserien). Stichworte wie Sorgsamkeit, Achtsamkeit und Versorgung von Bedürftigen schienen dem heiligen Sankt Martin – wir gedenken und feiern ihn jedes Jahr am 11. November – selbstverständlich zu sein. Auf nicht weniger weist das englische Wort »care« hin: betreuen, begleiten, umsorgen – wo keine Heilung im klassischen Sinne mehr zu erwarten ist. »I care for you« bedeutet damit: »Ich sorge mich um dich, denn du bist mir wichtig.«

Abbildung 2: Schweizerische 100-Franken-Note von 1956–1980

Palliative Care: Eine zukunftsträchtige Sache, wenn man gesellschaftlichen Debatten rund um das Sterben zuhört, und gleichzeitig eine altbewährte Angelegenheit. Eine Spur, wagen wir es zu sagen, zu schönem Alter auch in höchster Ge- und Zerbrechlichkeit. Das, wovor viele Menschen am meisten

Palliative Care: Eine zukunftsträchtige Sache, wenn man gesellschaftlichen Debatten rund um das Sterben zuhört, und gleichzeitig eine altbewährte Angelegenheit.

Angst haben, wenn es um das Sterben geht, ist der Schmerz. Fachleute wiederum sagen, dass Palliative Care, an dieser Stelle speziell die Palliativ-Medizin, 98 Prozent des Schrecklichen, das Sterben mit sich bringen kann, auf ein erträgliches Maß zurückzudämmen vermag. Lebensqualität, Lebensautonomie, Lebenszufriedenheit: in der Tat eine hoffnungsstiftende Spur, auch auf dem letzten Wegabschnitt eines Menschen – entgegen allen Absichten, dem Leben vorzeitig ein Ende zu setzen.

Was Alte zu sagen haben, wenn wir sie fragen

>»Neun Zehntel der Weisheit bestehen darin, rechtzeitig weise zu sein.«
>*Theodor Roosevelt*

Fünf Dinge sind entscheidend...

Können die Alten etwas dazu sagen, wenn man sie nach den Spuren schönen, gelingenden, glücklichen, erfolgreichen, frohen, erstrebenswerten Alters fragt? Unmittelbare Gespräche lohnen sich ohnehin. Es scheinen immer wieder fünf Dinge zu sein, die entscheidend sind, auf ein gutes Alter zuzugehen. Das wird auch in einigen viel beachteten Büchern deutlich. Drei der bekanntesten sind:

Es scheinen immer wieder fünf Dinge zu sein, die entscheidend sind, auf ein gutes Alter zuzugehen.

>»Fünf Dinge, die wir nicht ändern können, und das Glück, das daraus entsteht« – ein »psychologischer Topseller« von David Richo.[30]

>»Die fünf Geheimnisse, die Sie entdecken sollten, bevor Sie sterben« – ein sehr lesenswertes Buch des Autors John Izzo, der sich als Lebensziel gesetzt hat, herauszufinden, was glücklich macht.[31] Und:

»Fünf Dinge, die Sterbende am meisten bereuen« – eines der meistgekauften Bücher in den zurückliegenden Jahren von Bronnie Ware.[32]

Fünf Dinge, die sich nicht ändern lassen. Ganz bestimmt, so haben wir auf vorangehenden Seiten entdeckt, gehören dazu die Bedürftigkeit und Hinfälligkeit des Menschseins. Nicht veränderbar, haben wir gesehen. David Richo spitzt diese nach langjährigen Erfahrungen mit vielen Menschen zu und beschreibt das Unveränderliche, in eigenen Worten: Erstens sollten wir uns stets *die nicht aufhaltbare Veränderung und das nicht vermeidbare Ende* vor Augen halten. Zweitens dann die *Unmöglichkeit, dass alles nach Plan geht.* Das menschliche Leben läuft per definitionem nicht voraussagbar ab. Pläne sind Krücken, da und dort hilfreich. Dazu kommt – drittens und nicht besonders aufbauend –, dass *das Leben keine Verpflichtung hat, gerecht zu sein.* Leben ist original, nicht gerecht, auch wenn wir Menschen uns dies manchmal anders wünschten. Viertens: *Leidvolles gehört, wo immer sich Menschsein ereignet, elementar dazu.* Wir, würden die Theologen sagen, leben eben (noch) nicht im Paradies. Schließlich – fünftens – an die Adresse besonders derjenigen, die vor allem an den Gesundheits- und Sozialbereich Höchsterwartungen pflegen: *Menschen,* so Richo, sind *»nicht fortwährend liebevoll und loyal«.* Auch dies: Es ist, wie's ist – als Grundmerkmal dieser Welt nicht beherrsch- und aufhebbar.

Wenn dem so ist, und Widerspruch dürfte wenig Erfolg versprechend sein, muss gefragt werden, wie sich mit dieser herben Wirklichkeit so umgehen lässt, dass das, was wir Glück nennen, aufleuchten und zur Entfaltung kommen kann. Auf diese Spur begaben sich in einzigartiger Weise vor allem John Izzo, ehemaliger Jesuit, und Bonnie Ware, australische und weit gereiste Krankenschwester. Faszinierend, Alte und Sterbende zu fragen, was sich denn in ihrem Leben bewährt, also als Wahrheit erweist. Die

Antworten sind teilweise verblüffend, teilweise verblüffend einfach und nahe liegend.

Die fünf Geheimnisse des John Izzo

Der quirlige Autor John Izzo schrieb zunächst per Brief 15 000 Menschen an, immer mit der Frage, was glücklich macht und was zufrieden sterben lässt.[33] Aus der unüberschaubaren Anzahl Menschen filtert er 235 Personen aus, die er in ausführlichen Interviews persönlich befragt. Die gestellten Fragen: Was hat Ihnen die meiste Freude bereitet? Was bereuen Sie? Was hat sich irgendwann als unwichtig herausgestellt? Was waren lebensentscheidende Weggabelungen? Gibt es etwas, von dem Sie bedauern, es nicht früher herausgefunden zu haben? Fünf »Geheimnisse« sind es, die »wir entdecken sollten, bevor wir sterben«:

Sich treu sein: Das Leben von Menschen, die sich selbst treu sind, ist an Dingen ausgerichtet, die keine Abhängigkeit von Umständen kennen. Das Geheimnis: Es sind persönliche Prinzipien, die gelten, ob das Leben hart ist oder schön, Zumutung oder Beflügelung. Es ist sozusagen der transparente, ereignisunabhängige rote Faden im Leben eines Menschen. Wer diesen besitzt, gehört zu jenen Menschen, die glücklich leben und im Frieden sterben dürfen. Umstände sind buchstäblich sekundär.

So leben, dass ich später nichts zu bereuen habe. Viele Menschen denken, dass das Gefährliche im Leben das Risiko sei. Kein Risiko bitte, lautet dann das Motto. Ganz falsch, sagt Izzo aufgrund seiner Umfrage. Glücklich sind am Ende des Lebens Menschen, die sagen können: »Was ich als verheißungsvoll erkannte, habe ich probiert und riskiert. Wie dankbar ich doch bin, diese Situationen nicht ausgelassen zu haben. Im Wagnis lag mein Glück. Ich habe nichts zu bereuen.«

Liebe lebendig werden lassen. Geliebt werden ist das eine. Doch wirklich glücklich macht nicht bloß das Geliebt-Werden, sondern das Lieben und das Verschenken von Liebe. Ein dauerhaft zufriedener und glücklicher Mensch wird es nie bereuen, Liebe zu schenken, so die einhellige Meinung.

Im Augenblick leben. Je älter, desto lieber die Erinnerung, denken viele. Glückliche Menschen allerdings bevorzugen die Gegenwart und haben gelernt, jeden Moment so zu leben, als wäre es »der letzte Sonnenuntergang«.

Mehr geben als nehmen. Die richtige Frage im Leben eines Menschen lautet nicht, was ich vom Leben erwarte. Vielmehr lautet sie: Was erwartet das Leben von mir? Der erfüllte Mensch, so die Spur zum frohen Älterwerden, »verliert sich« an die große, ihm gestellte Aufgabe des Lebens. Nicht ich selbst, wenn überhaupt, sondern die Lage der Welt darf »beweint« werden. So weit Izzo.

Fünf Dinge, die Sterbende am meisten bereuen

Ganz anders geht Bronnie Ware, eine viel gereiste Krankenschwester aus Australien, vor. Sie erlebt gemeinsam mit alten und sehr alten Menschen deren letzte Lebensphase. Was sagen diese am Ende des Lebens? Was hat sie in ihrem Leben froh gemacht, was enttäuscht? Letztlich: Was bedauern sie?

Wenig erstaunlich natürlich, dass Bronnie Ware zu nicht völlig andern Ergebnissen kommt als John Izzo. Ware formuliert »ihre« fünf Erkenntnisse so: Entscheidend ist der »*Mut, das eigene Leben zu leben*«, »*nicht so viel zu arbeiten*«, es zu wagen, »*Gefühle auszudrücken*«, »*mit meinen Freunden in Kontakt zu bleiben*«, und: »*mir erlauben, glücklich zu sein*«.

Zaghafte Spurensuche zu »schönem Alter«. Kann es solche Spuren, bezeugt und bestätigt von alten und sehr alten Menschen, geben? Ja, müssen oder dürfen wir sagen. Es gibt sie, diese Spuren, vermutlich sogar weit mehr, als wir meist denken. Romano Guardini, einer der großen (Nach-)Denker des 20. Jahrhunderts, legte eine weitere entdeckenswerte Spur. Er nämlich nimmt – u. a. neben dem Entwicklungspsychologen Erik H. Erickson oder dem Theologen Matthew Linn – wahr, dass es nicht nur bei Kindern und Jugendlichen bestimmte, zu beachtende Lebensphasen gibt. Es gibt sie in besonderer Weise auch nach 20, mindestens deren fünf, wie wir im Folgenden sehen.

Jede Phase des Lebens hat ihre Bestimmung – bis zum Ende des Lebens

»Wenn man will und sich zusammentut, kann auch das Leben mit 88 eine Gaudi sein. Wir ermöglichten unserer gebrechlichen Mutter, die immer eine gute Schwimmerin und Wasserratte war, vergnügliche Momente im Naturbad. Ein freundlicher und kooperativer Bademeister half uns dabei.«
Facebook-Eintrag einer ehemaligen Kollegin im Sommer 2015

»Das Leben mit seinen verschiedenen Epochen ist eine Schatzkammer. Wir werden reich in jedem Gewölbe beschenkt. Wie reich, das erkennen wir erst bei dem Eintritt in das nächste Gewölbe.«
Friedrich Hebbel

Jedes Alter, bis hin zum hohen Alter, hat seine Bestimmung, so der Philosoph, Theologe und unermüdliche Beobachter von uns Menschen, Romano Guardini. Der Mensch kann diese Bestimmung verfehlen, er kann aber auch darin leben. Jede Phase im Leben hat die je eigene Schönheit und Erfül-

Jede Phase im Leben hat die je eigene Schönheit und Erfüllung.

lung. Krisen zwischen jeder Phase sind unvermeidbar und wichtig, wenn auch nicht immer so dramatisch wie die Pubertät zwischen Kindheit und Erwachsensein oder die oft genannte »Midlife-Crisis« zwischen Mündigkeit und Reife.

Es wirkt nicht nur auf Eltern in der Erziehung ihrer Kinder befreiend, wenn sie in etwa erklärt bekommen, welche Entwicklungsphasen ihre Kinder gerade durchmachen oder durchzustehen haben.

Was, so fragen Eltern, Ärzte und Psychologen, kann erwartet werden? Und was sollte in einer bestimmten Phase in keinem Fall erwartet werden? Es wirkt genauso befreiend, wenn Menschen in fortgeschrittenem Alter erfahren, in welcher Entwicklungsphase sie sich in etwa befinden, vielleicht befinden sollten, welche Krise auf sie wartet oder sie gerade durchgestanden haben, und vor allem, welche Chance und welcher Sinn sich in der bevorstehenden Phase verbirgt oder verbergen könnte.

Guardini, er lebte von 1885 bis 1968, unterscheidet und beschreibt in seiner Schrift »Die Lebensalter«[34] folgende bedenkenswerte Abschnitte im Leben eines Menschen (die Begriffe der beiden letzten Phasen sind leicht angepasst):

- die Kindheit (0 und 12)
- der junge Mensch (bis ca. 20)
- der mündige Mensch (bis ca. 30)
- der reife Mensch (bis 50/60)
- der weise Mensch (bis 70/90)
- der erfüllte (hochbetagte) Mensch (ab 70)
- der hinnehmende (greise) Mensch (in der Abhängigkeit).

Wir befinden uns auf Spurensuche nach »mündigem Alter«. Da ist es lohnenswert, einen etwas präziseren Blick auf die je einzelnen Phasen zu werfen.

Während die *Kindheit* im guten Fall von Unbekümmertheit und Experimentierfreude gekennzeichnet ist, ist der *»junge Mensch«* – bis etwa 20 – auf dem Weg, sich, durch viele Rückfragen an sich selbst und seine Umwelt, aus Abhängigkeiten zu lösen und sich selbst zu werden. Er wird handlungsfähig, volljährig und eigenverantwortlich. Spannend natürlich, worin jetzt, also ab dem Alter von 20, Gehalt, Bestimmung, Erfüllung, Sinn und Ziel bestehen. Ein geraffter Überblick:

Der *»mündige Mensch«* – zwischen 20 und 30 – ist seines Wesenskerns zunehmend sicher. Er wird Mann beziehungsweise Frau. Denken, Fühlen und Wollen haben zusammengefunden. Im guten Fall hat er ein feines Empfinden zur Unterscheidung von echt und unecht, wahr und halbwahr, authentisch und aufgesetzt. Es entsteht Bestimmtheit und Festigkeit. Hier wird das spätere Alter zugrunde gelegt: Was trägt – in Höhen und Tiefen – im Leben, was nicht? Jetzt wird gegründet, gefestigt, im besten Sinne des Wortes geordnet. Traditionen – im Sinne bewährter und hilfreicher Gewohnheiten, Abläufe und Routinen – werden geschaffen.

Der *»reife Mensch«* – ups, sagt der Babyboomer, das wäre ja ich – sodann ist jener Mensch, der – man höre und staune – sich nicht mehr ganz so wichtig nimmt. Das Wesen festigt sich. Nicht das Schaffen von, sondern das Stehen in der Wirklichkeit zählt mehr und mehr. Es entsteht »Nähe und Liebe zur Realität, wie sie ist«. Gefestigter Charakter und gefestigte Gesinnung erlauben und lassen zu, eigene Unzulänglichkeit und Unvollkommenheit zu sehen und zu bejahen. Der reife Mensch, der weiß, dass mehr Leben hinter als vor ihm liegt, realisiert: Wenn ich Spuren hinterlassen möchte, dann ab jetzt. Der reife Mensch trifft insbesondere Entscheidungen darüber, was er nicht mehr tut und nicht mehr tun will.

Es entsteht Nähe und Liebe zur Realität, wie sie ist.

Der »*weise Mensch*«: Die Erfahrung von Grenze und Ende trübt die Sicht auf die Einzelheit und lässt Zusammenhänge sehen und erkennen. Begrenzung und Ende sind im Blick und – zwangsläufig – stets neu anzunehmen. Das Vergängliche wird sichtbar, doch, so Guardini, »die Melodie des Ganzen« erklingt. Äußeres Erleben wird dünner, doch das innere Leben füllt sich. Das innere Leben wird »dicht, ernst und kostbar«. Im besten Fall gedeiht so etwas wie »ein Gefühl wirklichen Beglücktseins«.

Der »*erfüllte, hinter sich lassende, hochbetagte Mensch*«: Jetzt ist der Moment da, in dem »etwas sehr Ruhiges in die Haltung ... und etwas Überlegenes im Abstand zu den Dingen« in das Leben eines Menschen kommen. Es entsteht – und darf entstehen – so etwas wie eine »ruhige Gegenwärtigkeit«. Das »Ich bin« zielt nicht auf Können, Leistung, Ansehen und Besitz. Es zielt einzig auf das eigene Sein, Sein-Dürfen und So-sein-Dürfen. Das Ende des Lebens wird als berechtigter und notwendiger Teil des Lebens verstanden. »Von ihm«, diesem unverzichtbaren Teil des Lebens, »gehen Erfüllungen aus, die nur von ihm her möglich sind.« Während der »äußere Mensch« schwächer und gebrechlicher wird, wächst und entsteht etwas »Seherisches«, ein »göttliches Schauen«. Nicht ein Tun, sondern ein Schauen, an dem eine Person Anteil geben darf, nimmt zu. Das Leben wird durch-sichtig, in mehrfacher Hinsicht. In aller Vorläufigkeit kommt es zum Durch-Blick. Das Kommende wird wesentlich und tragend.

Der »*vollendete, hinnehmende, greise Mensch*«: Die äußere Kraft lässt nach. Der vollendete Mensch »greift nicht an, sondern strahlt aus«. Er packt nicht an, er meistert nicht und beherrscht nicht, sondern »macht Sinn deutlich«. Sein Dasein klärt, überzeugt und gibt innere Richtung. Die Frage: Hat der Bogen des Lebens eine Weite, die Zukunft schafft? Und: Hat der Mensch eine Mitte, von der her er in Schwäche und Abhängigkeit bestehen und in sie einwilligen kann? Es ist jetzt die Phase des Lebens, in der wahre

Größe aufleuchtet, oder aber zerrinnt und verblasst. Es ist, als wäre diese Phase ein »Hinabsteigen zu wahrer Größe« – immer vorausgesetzt, dass in der Vergangenheit Mündigkeit, Reife, Weisheit und Erfülltsein entstehen und sich entfalten durften.

Natürlich: So wie es das Leben nie in Reinkultur gibt, gibt es auch keine dieser Lebensphasen in Reinform. Leben ist und bleibt ein Ringen und Kämpfen, Zurückfallen und Fortschreiten. Was aber, wenn entdeckt wird, dass jedes Lebensalter, jede Lebensphase, auch die von uns meist nicht als erstrebenswert erachteten Lebenszeiten, ihre Schönheit und ihre Erfüllung haben? Guardini bejaht diese Frage und ahnt, welch unermessliches Potenzial in dieser Sichtweise steckt. Was könnte verheißungsvoller sein, als in diesen Spuren weiterzudenken? Unsere große Herausforderung: die Krisen zwischen den einzelnen Lebensphasen zu bestehen und den Sinn einer jeden Lebensphase zu erfassen und zu ergreifen – bis zum letzten Atemzug.

> Was, wenn entdeckt wird, dass jedes Lebensalter, jede Lebensphase, auch die von uns meist nicht als erstrebenswert erachteten Lebenszeiten, ihre Schönheit und ihre Erfüllung haben?

Alter und Giftbecher – von der gebrochenen Liebe zum Alter

Das Leben frei beenden?

Multioptionsgesellschaft, Risikogesellschaft, Erlebnisgesellschaft. So lauteten in den 90er-Jahren des vorigen Jahrhunderts die Hauptbegriffe der Soziologie. Wir, die wir solche gesellschaftlichen Prägungen – die zahllosen Optionen, die Allgegenwärtigkeit von Risiken, die Vorliebe des (positiven) Erlebens – mit der Muttermilch aufgesogen haben, streifen diese im Laufe unseres Älterwerdens nicht einfach ab. In der Freiheit, unser Lebenskonzept, unseren Lebensentwurf und unsere Lebensführung je selbst zu wählen, lassen wir uns, so hat unsere Generation mehr oder weniger bewusst entschieden, nicht eingrenzen.

Es ist wie das Selbstverständlichste dieser Welt, dass Multioptionsgesellschaft auch die umstrittene Option der frei bestimmten Beendigung des eigenen Lebens mit sich bringt. Multioptionsgesellschaft ist riskant. Sie enthält die Option, dem eigenen Leben ein Ende zu setzen. Nicht schwer vorauszusagen, dass das Thema Sterbehilfe jetzt und in den kommenden Jahren mit unaufhaltbarer Wucht über uns hereinbricht beziehungsweise hereinbrechen wird.

Spuren zu »schönem Alter«. Es gibt sie, aber es gibt nicht minder auch die gegenteilige Tendenz. Letztere zeugt von gebrochener Liebe zum Alter, zu einem gebrochenen Verhältnis zur Grundanschauung, dass etwas Schönes und Frohes auch da existieren und werden kann, wo äußere Gebrechlichkeit, Hinfälligkeit und Bedürftigkeit zunächst im Vordergrund stehen.

Die Zahlen sprechen für sich, was die Wucht der Option betrifft, notfalls sein Leben beenden zu dürfen. Die größte Sterbehilfeorganisation der Schweiz, »Exit«, ist 2014 um 13 413 Mitglieder gewachsen. Im gleichen Jahr haben sich in der deutschsprachigen Schweiz 583 Personen durch Exit in den Tod begleiten lassen, 25 Prozent mehr als 2013. In Deutschland stellt das Meinungsforschungsinstitut in Allensbach fest, dass im Sommer 2014 66 Prozent der Deutschen die aktive (!) Sterbehilfe befürworten, was 10 Prozent mehr sind als noch 2008 (unentschieden sind 12 Prozent, dagegen sind 21 Prozent). 60 Prozent wollen private Sterbehilfeorganisationen zulassen, die Geld für eine Dienstleistung bekommen, also kommerziell denken und handeln. Hans Saner, der wohl bedeutendste heute lebende Schweizer Philosoph, antwortet auf die Frage, ob er bei Exit sei, lapidar: »Ja, klar. Exit macht frei.«[35] Beispiele aus dem Alltag:

Der Vater eines mittlerweilen rund 60-jährigen Sohnes wird seit einigen Tagen schwächer und dadurch bettlägerig. Ganz leise bemerkt der Sohn: »Kann man da nicht etwas beschleunigen, Herr Pfarrer? Das ist doch furchtbar mit anzusehen.« Die Frage lag auf der Hand: Kann man den Tod dieses vermutlich bald sterbenden Vaters nicht aktiv und schmerzfrei herbeiführen? Es wäre, so das Argument, doch leichter für das Umfeld, und ohne offensichtlichen Schaden für die betroffene Person.

Bei einer zunächst unbeschwerten Begegnung erzählt ein Mann plötzlich: »Mein Freund hat mich für kommenden Donnerstagabend eingeladen. Er wird am Samstag darauf mithilfe einer Sterbehilfeorganisation aus dem Leben scheiden.« Die auch hier in der Luft liegenden Fragen waren offensichtlich. Der Mann sagte: »Soll ich ihn noch besuchen? Was soll ich sagen? Mir ist ganz anders. Darf er, dieser Sterbewillige, dies denn eigentlich? Ich bin absolut verzweifelt.«

Während eines Gesprächs in kleinem Kreis sagt jemand: »Ich habe Angst vor Sterbehilfe, und zwar vor allem davor, dass meine Verwandten, geldversessen wie sie sind, eine Sterbehilfeorganisation beauftragen, mein Lebensende zu beschleunigen. Wo und in welchem Pflegeheim bin ich denn heute überhaupt noch sicher?«

Nach einem Sturz sagt ein älterer Mann, der in seinem Leben stets hart im Nehmen war: »So, jetzt habe ich keine Zukunft mehr. Es ist aus. Jetzt hilft rur noch das Ende. Haben Sie eine Adresse?«

Besorgt sagt eine eher verzweifelte, rund 50-jährige Frau: »Es ist wirklich so: Was ich jetzt bei meiner Mutter mit ansehen musste, hat mich total erschreckt. Ich glaube, Sterbehilfe könnte für mich eine gute Idee sein. Das nämlich, was ich jetzt gesehen habe, will ich meinen eigenen Kindern nicht zumuten. Übrigens hat ja kaum jemand Einwände. Ich höre nur Befürworter. Der Schweizer Alt-Ständerat This Jenni oder der allseits bekannte Theologe Hans Küng sind je nur zwei von vielen Beispielen.«

Wie so oft geht es auch bei Sterbehilfe um Anschauungen, Grundüberzeugungen und Werte, über die debattiert wird. Im Vordergrund stehen die Werte *Würde des Menschen* und das damit zusammenhängende *Recht auf Selbstbestimmung*. Würdig sterben heißt, so die verwendete Logik, selbstbestimmt sterben. Konkret: Selbst darüber zu entscheiden, wann, wo und wie man sterben will. Dies dem einzelnen Individuum zu verweigern, würde heißen, das betroffene Individuum zu entmündigen und zu entwürdigen. So wie der Mensch selbstbestimmt leben will, so will er auch selbstbestimmt sterben.

Sterbehilfe – aus Gründen der Liebe?

So weit die grundsätzliche Diskussion. Fragt man nach Begründungen dieser Anschauung, so finden sich u. a. folgende Argumente:

Es widerspricht erstens der Liebe, einem Menschen die Erfüllung seines letzten Wunsches, etwa schnell und schmerzlos sterben zu dürfen, zu verweigern. Gott will zweitens nicht das Leiden, sondern die Freiheit vom Leiden. Und Gott gab uns die Medizin, die uns den schmerzfreien und leichten Tod zu ermöglichen vermag und deshalb auch zu ermöglichen hat, sofern wir das wollen. Drittens: Uns ist, so Hans Küng, ein Leben nach dem Tod in Aussicht gestellt. Dies gibt uns die Freiheit, scheinbar sinnlosem Leid aktiv ein Ende zu setzen. Besagter Autor will entsprechend sein eigenes sicheres Ende zu dem Zeitpunkt herbeiführen, in dem er »irgendwelche Zeichen von Demenz verspüre«[36].

Das Deprimierende an diesen Argumenten besteht darin, dass eine lebensvernichtende Aktion – konkret: Töten – mit Begriffen begründet wird, die zunächst ausschließlich Leben ermöglichen, fördern und stützen wollten. Dies betrifft in unserem Zusammenhang die Würde des Menschen und die Liebe zum Menschen. Etwas ist gebrochen. Eine besondere, neuartige Art von Gebrechlichkeit ist entstanden. Gebrochen ist die unaufgebbare Liebe zum Leben. Spuren zu frohem und vielleicht gar schönem Alter trotz Begrenztheit und Hinfälligkeit verlaufen sich. Es wuchert unter uns etwas Mulmiges heran, auch wenn und obwohl Wege zu befreitem, sinnvollem Älterwerden zweifelsfrei vorhanden sind.

Fraglos: Wer immer sich eigenem wie fremdem Älterwerden stellt, muss sich unweigerlich auch der Herausforderung aktiver Lebensbeendigung stellen – um seinetwillen, um der Gesellschaft willen, um der Zukunft willen. Auch mit dieser eigenartigen Gebrechlichkeit – der Gebrochenheit der Liebe zum Leben – muss in der modern-postmodernen Gesellschaft umgegangen werden.

> Eine besondere, neuartige Art von Ge-brechlichkeit ist entstanden. Gebrochen ist die unaufgebbare Liebe zum Leben.

Vier Begriffe, die wir kennen sollten

Aktive Sterbehilfe ist Tötung auf Verlangen eines sterbewilligen Menschen. Das Ziel dessen, der aktive Sterbehilfe leistet (zum Beispiel der Arzt), besteht im ausdrücklichen Herbeiführen des Todes eines Menschen, der darum bittet. In Belgien und Holland ist aktive Sterbehilfe erlaubt, in der Schweiz und in Deutschland zurzeit (Anfang 2016) nicht.

Passive Sterbehilfe ist das Zulassen des Sterbens durch bewusstes Unterlassen oder durch das Abbrechen von lebensverlängernden Behandlungsmaßnahmen. Passive Sterbehilfe ist eine in der Regel weithin befürwortete und akzeptierte Maßnahme in der Begleitung sterbender Menschen.

Indirekte Sterbehilfe ist die Leidensminderung mithilfe von schmerzlindernden Medikamenten. Dabei wird in Kauf genommen, dass Leben verkürzt wird. Das Ziel ist Verbesserung der Lebensqualität und nicht das Herbeiführen des Todes.

Assistierter Suizid ist die Selbsttötung mithilfe eines bereitgestellten, todbringenden Medikamentes. Alternativbegriffe zu »assistiertem Suizid« sind »Beihilfe zur Selbsttötung« oder »Freitodbegleitung«. Ziel ist der schnelle und schmerzfreie Tod. Assistierter Suizid ist zurzeit das Kernprogramm der Sterbehilfeorganisationen.

»Gast sein am Tisch des Lebens«, so hat es jemand einmal formuliert. Ein wunderbarer, gewinnender Gedanke. Zugegeben: Wer bloß und ausschließlich die Außenseite des Alters und die manchmal abscheulich wirkenden Erzählungen zum Thema Älterwerden und Sterben in seiner Wahrnehmung zulässt, muss verzweifeln. Furchtbar, abscheulich und schrecklich, wenn wir das Gast-Sein am Tisch des Lebens bloß von außen sehen und den Zugang zu diesem Tisch von äußeren Gegebenheiten abhängig machen. Gebrechlichkeit im gerade erläuterten Sinne ist logische Konsequenz.

»Gast sein am Tisch des Lebens«: Niemals kann die äußere Gebrechlichkeit ein Hindernis sein, dieses Gast-Sein am Tisch des Lebens infrage zu stellen. Die Spur zurück ins Leben muss gefunden werden. Die Innenansicht des Lebens darf gewagt werden. Die einzige Frage: Woher beziehe ich die Kraft zu diesem Sichtwechsel? Konkreter: Welche Ressourcen stehen mir auf dem Weg, am Tisch des Lebens voraussetzungslos Gast sein zu dürfen, zur Verfügung?

KAPITEL 5
VERGANGENHEIT UND ZUKUNFT: DIE GROSSEN RESSOURCEN FÜR MEINE GEGENWART

Vergangenheit und Zukunft, dazwischen die Gegenwart: die allergrößte Selbstverständlichkeit unserer Welt, denkt man. Warum sich Gedanken machen? Was selbstverständlich ist, muss nicht bedacht werden. Fehlanzeige, Irrtum allergrößten Ausmaßes.

Ein genaueres Hinsehen macht schnell klar, dass sich in unserer Zeit ein folgenschweres Drama abspielt. Wer nämlich, um es zugespitzt auf den Punkt zu bringen, Vergangenheit und Zukunft abschafft, zerstört die Gegenwart, individuell und gesellschaftlich. Vergangenheit und Zukunft sind wie das Sonnenlicht für die Pflanzen und der Regen für den Garten: unverzichtbare Ressourcen für eine befriedigende und erfüllende Gegenwart. Eigenartig und befremdend, mit welcher Gleichgültigkeit und Gelassenheit wir, unsere Gesellschaft, in den vergangenen Jahrzehnten zunehmend Vergangenheitsvergessenheit und Zukunftsgleichgültigkeit zugelassen haben. Dass aktuell ein derart vernichtender Wettlauf um maximales Gegenwartserleben und optimale Gegenwartsgestaltung stattfindet, ist eine der Konsequenzen dieser fatalen Grundhaltung. Vergangenheit und Zukunft, das wird übersehen, sind entscheidende Ressourcen für

> Wer Vergangenheit und Zukunft abschafft, zerstört die Gegenwart, individuell und gesellschaftlich.

befreiende, befriedete, lebenswerte Gegenwart, Gegenwart von Menschen jeglichen Alters und Menschen jeglicher Herkunft.

Meine Vergangenheit – vom unerschöpflichen Potenzial meiner bisherigen Geschichte

> »Unglaublich, wie treffend Ihre Aussagen über mein aktuelles Leben sind«, sagte ein 55-jähriger Angestellter einer Großbank, nachdem er lediglich einige wenige Deutungen seiner Kindheit als Ältester unter vier Geschwistern gehört hatte.

> »Es ist nicht auszudenken, was Gott aus den Bruchstücken unseres Lebens machen kann, wenn wir sie ihm ganz überlassen.«
> *Blaise Pascal*

Wir wissen darum, wie Menschen in der Vergangenheit schwelgen können, bis zum Überdruss, immer aufs Neue. Und gleichzeitig wissen wir aus eigener und fremder Erfahrung, wie Menschen es mit allen zur Verfügung stehenden Mitteln zu verhindern verstehen, über bestimmte Dinge ihrer Vergangenheit zu reden oder nachzudenken. In jedem Fall gilt: Vergangenheit hat Kraft. Vergangenheit hat Bedeutung. Vergangenheit bringt in Bewegung: eigene und fremde, erhebende und bedrückende Gefühlswelten. Vergangenheit ist wie ein geheimnisvoller Tresor, manchmal voller offener Fenster und Türen, manchmal verschlossen, unbekannt und unerkannt.

Drei Fakten deuten in besonderer Weise – zum Guten und weniger Guten – auf das unerschöpfliche Potenzial der Vergangenheit hin. Dieses Potenzial konstruktiv zu nutzen, ist einzigartige Chance gerade dann, wenn wir merken, dass wir älter werden, sei es mit 40, 50, 60 oder 70.

Faktum Nr. 1: Erinnerungen und Versöhnung

Kein Mensch in dieser Welt, der nicht über eine Fülle von Erinnerungen verfügt. Erinnerungen sind wie ein Kissen: sanft, zart und einladend, oder aber voller Stacheln, abstoßend und schmerzhaft. Und Erinnerungen, gute und schlechte, sind so etwas wie Leuchttürme für die Seele: Sie haben die Kraft, mein Lebensschiff zu lenken, konkret: mein Reden, mein Denken, mein Verhalten oder mein Empfinden in eine bestimmte Richtung zu steuern. »War es nicht schön, als wir jeweils miteinander gewandert sind?«, fragte der Sohn, um seinen zur depressiven Verstimmung neigenden Vater auf eine Spur von Freude und Dankbarkeit zu locken. Oder, so die Tochter eines überstrengen Vaters, der sieht, dass einiges in seinem Leben schiefgelaufen ist, mehr zu sich selbst: »Nie habe ich so etwas wie Wertschätzung von meinem Vater erlebt, wieso soll ich jetzt plötzlich die liebe und gute Tochter sein?«

Es gibt sie also, ziemlich allgegenwärtig und allwirksam, diese Erinnerungen. Was liegt näher, als sich auf Spurensuche nach deren Ressourcen zu machen, zugunsten eines mündigen Lebens in Gegenwart und Zukunft?

Erfahrungen, gute und weniger gute, seien, so sagen uns die Fachleute, oftmals eingekapselt, eingefroren. Tatsächlich: Wer hat nicht festgestellt, dass lediglich einzelne Stich- und Reizworte, manchmal Bilder, nötig sind, um Kapseln zu sprengen oder Eingefrorenes flüssig zu machen? Freude und Dankbarkeit, aber auch Ärger und Wut werden entfesselt. Interessant in diesem Zusammenhang, welche Bilder ältere Menschen im Zimmer ihrer Alterswohnung aufhängen, welche Fotoalben sie den Besuchern besonders gerne zeigen und mit welchen Fragen sie (fast) immer zum Erzählen gebracht werden können. Nachfragen hilft. Nicht selten staunt nicht bloß der Fragende und Zuhörende, sondern noch mehr der Erzählende selbst. Gelungenes im Leben, aber auch

Misslungenes und Gescheitertes bekommen Worte – manchmal schneller als gedacht und gewollt.

Beispiele: Obwohl ein Mann Vater, Mutter und Geschwister hat, zeigt er nur Bilder, auf denen er allein ist. Wieso wohl? Oder – fast wie das Gegenteil: Eine Frau zeigt eine große Anzahl Bilder, auf keinem aber ist sie selbst zu sehen. Was wollen uns dieser Mann und diese Frau über sich selbst sagen? Oder: Groß und allgegenwärtig hängt das Bild des verstorbenen Ehepartners über dem eigenen Bett. Was könnte dies uns über die Vergangenheit mitteilen? Sinnt man über solche Zusammenhänge nach, merkt man nur allzu schnell, welch großen und befreienden Dienst wir uns gegenseitig erweisen, wenn es gelingt, Auffälliges in Bildern oder Erzählungen auf gute Weise herauszulocken und zur Sprache zu bringen. Es ist enorm beflügelnd und eine unschätzbare Ressource, das Land der Vergangenheit sichtbar zu machen, Schätze zu entdecken und, wo nötig, bisherige Deutungen infrage zu stellen, ja, das Land neu zu pflügen und neu zu bebauen.

Von »Erlösungsgeschichten« ist dann die Rede, so etwa bei Verena Kast in ihrem Buch »Was wirklich zählt, ist das gelebte Leben – die Kraft des Lebensrückblickes«.[37] Nicht erstaunlich, dass solche »Biografiearbeit« in (guten) Alters- und Pflegewohnheimen zum Standard gehört, ja, dass es so etwas gibt wie eine »Lebensrückblicktherapie«.

So viel generell zu unseren Erinnerungen und deren Potenzial als Ressource. Zweifelsohne: Kaum ein ernsthaftes Erzählen über Vergangenes streift nicht auch – sei es von einem selbst oder von anderen bewirkt – Unschönes, Unerfreuliches, manchmal Dramatisches. Fraglos, dass man damit nicht erst »im Alter« umgeht, selten bewusst, meist unbewusst.

Ein Mann zeigte einmal in einem Gespräch über seine Vergangenheit das Bild, in dem er sich, was seine Kindheit betrifft, laut seiner Aussage am zutreffendsten wiederfindet. Traurig eigentlich, aber es ist ein Bild, in dem die Mutter mit den beiden rund zehn Jahre älteren Töchtern vorne steht, er aber ganz im Hintergrund, zum Teil verdeckt vom Mantel des Vaters. Er, das war offensichtlich, entsprach als Nachzügler nicht der Wunschvorstellung seiner Eltern. Es dauerte lange. Aber irgendwie ließ sich der ansonsten sehr wortgewandte Mann, er war wohl etwa 80, auf den Weg ein, sich mit seinen Eltern, die natürlich beide nicht mehr lebten, zu versöhnen. Es war ein besonderer Moment, als er nach vier Gesprächen sagte: »Ich glaube, es ist mir gelungen, meinen Eltern zu vergeben. Mir geht es jedenfalls ganz anders: ich denke anders, ich fühle anders, ich erzähle anders.«

Versöhnung: zwar für viele ein möglicherweise abgedroschener Begriff, aber nichtsdestotrotz eine ausgesprochen hilfreiche, ja, lebensentscheidende Dimension. Damit Versöhnung zur Ressource wird, sind drei Teilschritte nötig. Teilschritt A ist, den Schmerz zu benennen, ihm also Worte zu geben, zum Beispiel: »Ich bin in meiner Familie stets zurückgesetzt worden.« Teilschritt B besteht darin, das energieraubende Urteil über die (böse) Tat zu revidieren, das Urteil und den Vorwurf also zu ent-machten beziehungsweise dem Urteil die meist unterschätzte Macht zu entreißen. Das Urteil wird so verfügbar und der Gedanke zugelassen, dass auch eine andere

Das Kriterium gelungener Versöhnung besteht darin, nicht mehr schlecht über jemanden denken und reden zu müssen, und ohne negative Emotion das Gute dieser Person beschreiben zu können.

Deutung denkbar ist. Teilschritt C schließlich besteht darin, in der Gedankenwelt rund um jene Menschen, die bislang mit Urteilen, Vorwürfen und Ansprüchen belegt waren, neue und befreiende Pfade zu gehen. Das Kriterium gelungener Versöhnung besteht darin, nicht mehr schlecht über jemanden denken und reden zu müssen, und ohne negative Emotion das Gute dieser Person beschreiben zu können.

Versöhnung: ein schillernder Begriff, dessen Potenzial in der Tiefe unseres Lebens selten wirklich ausgeschöpft ist – bisher, leider. Versöhnung mit andern Menschen ist das eine. Das andere: Es gibt Versöhnung mit der eigenen Geschichte, mit dem eigenen Lebensweg, mit eigenen (vielleicht falschen) Entscheidungen, mit unerklärlichem Leid im Freundeskreis, mit Schwäche, mit Gebrechlichkeit, ja, mit Gott, der angeblich zugelassen hat, was mir und uns Not bereitet. Immer geht es um die Revision bisher gefällter Urteile, immer um die Frage nach alternativen Denk- und Empfindungsweisen, in der Folge um anderes Reden und Handeln. Wieso nicht in diesem Fluss den Gedanken wagen, sich sogar mit dem Umstand zu versöhnen, dass wir Menschen ganz grundsätzlich bedürftig, hinfällig, schwach und leidbeladen sind? Wieso nicht das Wagnis eingehen, ganz und gar Ja zu sagen, dass wir begrenzt sind und dass wir sterben müssen? Versöhnung: ein Schlüsselbegriff im Umgang mit Vergangenheit und Wirklichkeit des Lebens.

Versöhnung ist ein einzigartiger Weg, um Gegenwart zu leben, ganz und gar in ihr zu leben, um Gegenwart zu nutzen – frei von den Fesseln einer unverarbeiteten Vergangenheit, frei von niederschmetternden und erdrückenden Erinnerungen. Welch wohltuendes Wort, wenn jemand älter Gewordenes von Herzen sagen kann: Ich bin versöhnt, mit früher mir wichtigen Personen, mit meiner eigenen Vergangenheit, mit Gott, mit meiner Hinfälligkeit, mit mir selbst.

Faktum Nr. 2: Prägungen

Hier geht es um meist unbewusste Lebensmuster, Denk- und Empfindungsstile, sogenannte »private Logiken«. Nicht nur einzelne Erlebnisse und Erfahrungen gehören zu unserem Leben. Tief greifender sind Merkmale unserer Lebensgeschichte, die immer und immer wieder erkennbar sind, in möglichen und unmöglichen Lebenssituationen. Psychologen übertreffen sich gegenseitig in der Erklärung und Deutung solcher Lebensmuster, -stile und -skripte. Offensichtlich verfolgt jedes Kind in seinem Verhalten bestimmte Absichten und Ziele. Genauso offensichtlich ist, dass es entsprechend Mittel und Wege sucht, diese Ziele auch zu erreichen, seien es Anerkennung, Beachtung oder Aufmerksamkeit. Wer mit Kindern zu tun hat oder hatte, weiß, zu welch abstrusen Verhaltensweisen dies gelegentlich führen kann, nicht nur zum Leidwesen des Umfeldes, sondern auch zum Leidwesen des Kindes – und späteren Erwachsenen – selbst.

Jeder Mensch hat Prägungen, die er sich im Laufe seines Lebens angeeignet hat, sozusagen als »private Logik«. Zum Beispiel, sich immer ein bisschen kleiner zu machen, als man tatsächlich ist. Oder immer zuerst abzuwarten und zu hören, was andere sagen, und erst dann seine eigene Meinung kundzutun. Oder: Konflikte nicht anzusprechen, sondern abzuwarten und »auszusitzen«. Oder: Im Notfall laut zu werden oder wegzulaufen.

Was soll, so die hilfreiche Frage, durch solches Verhalten erreicht werden? Wozu wird es praktiziert? Wir wissen: Verhalten lässt sich bei einem Menschen nur verändern, wenn er seine Ziele verändert. Man müsse, so sagen kluge Leute, das Verhalten eines Menschen »teleologisch verstehen«, es also in seinen Zielen und Zwecken erkennen, so etwa Alfred Adler und in seinem Gefolge Rudolf Dreikurs Von »teleologischer Analyse« und »Finalität« all unseres Verhaltens ist dann etwa die Rede. Nicht die Frage nach der Ursache (Kausalität), sondern die Frage nach dem Ziel (Finalität) sei im Hinblick auf Prägungen entscheidend. Etwas fassbarer vielleicht: Nicht die Warum-Frage hilft, sondern die Wozu-Frage.

Um sich Prägungen bewusst zu machen und sie so als Ressource freizulegen, fragen wir deshalb: Wie würden Sie Ihr Verhalten umschreiben, wenn es eng oder konflikthaft wird – konkret: Wie beschreiben Sie das Verhalten, das Sie – beispielsweise heute Morgen am Frühstückstisch – gezeigt haben? Vermutlich werden Sie wiedergeben, wie Sie es ganz subjektiv erlebt haben. Erhellend ist dann – immer im Zusammenhang mit dem aktuellen Ereignis –, was Sie auf folgende Fragen antworten würden: Wie hat man eigentlich in der Familie, in der Sie aufgewachsen sind, Konflikte gelöst und Spannungen bewältigt? Wer war »siegreich«, wer der Verlierer? Was haben dabei der Sieger, was der Verlierer gewonnen? Was waren Preis und Gewinn? Gab es eine Art Motto in Ihrer Familie, vielleicht sogar ein »Dressat«, das beschrieben hat, was erlaubt und was auf gar keinen Fall erlaubt war? Dabei geht es immer wieder darum: Was war der Gewinn, wozu hat jemand, oder haben gar einige, ein bestimmtes Verhalten an den Tag gelegt?

Die Vergangenheit wird dann zur Ressource, wenn das Potenzial der Prägungen genutzt wird. In jeder Prägung, auch der eigen-artigen und zunächst wenig nachvollziehbaren »privaten Logik«, liegen Stärken, sogar dann, wenn es beispielsweise bloß die Fähigkeit ist, nach einer Phase des Beleidigtseins oder des Davonlaufens wieder Anschluss an die Gemeinschaft zu finden. Stärken können bewusst gemacht werden, Stärken können gefördert werden, Stärken können entfaltet werden.

Die Stärken von Prägungen werden, wenn sie erkannt sind, zu Ressourcen. Zur Ressource wird Vergangenheit aber besonders dann, wenn bewusst gemachte, wenig hilfreiche Logiken und Lebensstile verändert werden. Will, so fragen wir, ein Mensch, der vielleicht noch weitere 30 Lebensjahre vor sich hat, nach einem bestimmten Lebensmuster weiter funktionieren, oder wäre es nicht an der Zeit, eine Akzentverschiebung, insbesondere bei den destruktiven Denk- und Lebensmustern, vorzunehmen? Die Ver-

Wie Prägungen beim jetzt 60-Jährigen wirken, so werden sie noch prägender sein, wenn die betreffende Person 90 ist.

mutung: Wie Prägungen beim jetzt 60-Jährigen wirken, so werden sie noch prägender sein, wenn die betreffende Person 90 ist. Es gilt: Es ist nie zu früh, Prägungen bewusst zu machen, Akzentverschiebungen vorzunehmen und (Lebens-)Ziele zu revidieren. Das ist ein Geschenk an mich und mein Umfeld. Prägungen, auch notvolle Prägungen, können zu einer echten Ressource für eine befreite Gegenwart und eine lebenswerte Zukunft werden.

Faktum Nr. 3: Bewährtes entdecken

Wahrheit ist ein starkes Wort, wenig geliebt in der heutigen Gesellschaft, meist miss- oder unverstanden. Und doch: Wem ist es nicht schon über die Lippen gekommen, dass sich bestimmte Dinge im Leben bewährt und andere Dinge weniger bewährt haben? Es bewährt sich beispielsweise in meinem Leben, dass ich nicht mehr Geld ausgebe, als dass ich einnehme. Und es bewährt sich im Zusammenhang mit Menschen, die anders denken und glauben als ich, zunächst einfach mal hinzuhören und zu verstehen. Und es bewährt sich, auf unangenehme, vielleicht vorwurfsvolle E-Mails nicht sofort, sondern erst einige Stunden oder Tage später zu reagieren.

Wenn sich etwas bewährt, bedeutet das nichts anderes, als dass sich etwas im Tun als wahr beziehungsweise als Wahrheit erweist. Bewährtes hat einen Glanz und eine Schönheit. Was kann getan werden, um diesen Glanz und diese Schönheit im Hinblick auf befriedigende und befriedete Gestaltung von Gegenwart – und Zukunft – nutzbar zu machen?

Mehrmals bereits haben wir uns in kleinen Gesprächsgruppen verboten, uns zu beraten und mit gut gemeinten »Rat-Schlägen« zu versehen. Als hilfreich empfanden wir eher Fragen wie: »Wenn du ehrlich bist, was hat sich bei dir über die Jahre hinweg bewährt, wenn ihr in der Ehe Spannungen auszuhalten hattet? Was hat sich bei euch bewährt, wenn die erwachsen werdenden Kinder redeten, glaubten und Beziehungen gestalteten, wie ihr es nie wolltet und gut fandet? Was hat sich bei dir bewährt, wenn dir schwierige Nachrichten überbracht wurden, etwa die nicht erfreuliche Diagnose eines Arztes oder der Entzug einer für dich wichtigen Aufgabe am Arbeitsplatz? Was hat sich bei euch bewährt im Zusammenhang mit eurem Älterwerden oder der Einsicht, dass bestimmte Dinge nicht mehr möglich sind? ...«

Wahrheit macht frei, sagt Jesus in der Bibel. Und Freiheit beflügelt, ganz anders als Ängstlichkeit, Unsicherheit oder Orientierungslosigkeit. Verblüffend manchmal, was älter werdende Menschen an Bewährtem in sich tragen. Das einzig Dumme: Der Schatz kommt oft nur wenig zum Vorschein, manchmal aus eigenem Verschulden (etwa durch Zerreden) oder aus fremdem Verschulden (etwa durch Desinteresse und Unachtsamkeit anderer). Wer hinhört, merkt: Hier liegen unerschöpfliche Quellen persönlicher und gemeinschaftlicher Lebensgestaltung. Zur Ressource wird der Schatz an Bewährtem nicht nur im Hinblick auf das Leben des Betroffenen, sondern viel mehr für eine ganze Familie oder gar eine ganze Gemeinschaft und Generation. Bewährtes, so zusammengefasst, sind Aussagen und Überzeugungen, die sich als wahr und als Wahrheit erwiesen haben, beispielsweise bei der Bewältigung von Spannungen in einer Ehe, am Arbeitsplatz, im Umgang mit dem Unerwünscht-Sein, in Bedrohungssituationen, in scheinbarer Hoffnungslosigkeit, in Verlustängsten, im Älterwerden und in vielen anderen Zusammenhängen.

Vergangenheit ist also die entscheidende Ressource zur Bewältigung der Gegenwart. Es lohnt sich, an Vergangenheit dranzubleiben, persönlich wie gesellschaftlich.

Einige bedenkenswerte Merksätze:

- Vergangenheit ohne Deutung ist unerträglich. Sie beeinflusst trotzdem die Weichenstellungen in der Gegenwart fundamental.
- Unbewältigte Vergangenheit ist schlimmer als Sterben – sagte jemand. Er hat recht.
- Was vorüber ist, ist nicht vorüber. Es wächst, wirkt und wuchert weiter.
- Lebensrückblick birgt Kraft in sich und ist Weg zu seelischem Wohlbefinden und zu neuem Selbstbewusstsein.
- Reifes Alter ist versöhntes Alter, und versöhntes Alter ist reifes Alter.
- Sich mit der eigenen Geschichte, mit Leid, Einschränkung, Begrenzung, ja, mit Hinfälligkeit und Tod zu versöhnen, ist »Hohe Schule des Älterwerdens«.
- Versöhnung ist der beste Nährboden für Lebensliebe. Das Zeugnis, wie dies geht, braucht der Mensch des 21. Jahrhunderts.

Willkommen zurück im Leben, sagte jemand, der sich gerade im Hinblick auf sein Älterwerden der eigenen Vergangenheit gestellt hatte. Der beste Friedensschluss mit seinem Leben sei die Versöhnung mit der eigenen Vergangenheit gewesen. Versöhnung, so sagte er weiter, fast etwas pathetisch, sei der »Brunnen zum Leben«. Ab jetzt, so schloss er, »werde ich Blumen, nicht mehr Unkraut säen«.

Zukunft – was ich sehen darf

»Das Alter ist kein Kerker, sondern ein Balkon, der zwar
Gitter hat, aber einen weiten Blick eröffnet.«
Marie-Luise Kaschnitz

»Binde deinen Karren an einen Stern.«
*Leonardo da Vinci, Universalgenie und Erschaffer des teuersten je
gehandelten Kunstgemäldes*

Ein echtes Dilemma: Noch nie ist die Zukunft so verworren gewesen wie heute. »Auf Sicht fahren«, raten Politiker. Man könne ja nicht wissen, was morgen sei, geschweige denn übermorgen. Wie eine Nebelwand stehe sie da, die Zukunft, und so könne man ohnehin nur »in der Zukunft rumstreunen«, ohne Kenntnisse, Wissen und Sicherheit. Der postmoderne Mensch fragt: Wozu brauchen wir überhaupt Zukunft, wenn doch auch Vergangenheit längst bedeutungslos geworden ist?

Und doch: Irgendwo und irgendwie ist Zukunft fundamental. Wenn ich auf dem Bahnsteig unsicher bin, welcher Zug wohl der richtige ist, frage ich den Schaffner nicht, woher dieser Zug kommt, sondern wohin er fährt. Am Samstag stehe ich früher auf, um die Familie mit frischen Brötchen zu versorgen. Wenn ich mit dem Fahrrad den Pass hochschwitze, investiere ich mich ausschließlich für ein jetzt noch vor mir liegendes Ziel: die Passhöhe. Das Bild der dortigen Ankunft treibt mich an. Bin ich im Krankenhaus, dann lockt mich nur eines: das Zuhause. Planen wir den kommenden Sommerurlaub, dann mit dem Anliegen, dass er als Teil unserer Zukunft erholsam, erlebnisreich und für alle Beteiligten schön werde. Bilder über das künftige Erleben steuern unsere gegenwärtigen Entscheidungen. Wenn ich als Student die Härte des ersten Semesters ertrage, dann nur deshalb, weil ich das Ziel, Jurist, Manager oder guter Arzt zu werden, erreichen will.

Davon habe ich ein Bild. Dieses Bild leitet mich. Ohne dieses Bild vor Augen wäre ich orientierungs- und motivationslos.

So verworren die Zukunft für unsere Wahrnehmung auch sein mag: Die Vorstellung des künftigen Erlebens steuert mich täglich: in Planungen, in Entscheidungen, im konkreten Verhalten. Zum Schmunzeln und doch sehr ernst: Top-Journalistin und -Moderatorin Christine Westermann, die den Bestseller »Da geht noch was. Mit 65 in die Kurve« schrieb, bekennt sich zu ihrer Ursehnsucht, doch die Zukunft zu wissen. Sie ist sich anscheinend nicht zu schade, beim Astrologen vorbeizuschauen. Es gibt eine unbändige Sehnsucht, die Zukunft zu wissen, damit »noch etwas geht« oder damit »noch etwas noch etwas besser geht«. Doch was bleibt, wenn kein Bild des Kommenden vorhanden ist? Dann bleibt uns Menschen bloß das Zurück, die Wiederherstellung des Vergangenen, buchstäblich das Konservative, das Konservieren – und schlimmer noch: das ziel- und hoffnungslose Herumstochern in der Gegenwart, das schrittweise Absterben.

Zur Abwechslung eine kleine Übung: Stellen Sie sich vor, die Zukunft sei eine leibhaftige Person. Diese kommt – gerufen oder ungerufen – auf Sie zu. Wie geht es Ihnen mit dieser Person? Was löst diese Person aus: Freude, Sicherheit, Spannung, Ohnmacht, Sprachlosigkeit? Wie überhaupt beschreiben Sie die Person: eher als schönes junges Mädchen, eher als alte Hexe, mehr nur als Schatten oder als einen wuchtigen, stämmigen Mann, der Sie gleich zu erdrücken droht? Fliehen Sie gerne in ihre Arme, oder weisen Sie sie lieber mit allen verfügbaren Mitteln von sich weg?

Zukunft: Jeder Mensch hat Bilder über Künftiges, die Frage ist bloß, welche. Wir tun uns nicht schwer, wenn gesagt wird: Dieser Mensch ist einer »von gestern«. »Ein Gruß aus dem Mittelalter«, urteilen wir schnell einmal, wenn wir jemanden »von gestern« mit »ewiggestrigen Begründungen« reden hören. Respekt löst aus, wenn über eine Person gesagt wird, dass sie »auf der Höhe der

Zeit« sei, »ganz und gar im Heute lebe«, oder, selten mal, dass sie »ihrer Zeit voraus« war. Eigenartig oder zumindest gewöhnungsbedürftig, aber prickelnd klingt es, wenn gesagt wird: »Das ist einer von morgen«, oder noch stärker: Dieser Mensch »ist in der Zukunft zu Hause«. Es berührt uns, denn wir ahnen: Dieser Mensch, zu Hause in der Zukunft, lebt wohl im Grundsatz frei von Ängsten und Sorgen, er hat Hoffnung, denn er sieht und liebt die Zukunft – mehr als die Gegenwart und ein klein bisschen mehr als die Vergangenheit. Wieso eigentlich nicht? Wieso so selten?

Klar ist: Wir haben Bilder über das Kommende. Es sind wiederum Bilder, so, wie auch die meisten Erinnerungen an die Vergangenheit Bilder sind und uns bildhaft begleiten. Das Dumme und Verunsichernde: Diese Zukunftsbilder hängen von der Prägung und Logik der Vergangenheit ab. Der »geborene« Optimist (oder Pessimist) diagnostizieren wir beispielsweise. Wer schon immer ängstlich und zögerlich war, wird dazu neigen, eher ein düsteres Bild der Zukunft in sich zu tragen, und umgekehrt.

Daraus wird eines deutlich: Damit Zukunft wirklich zur Ressource wird, bedarf es nicht bloß eines in mir entstandenen und aus meiner Prägung hergeleiteten, sondern eines von außen geschenkten, sozusagen »geoffenbarten« Bildes, eines von außen in mich hineingeborenen Bildes. Dass Idealisten und Utopisten in den vergangenen Jahrhunderten öfter mal in diese Bedürfnislücke gesprungen sind, mag bedauerlich sein. Noch bedauerlicher allerdings ist die Unfähigkeit der Christenheit, die ihr in der Bibel geoffenbarten Zukunftsbilder hoffnungsstiftend in dieser Welt zu vertreten, sie nachzuzeichnen, nachzumalen und nachzuerzählen.

Damit Zukunft wirklich zur Ressource wird, brauchen wir ein von außen geschenktes, sozusagen »geoffenbartes« Bild.

Vom Bild, das trägt

Weil Jesaja unter den Propheten im Alten Testament Spitzenreiter sein dürfte, was dieses Zukunftsmalen und Zukunftserzählen betrifft, einige Beispiele aus seinem Vorausschauen, seinem »Schauen des Wortes« (Jesaja 2,1) über das, was kommen wird:

Bereits im zweiten Kapitel beschreibt Jesaja, dass eine Zeit kommt, in der Schwerter zu Pflugscharen und Spieße zu Rebmessern geschmiedet werden. Den Krieg »werden sie nicht mehr lernen«. Im neunten Kapitel ist vom Friedefürst die Rede, bei dessen Ankunft in dieser Welt einige Hundert Jahre später, bei der Geburt Jesu, die Engel singen: »Ehre sei Gott in der Höhe, und Frieden den Menschen auf Erden.« Im 11. Kapitel sieht Jesaja, wie »der Wolf und das Lamm einträchtig zusammenwohnen«, ein »kleiner Junge« sich zusammen mit einem Löwen auf der Wiese einfindet, Kuh und Bärin miteinander weiden und der Säugling am Schlupfloch der Otter spielt.

Kaum zu übertreffen, was Jesaja vor Augen hat, wenn er den kommenden Jesus sieht. Mehrmals ist die Rede davon, wie »Blinde sehen, Taube hören, Lahme gehen«. In Kapitel 53 dann schaut Jesaja, wie einer kommt, der Krankheit und Schmerzen der Menschen auf sich lädt, die Strafe trägt und wir Menschen durch seine Wunden geheilt werden. Im 61. Kapitel schließlich wird zusammenfassend erzählt, wie »auf ihm der Geist Gottes ruht«, wie »den Armen frohe Botschaft« und »den Gefangenen Freiheit« verkündet wird. Die Folge: Die »uralten Ruinen«, die »Trümmer vergangener Generationen«, werden wiederaufgebaut und »verwüstete Städte wiederaufgerichtet«. »Fremde« würden »dienen« und für Vieh und

Weinberge sorgen. Wir aber, die Angesprochenen, würde man »Priester des Herrn« und »Diener unseres Gottes« nennen.

Altes und Neues Testament sind voll von solchen Bildern über das Kommende. Diese uns zugesprochenen Bilder reizen und locken unser Denken und Wollen. Ganz am Ende der Bibel sieht der »Seher« Johannes, wie Gott bei den Menschen wohnt, wie Gott »alle Tränen abwischen wird«, wie der Tod nicht mehr sein wird und es »keinen Tod, keine Trauer und kein Weinen und keinen Schmerz mehr geben« wird (Offenbarung 21,4).

Ein Drama, dass Bilder wie die hier beispielhaft erwähnten unter uns ihre steuernde Macht verloren haben. Sie sind entsprechend kaum als Ressource erkannt und genutzt. Doch was wäre, wenn unser Reden, Denken, Urteilen, Bewerten, Entscheiden, Planen und Verhalten vom Künftigen, von Bildern, die uns geoffenbart sind, geleitet, gelockt und gelenkt würden? Verheißungen der Bibel beschreiben, was Gott vorschwebt. Eigentlich unerklärlich, dass sich so wenige Menschen in dieser Welt finden, die sich in all ihrem Überlegen und Handeln schlicht in die Verheißungen »einklinken« und sich darin verankern lassen. Das wären dann Menschen, die nicht von Vergangenheit getrieben sind, nicht gedrängt von gegenwärtiger Unzufriedenheit, sondern angezogen und gelockt von einer Zukunft, die unübertrefflich lebenswert ist. Es scheint, als wäre dies die einzige Möglichkeit, den »zukunftslosen Alten« (Gronemeyer) Hoffnung zu vermitteln. Weit mehr noch: In den Verheißungen wird Zukunft gestiftet: Für die Zeit vor dem Tod, und für die Zeit nach dem Tod. Das ist Trost im eigentlichen und tiefstmöglichen Sinne.

Der Mensch im Alter und seine vier Sehnsüchte

Der Mensch im Alter, so wird immer neu bestätigt, lebt im Grunde genommen in vier Sehnsüchten. Diese sind:

Sehnsucht A: Sicherheit, etwa in den Bereichen eigenes Wohlergehen (Essen, Wärme, Bewältigung von Schmerz …).

Sehnsucht B: Gemeinschaft, betreffend die Beziehungen insbesondere in notvollen Situationen, etwa mit der Frage: Wer ist mit mir, wo sind meine Nächsten/Freunde/Kinder, wenn ich in Grenzsituationen komme oder überfordert bin? Oder werde ich gegebenenfalls in meinem Älterwerden alleingelassen?

Sehnsucht C: Bedeutung, etwa mit der Frage: Was bin ich wert – wozu bin ich nützlich? »Bedeutung haben« ist neben dem Grundbedürfnis nach Nahrung, Sicherheit und menschlicher Nähe das wohl tiefste Bedürfnis des Menschen überhaupt.

Sehnsucht D: Die elementarste, wichtigste und herausforderndste Frage ist die Frage nach Zukunft, die ich sehe oder nicht (mehr) sehe. Tot ist der Mensch, der in der Zukunft keinen Anker hat und damit hoffnungs-los geworden ist. Wo es nur noch Gegenwart gibt, wird diese äußerst zerbrechlich. Es wird fraglich, ob sie zu leben lohnenswert ist.

Die Zukunft – obwohl allein der Nährboden für tragende Hoffnung – ist im Zeitalter der Ressourcenknappheit die aktuell am meisten vernachlässigte Ressource, um lebenswerte Gegenwart zu gestalten. Der Leitsatz: Ohne tragfähiges, im wörtlichen Sinne fundamentales Bild von der Zukunft gibt es keine Gegenwart. Je »bild-ärmer« unsere Zukunft ist, desto anstrengender und mühevoller wird die Gegenwart. Provokativ zugespitzt ließe sich, im Hinblick auf unser Älterwerden, formulieren: Je älter und äußerlich gebrechlicher ein Mensch wird, desto mehr muss gelernt werden, die Ressource Zukunft zu entdecken und zu nutzen. Anders: Je angefochtener und notvoller die Gegenwart ist, desto mehr ist der Mensch auf die Ressource Zukunft angewiesen. Die Zukunft neu sehen zu lernen, dazu ist es nie zu früh.

Beflügelte Gegenwart: Ergebnis mündigen Umgangs mit Vergangenheit und Zukunft

»Ich gehöre zur Generation des unbeschriebenen Blattes. Ich habe keinen Glauben. Ich habe keinen Anschluss an eine Gemeinschaft, ich verfüge über keine Tradition... Ich bin verloren in dieser weiten, weiten Welt. Ich gehöre nirgendwo hin.«
Ein Mensch aus der Musikszene[38]

»Für alles, das war: Danke! Zu allem, das kommt: Ja!«
Dag Hammarskjöld, zweiter UN-Generalsekretär und Friedensnobelpreisträger

Stimmt es, was Peter Sloterdijk, einer der führenden Philosophen der heutigen Zeit, anmerkt? Er meint: »Du kennst die Anfänge nicht, die Enden sind dunkel, irgendwie dazwischen hat man dich ausgesetzt. In der Welt sein heißt, im Unklaren sein.«[39] Es scheint, als wäre dies Normalität und unentrinnbares Schicksal von uns Menschen im 21. Jahrhundert: hineingeworfen in die uferlose Gegenwart, zum ziellosen Strampeln verurteilt.

Die Frage liegt auf der Hand: Wie kommt es, dass wir entspannt, ganz und ungeteilt im Jetzt, befriedet und befriedigend in der Gegenwart leben? Wer behauptet, dass Vergangenheit und Zukunft entscheidend seien, bekommt schnell zu hören, wie unmöglich und unerträglich doch Menschen sind, die fortwährend entweder nostalgisch in der Vergangenheit schwelgen oder schwärmerisch in die Zukunft fliehen und so mit voller Energie die Gegenwart verpassen. Diese Meinung wird in der Tat zahllos in unterschiedlichsten, auch christlichen Büchern und Zeitschriften verbreitet. Die Gegenwart genüge, heißt es da. Wer lerne, ganz und nur in der Gegenwart zu leben, hätte das Glück auf seiner Seite.

Dem ist allerdings zu widersprechen. Es stimmt: Die Gegenwart ist das Beste und Kostbarste, was es gibt. Gelingende, Glück stiftende Gegenwart allerdings setzt voraus, bewusst in und mit Vergangenheit und Zukunft zu leben. Diese sind die entscheidenden, unverzichtbaren Ressourcen zum ungeteilten Leben in dieser Gegenwart. Der Grund: Es gibt kein menschliches Leben ohne Fundament und dem Wissen, woher ich komme, und es gibt kein menschliches Leben ohne Firmament und dem Wissen, wohin ich gehe.

Lebensplanung für Fortgeschrittene. Es geht um das ganz persönliche, ureigene, einzig artige, in der Gegenwart stattfindende Leben in den kommenden 10, 30 oder 40 Jahren. Deshalb gilt: Alle uns zur Verfügung stehenden Ressourcen sind zu nutzen. Die beiden entscheidenden Quellen sind: meine Vergangenheit mit all ihren Erinnerungen, Prägungen und Reichtümern an Bewährtem – und meine Zukunft, vor allem mit alldem, was mir, was uns, verheißen und zugesprochen ist. Wer an diesen beiden Kraft- und Orientierungsquellen vorbeigeht, darf sich nicht wundern, wenn Gegenwart verkommt und »ver-wahr-lost«. Der Aufenthalt in ihr wird dann zum sinnlosen und gequälten Herumirren ohne Antwort auf die Fragen nach dem Woher und Wohin. Gegenwart ist »eine schnell verderbliche Ware«, meint die bereits erwähnte Christine Westermann.

An zwei Stellen wird das Leben in der zwar fragilen und schnell verderblichen, jedoch von Vergangenheit und Zukunft gestützten Gegenwart zur besonderen Chance: zum einen in der ungeteilten Bejahung des Jetzt, und zum andern in der Wahl der Mittel, die ich im Hinblick auf eine befriedete Gegenwart einsetze.

Zu Ersterem, der ganzen Bejahung des Jetzt. In der Gegenwart leben heißt, das sich gerade jetzt ereignende Leben im Muster des Ja zu führen. Leben ist Fragment und bleibt Fragment. Für alle Lebensplanung ist entscheidend, dass das einzelne Fragment – erklärbar oder unerklärlich, Glück spendend oder Leid verursachend, beflügelnd oder niederschmetternd, Hoffnung stiftend oder Schmerz verursachend – im grundsätzlichen Ja zum Leben, neu ein- und zugeordnet wird. Das ist die Herausforderung der Gegenwart, so können wir einen mündigen Umgang führen mit dem, was war, und das ernst nehmen, was uns zugesprochen ist. Wo das Ja zum Jetzt fehlt, finden die Ressource Vergangenheit und die Ressource Zukunft keine Landebahn. Die Ressource Vergangenheit und die Ressource Zukunft helfen, das ganze Ja zur Gegenwart zu finden, und das ganze Ja zur Gegenwart ermöglicht die Nutzung angebotener, bisher ungeahnter Ressourcen aus Vergangenheit und Zukunft.

Diese Herausforderung der Gegenwart und das Ja zu alledem, was sie mit sich bringt, ist nicht leicht, wird man einwenden. Das ist wahr. Doch gerade weil Gegenwart kein Kinderspiel ist, bedarf es der Entlastung in Form versöhnter Vergangenheit und des Vorausblicks auf eine vertrauenswürdige Zukunft. Dies und nur dies macht die Bahn zu einem dankbaren Ja zur Gegenwart wirklich frei.

Drei erhellende Zitate zum Thema Dankbarkeit

»Nicht die Glücklichen sind die Dankbaren, sondern die Dankbaren die Glücklichen.« (Francis Bacon)

»Im Alter heißt die zugewiesene Aufgabe: Reifung durch Versöhnung – sie geschieht durch Dankbarkeit im Rückblick auf das gelebte Leben.« (Erik H. Erikson)

»Das Reifwerden eines Christen ist im tiefsten Grund ein Dankbar werden.« (Friedrich von Bodelschwingh)

Zum Zweiten, zur Wahl der Mittel: Es gibt so etwas wie den Kampf um Zugehörigkeit beziehungsweise den Kampf um den Platz im Leben. Dies wird bei Kindern, aber auch bei älteren Menschen deutlich: »Gehöre ich (noch) dazu? Bin ich noch jemand? Anhand welcher Kriterien wird das gemessen? Oder bin ich bereits abgeschrieben, im Tiefsten nutzlos, gerade noch gut genug, um im Zaum gehalten, genährt und gepflegt zu werden?«

Tief in uns steckt die Sehnsucht, vollumfänglich dazuzugehören.

Tief in uns steckt die Sehnsucht, vollumfänglich dazuzugehören. Der Mensch ist nicht als Einzelwesen, sondern als Gemeinschaftswesen geschaffen. Zugehörigkeit heißt, voraussetzungslos bejaht und akzeptiert zu sein, ohne besondere Leistung, ohne besonderen Ausweis, ohne besonderen Status. Gegenwart ist beseelt von der Frage, ob ich dazugehöre, und welche Mittel mir recht sind, diese Zugehörigkeit zu sichern. Dafür, welche Mittel ich anwende, bin ausschließlich ich selbst, mit allen Bruchstücken meiner Vergangenheit und allen Hoffnungssplittern der Zukunft, verantwortlich.

Uns allen ist klar: Es ist schwer, anderen Menschen uneingeschränkte Zugehörigkeit zuzugestehen. Doch noch viel schwerer, ja, ein echtes Lebensgeheimnis ist es, Zugehörigkeit für sich selbst zu glauben und zu akzeptieren. Die Herausforderung der Gegenwart bedeutet: nicht nur ein ganzes Ja zu mir selbst, zu meinem Dasein und Sosein zu haben, sondern auch ein ganzes und ungeteiltes Ja zur Zugehörigkeit in der Gemeinschaft. Dieses Ja schliesst ungeeignete Mittel wie steter Schrei nach Aufmerksamkeit, Über- oder Untertreibungen, hinterhältige Tricks oder Racheakte aus. Wo dies gelingt, wird Gegenwart von heute zur Ressource der Gegenwart von morgen.

> Gegenwart ist nicht das Zufallsprodukt von Umständen, nicht das Ergebnis undurchschaubarer Kräfte. Gegenwart ist das Ergebnis des mündigen Umgangs mit Vergangenheit und Zukunft.

In der Gegenwart leben wir, um sie kämpfen und ringen wir. Gegenwart ist nicht das Zufallsprodukt von Umständen, nicht das Ergebnis undurchschaubarer Kräfte. Gegenwart ist das Ergebnis des mündigen Umgangs mit Vergangenheit und Zukunft. Ein besonnener Umgang mit Vergangenheit, ein sinniges Bild von der Zukunft: das und nur das wird sicherstellen, dass wir unsere Gegenwart nicht mit Unsinnigem verbringen und sie dabei gewaltsam abtöten, auch nicht im Älterwerden.

Wie, so steht die Frage im Raum, werden wir vor diesem Hintergrund unser Leben planen? Wie werden wir konkret vorgehen, wir als Babyboomer, und mit uns die Generation 68 und die Generation Golf? An welchen Orientierungspflöcken und welchen Eckpfeilern orientieren wir uns auf der Reise in das uns bisher nur wenig vertraute Land Alter? Was reizt und lockt uns? Was macht Alter attraktiv? Was lässt uns die Widerstände gegen das Älterwerden aufgeben? Was macht Lebensplanung bei uns als Fortgeschrittenen zum abenteuerlich befreienden und beflügelnden Ereignis und Erlebnis?

KAPITEL 6
DAS LAND ENTDECKEN – ECKPFEILER EINES ERFOLGREICHEN ABENTEUERS

»Die weißen Flecken auf der Landkarte Afrikas sind längst verschwunden, aber inmitten der Landkarte unserer Gesellschaft ist ein großer weißer Fleck entstanden: Das unbekannte Land des Alterns.«
Reimer Gronemeyer[40]

»Sie haben Augen und sehen nicht, Ohren und hören nicht, Hände und greifen nicht, Nasen und riechen nicht, Füße und gehen nicht.«
Psalm 115,5-7, Altes Testament

Das Leben ist eine Baustelle, empfinden (fast) alle, die einen Moment innehalten. Trotz allen Versuchen stellt sich die Vergangenheit quer. Misslungenes, Spuren falscher Entscheidungen, belastende Beziehungserinnerungen und anderes machen das Leben schwer. Die Zukunft reizt und lockt auch nicht immer. Resignation zieht ein, und die Gegenwart wird ziemlich anstrengend.

Ratschläge haben wir in unserem Leben bereits genug abbekommen. Die einen taten weh, die andern waren einfach dumm, noch andere bewirkten zwar ein schlechtes Gewissen, halfen aber nicht wirklich. Im Folgenden werden wir nichts anderes versuchen, als die Randbedingungen des mündigen Älterwerdens –

besonders von uns Babyboomern – darzustellen. Eckpfeiler und Orientierungspflöcke werden sichtbar gemacht. Innerhalb dieser Grundorientierung geht es darum, Neuland zu entdecken, sich im Älterwerden zu bewähren und ein Vermächtnis zu hinterlassen. Die Eckpfeiler im Überblick:

Abbildung 3: Eckpfeiler zum mündigen und gelungenen Älterwerden

»Wie es Ihnen wohl so geht, unter uns Alten?«, fragte eine recht aufgeweckte 90-Jährige den jungen Altenpfleger. »Das ist doch nur eine Frage der Anschauung«, mischte sich ein 85-jähriger Mann scheuklappenfrei ein, »ich werde immer jünger.« Das war eine Szene, über die wir in der Folge öfter sprachen und nachdachten. Gibt es im Alter nur das äußere, körperliche »Abnehmen«? Gibt es überhaupt nur das Äußere, Sichtbare, Messbare? Gründet sich darin alles, was wir haben? Wer sind wir? Was erschreckt und blockiert uns? Was ergibt Sinn? Was lässt uns, und damit unser Umfeld, durch- und aufatmen?

Die Innen- und Außenseite des Lebens –
von ablaufender und anlaufender Geschichte

»Es ist bekannt, dass alle menschlichen Dinge... von innen
ein anderes Gesicht haben als von außen: Man sieht
den Tod und findet das Leben; man sieht das Leben
und sieht den Tod.«
Erasmus von Rotterdam[41]

Die Schöpfung, in der wir uns befinden, lebt von Spannungsver-
hältnissen: Ohne Plus und Minus gibt es keinen Strom, ohne Sonne und Regen kein Gedeihen in der Natur, ohne Arbeit und Ruhe
keine Kultur, ohne Mann und Frau keine Kinder. Könnte es sein,
dass es ohne derartige Spannungsverhältnisse generell kein Leben
gibt? Könnte es sein, dass alles Leben von Grund auf zwei Seiten
hat – auch kommendes Leben, auch älter werdendes Leben? Liegt
es nicht nahe, dass alles Leben ein Außen und ein Innen, etwas
Ablaufendes und etwas Anlaufendes besitzt, vielleicht etwas Irdi-
sches und etwas Himmlisches?

Es berührt, bewegt und mag irritierend wirken, wenn wir vom
bereits erwähnten Musikgenie Johann Sebastian Bach hören, wie
er von einer »Ordnung des Todes« und von einer »Ordnung des
Lebens« ausging. Noch tiefer liegende Gegensätzlichkeiten und
Spannungsverhältnisse lassen sich wohl kaum denken. Damit, und
das muss besonders hervorgehoben werden, ist nicht etwa gemeint,
dass es eine Zeit der »Ordnung des Lebens« und danach, also später mal, eine »Ordnung des Todes« gibt. Nein, diese Ordnungen
greifen ineinander, rivalisieren geradezu, stehen im Widerstreit,
ereignen sich zur gleichen Zeit, im selben Moment. Natürlich: Wir
reden von Natur aus gern von der Ordnung des Lebens, wie sich
Leben entfaltet, wie Leben frei vom Tode bleibt. Und es macht uns
Mühe, wenn sich Tödliches ins Leben einmischt, wenn sich Boten
oder Vorboten des Todes, sprich Krankheit, Schwäche, Leid, Gebre-

chen, Einschränkungen und anderes bemerkbar machen. Irgendwie spüren und merken wir, auch wenn uns das unangenehm ist: Eine andere Ordnung, nicht die »Ordnung des Lebens«, macht sich ungewollt und unkontrollierbar breit – mitten im Leben und mitten ins Leben hinein.

Nicht anders scheint, überraschend oder nicht, im Neuen Testament argumentiert zu werden. Auch hier ist, fast könnte man sagen »laufend« von ineinander verwobenem Leben und Tod, Leid und Frohmachendem die Rede. Zugespitzt finden wir vieles im zweiten Korintherbrief. Hier beispielsweise ist die Rede vom »Schatz im irdenen Gefäß« (2. Korinther 4,7; L) oder noch spannender und überraschender: die Rede vom äußeren und vom inneren Menschen. Im Hinblick auf unser Leben und unvermeidbares Älterwerden hält diesbezüglich der besonders in diesem Brief zutiefst ehrliche und authentische Paulus fest, dass »der äußere Mensch zerfällt und zugrunde geht«, dass sich aber »der innere Mensch von Tag zu Tag erneuert« (2. Korinther 4,16; L). Das ist eigenartig, doch für den Apostel ist genau dieser Gegensatz von Äußerem und Innerem des Menschen der entscheidende Grund, »nicht mutlos« zu werden. Das irdene, zerbrechliche Gefäß ist Wirklichkeit, allerdings nicht ganz so bedeutungsvoll und tragisch, wie wir oft meinen. Entscheidend vielmehr ist der Schatz, der sich im irdenen Gefäß befindet. Oder anders formuliert: die Ordnung des Lebens, die sich explizit in der Ordnung des Todes ereignet und durchsetzt. In der Tat ein bedenkenswerter Eckpfeiler auf dem Weg des Älterwerdens. Einzigartig Hoffnung stiftend.

»Wenn auch unser äußerer Mensch verfällt, so wird doch der innere von Tag zu Tag erneuert.« (2. Korinther 4,16)

Noch nicht wirklich fassbar? Gelegentlich, vor allem wenn es um Hoffnung geht, wird folgende Geschichte erzählt: Eine ältere Dame, Mutter eines heiß geliebten Sohnes, erinnert sich überaus gern an die vielen schönen Erfahrungen mit ihrem Sohn. Sie, könnte man sagen, verklärt alles, was war: seine Liebenswürdigkeit in der Wiege, seinen ersten Schultag, das Abiturzeugnis, die bestandene Hochschulprüfung, den Einstieg in den Beruf und, last but not least, die wunderbare Hochzeit. Das Allerschönste, klar, wäre gewesen, wenn dieser Sohn zusammen mit seiner Frau bei ihr, der alleinstehenden Mutter, eingezogen wäre. Doch, welch ein Schreck, nach Neuseeland sind sie ausgewandert. Immer ferner wird das, was war, und immer weiter weg, was ist. Abgelaufene Geschichte, vorbei. Nun aber kommt eines Tages eine Karte mit dem Inhalt: »Mama, am 30. Oktober« – es war gerade Mai – »werden wir kommen. Auch unser Neugeborenes wird dabei sein. Mama, freu Dich!« Die ablaufende Geschichte wird ergänzt. Es kommt mit Wucht eine anlaufende Geschichte dazu, etwas, das wird, etwas, das kommt. Die ältere Dame kann nicht anders, als die Karte auf ihren Nachttisch stellen, gut und immer sichtbar. Nicht das Vergangene, sondern das Kommende gewinnt an Bedeutung. Ja, die anlaufende Geschichte lässt die ablaufende Geschichte buchstäblich in den Hintergrund treten, sie verwebt sich in die ablaufende Geschichte. Letztere, trotz ihrer Allgegenwärtigkeit immer weniger existent, mit immer weniger Relevanz. Anlaufende Geschichte: immer bedeutungsvoller, immer wichtiger, immer mehr im Vordergrund.

Nicht das Vergangene, sondern das Kommende gewinnt an Bedeutung. Ja, die anlaufende Geschichte lässt die ablaufende Geschichte buchstäblich in den Hintergrund treten.

Eckpfeiler Nummer 1 im Zusammenhang unserer Entdeckungsreise zu wirklich befreiend-befriedigendem, zukunftsweisendem Älterwerden: die Selbstverständlichkeit der Erneuerung des inneren Menschen trotz des zerfallenden äußeren Menschen, die Selbstverständlichkeit der Ordnung des Lebens trotz Bedrohung durch die Ordnung des Todes. Hans-Joachim Eckstein, Professor für Neues Testament in Tübingen, bezeichnet das als die »anlaufende« Geschichte im Leben eines Menschen. Und dies gerade dort, wo doch eine Geschichte auf der sichtbaren Ebene abläuft und zu Ende zu gehen scheint. Anlaufende Geschichte relativiert im besten Sinne des Wortes die ablaufende Geschichte. Verkehrte Welt? Nein, bloß neu geordnete Welt. Die Annahme kann gewagt werden: Die Frau, die den Besuch aus Neuseeland erwartet, wird nicht älter, sondern jünger.

Was nun, lässt sich im Zusammenhang mit diesen »Selbstverständlichkeiten« fragen, sind denn die Merkmale dieses »Schatzes im irdenen Gefäß«, dieses »inneren Menschen«, dieser »anlaufenden Geschichte«, dieser »Ordnung des Lebens«? Zugegeben: Definitionen fallen in diesem Bereich schwer. Leichter ist es, zu erahnen, was jemand meinen könnte, wenn er etwa sagt: »Dieser Mensch hat ein unendlich großes und weites Herz.« oder: »Ein Mensch voller Vertrauen und Zuversicht« oder: »Nichts vermochte es, ihn aus der Haltung der Dankbarkeit zu reißen.« oder: »Seine Worte, immer neue Worte der Weisheit und Reife.« oder: »Zum Wegschauen, wenn man ihr Äußeres sah, aber in ihr eine unendliche, zutiefst wohltuende Schönheit, eine echte Perle«. Hier wird offensichtlich: Dies alles sind Merkmale des inneren Menschen.

Als Gesellschaft des 21. Jahrhunderts lieben wir das Messbare, die Statistik, die Zahlen. Mit Gemessenem erklären wir, und mit Gemessenem sagen wir Kommendes voraus. Und doch: Wird dies alles sein, was Leben lebenswert macht? Nein, werden wir sagen, darum geht es nicht, kann es nicht ausschließlich gehen. Mündigkeit und Reife rechnet fundamental mit einer andern, sehr viel existenzielleren, tragfähigeren und nachhaltigeren Dimension des Menschen. Diese Dimension wird nicht laut, nicht grell, drängt sich nicht auf.

Wer gern tiefer nachfragt, findet hierzu in der Bibel reichlich Stoff. Beispiele: »Wann kommt das Reich Gottes?«, wird Jesus gefragt. Er antwortet: »Das Reich Gottes ist inwendig in euch!« (Luk. 17,20-21). Weiter etwa die Stelle, in der der Apostel Petrus die Schönheit des inneren Menschen, in erster Linie der Frau, beschreibt. Er erklärt, dass der Schmuck nicht äußerlich sein soll, sondern: »Der verborgene Mensch des Herzens« ist »unvergänglicher Schmuck« (1. Petrus 3,3-4; L). An einer Stelle spricht der Apostel Paulus von der »Liebe Gottes«, die »in unsere Herzen« ausgegossen ist (Römer 5,5; L). Dies ist letztlich der entscheidende Bestandteil des inneren Menschen. Dass Christus in uns wohnt, ist schließlich die unübertreffliche Botschaft des Neuen Testaments, die allerdings stets in Gefahr ist, bloß oberflächlich und leichtfertig zitiert zu werden und dann auch kaum die Tiefendimension des unsichtbaren, verborgenen, aber umso tragfähigeren inneren Menschen hervorheben zu können.

In einem Umfeld, das diese Dimensionen benennt und kennt, ist es nicht abwegig, vielmehr Bestandteil der Normalität, wenn Menschen sagen, dass sie sich auf das Älterwerden freuen. Es ist nicht abwegig, wenn jemand im Brustton der Überzeugung am Frühstückstisch sagt, er fühle sich immer jünger, auch wenn er zunehmend langsamer und unselbstständiger wird. Es ist nicht abwegig, wenn jemand bekennt, dass er im Pflegewohnheim Erkenntnisse hat, die ihm bisher verborgen geblieben sind und die er um keinen Preis missen möchte. Es ist nicht abwegig, wenn jemand sagt, dass er, obwohl er immer sehschwächer wird, mit den Augen des Herzens immer deutlicher sieht. Es ist nicht abwegig, wenn jemand plötzlich etwas schätzt, was er immer in seinem Leben verabscheut hat: Einfaches und Einfältiges.

Vom »Paradox des Wohlbefindens« sprechen die Autoren Perrig-Chiello und François Höpflinger. Leben, auch älter werdendes Leben, ist nicht einlinig, nicht eindimensional, vielmehr hat befriedetes Leben etwas Paradoxes an sich. Es geht neben dem Messbaren um Dimensionen, die nicht mit dem äußeren Auge wahrnehmbar sind. Es geht um Wirklichkeiten, die man »nur mit den Augen des Herzens« (Saint-Exupéry) sehen kann. Wir brauchen eine Sehschule, damit die Innenseite des Lebens jenen Raum bekommt, der ihr zusteht.

Das Leben in gesunder Identität

Wer bin ich? Sie sagen mir oft,
ich träte aus meiner Zelle
gelassen und heiter und fest
wie ein Gutsherr aus seinem Schloß....
Bin ich das wirklich, was andere von mir sagen?
Oder bin ich nur das, was ich selbst von mir weiß?
Unruhig, sehnsüchtig, krank, wie ein Vogel im Käfig, ...
müde und leer zum Beten, zum Denken, zum Schaffen,
matt und bereit, von allem Abschied zu nehmen?...
Wer bin ich? Der oder jener?
Bin ich denn heute dieser und morgen ein andrer?
Bin ich beides zugleich? Vor Menschen ein Heuchler
und vor mir selbst ein verächtlich wehleidiger
Schwächling?...
Wer bin ich? Einsames Fragen treibt mit mir Spott....
Wer ich auch bin, Du kennst mich, Dein bin ich, o Gott!
Dietrich Bonhoeffer, 1944 im Tegeler Gefängnis [42]

Wer bin ich? Wer darf ich sein? Wer will ich sein? Was macht mich aus? Dies sind wohl die tiefsten Fragen in uns Menschen. Bibliotheken von Büchern findet man zu dieser Frage. Kaum eine Ausgabe der jahrzehntealten Zeitschrift »Psychologie heute«, die nicht irgendwie die Frage nach unserem Selbstverständnis, unserem Selbstbild, unserem Selbstbewusstsein, unserem Selbstwert – oder eben: unserer Identität berührt.

Wenn wir genauer hinschauen, wie Menschen ihre Identität aufzubauen versuchen, fallen uns fünf Wege auf:

Weg Nr. 1: Identität ableiten

»Meine Frau ist Ärztin«, sagte ein nicht besonders redegewandter Mann um die 60. Jeder wusste: Das gibt Wert, das macht den Mann zum Mann, der er angeblich ist, das vermittelt Wichtigkeit. »Mein Sohn leitet eine Firma mit 35 Mitarbeitern und Mitarbeiterinnen.« Wer diese Aussage zum vierten oder siebten Mal hört, weiß: Diese Frau »ist jemand«, weil ihr Sohn »jemand« ist. Wie zerbrechlich diese »abgeleitete Identität« ist, liegt auf der Hand: Was, wenn Sohn oder Tochter auf Distanz gehen? Was, wenn die Beziehung strapaziert wird? Was, wenn Sohn oder Tochter nicht mehr bringen, was Vater und Mutter derart beeindruckt?

Weg Nr. 2: Sich fremder Identität anschließen

»Ich kenne ihn auch, Herrn X, Vorstandsvorsitzender der Firma Y«, betonte Frau Z. Und Herr Q. meinte: »Herr R. sagt längst, und das ist auch meine Meinung, dass ...« Herr Q. sagt dies in der Annahme, dass man ihm wesentlich schneller Glauben schenkt, wenn er Herrn R. zitiert. Bekannte Persönlichkeiten aus Gegenwart und Vergangenheit dienen als Aushängeschild. Sie schützen. Sie machen unangreifbar. Weil ich sie »habe«, »bin ich wer«.

Weg Nr. 3: Verschriebene Identität übernehmen

Am Tonfall war es zu erkennen. Er oder sie war mehr, weil im Nachname ein »von« stand: *Von* Wartenweiler, *von* Tobel, *von* Rosenberg, ... Wer aus bestimmtem Hause ist, benimmt sich so, ja, der ist »anders als die anderen«. Und, etwas umfassender: »Wer Kommunist ist«, »wer Christ ist«, der ist stets »solidarisch«, »lieb«,

»kämpferisch« oder »rücksichtsvoll«. Doch bin ich das? Bin ich das wirklich? Hier wird Selbstbewusstsein aufgedrängt. Die eigene Rolle zu leben, ist ein Muss: Wenn du das tust, gehörst du dazu, dann »bist du wer«, wenn nicht, dann nicht. Fallen jedoch Kontrollinstanzen im Leben weg, zeigt sich die Leere, die sich hinter dem steten Sich-Anschließen an verschriebene Identität verbirgt.

Weg Nr. 4: Sich Identität erarbeiten

»Ich bin, was ich habe«, »ich bin, was ich leiste«, »ich bin, was ich kann«. So oder anders lautet die ehrliche, wenn auch nicht öffentlich zitierte Umschreibung der eigenen Identität vieler Zeitgenossen. Diese müssen sich rechtfertigen für das, was sie sind. Bedeutung hat nicht, was ich bin. Bedeutung hat (und gibt mir), was ich vorweisen kann: meine Zertifikate, mein Status, das im Leben Erreichte. Dafür erhalte ich Bestätigung und Anerkennung. Ich bin, was ich (erreicht) habe. Doch trägt dies? Wirklich? Auch in dunklen Momenten des Lebens?

Weg Nr. 5: Identität des Momentes

Der postmoderne Mensch ist flexibel. Warum immer der Gleiche? »Hier stehe ich, ich kann auch anders«, wird satirisch in Anlehnung an den alten Luther angemerkt, der gesagt haben soll: »Hier stehe ich, ich kann nicht anders.« Wer bin ich? Ich bin der, der in jedem Moment der sein kann, der er sein möchte oder sollte: im richtigen Moment das richtige Zitat, im richtigen Moment das richtige Kleid, im richtigen Moment das richtige Gesicht. Ich bin, was ich im Moment bin, mal so und mal ganz anders. Hier spricht man auch von einer Patchwork-Identität, von der Identität des Momentes.

Die Alternative: Zugesprochene Identität

Wir ringen. Junge Leute ringen, alte Menschen ringen. Erfolgreiche ringen, und Gescheiterte ringen. Wo findet sich Tragfähiges? Wo ist Identität zu finden, die auch in notvollen, schmerzhaften, krisenbehafteten Situationen trägt und bleibt?

In einem Workshop deutete jemand an, wie satt er es habe, dauernd um seine Identität bemüht sein zu müssen. Natürlich: Die Frage »Wer bin ich?« sei auch für ihn elementar. Doch, so fragte er, hängt diese Identität wirklich von ihm selbst ab? Wie die zuvor erwähnte tragfähige Zukunft müsste doch auch das, was wir Identität nennen, von außen zugesprochen sein.

Wir überlegten. Tatsächlich hat auch Jesus, dieser von einem Menschen geborene Gottessohn, sich seine Identität nicht selbst aufgebaut. Wer, wenn nicht er, brauchte eine Identität, die in schrecklichsten Momenten tragfähig sein musste? Was hatte, so fragte der Mann im Workshop, dieser Mensch Jesus, dass er im Garten Gethsemane, als die Soldaten ihn gefangen nahmen, Zeit und Aufmerksamkeit für die Heilung eines abgeschlagenen Ohres beim lebensbedrohlichen Gegner hatte? Was hatte dieser Mensch Jesus, dass er in lebensbedrohlicher Situation von Herzen sagen konnte: »Nicht mein, sondern dein Wille geschehe«? Was hatte er, dass er noch am Kreuz seine Mitgekreuzigten im Blick hatte und – zumindest dem einen – eine elementare Hoffnung für die Zeit nach seinem Tod stiftete?

Im Grunde war die Antwort einfach. Die Identität, die Jesus hatte, war eine »zugesprochene Identität«. Es war, so lesen wir an mehreren Stellen des Neuen Testamentes, der Vater im Himmel, der ihm zugesprochen hatte: »Du bist« – »Du bist mein geliebter Sohn. An dir habe ich große Freude« (Markus 1,11). Jesus also, der Mensch, der aus zugesprochener Identität lebt. Das

Die Identität, die Jesus hatte, war eine »zugesprochene Identität«.

war Grundlage, besonders für eine heikle, existenzbedrohliche, eigentlich nicht zu bewältigende Zukunft.

Und wir? Von Martin Buber, dem einzigartigen jüdischen Philosophen des 20. Jahrhunderts, wissen wir, dass das »Ich« des Menschen »am Du zum Ich wird«. Identität also wird nicht aus dem Menschen selbst geboren, sondern aus dem Gegenüber, dem Du. Dieses Du ist es, das mir Identität zuspricht (oder sie mir verweigert). Zwei Beispiele, zunächst weit voneinander liegend.

Es war das Standardlied an den Geburtstagsfeiern unserer Kinder: »Du bist Du«. Im Refrain: »Du bist gewollt, kein Kind des Zufalls, keine Laune der Natur, ganz egal, ob du dein Lebenslied in Moll singst oder Dur. Du bist ein Gedanke Gottes, ein genialer noch dazu. Du bist du, das ist der Clou, du bist du. Ja, du bist du.«[43] Das zweite Beispiel: Tief in den eigenen Gedanken versunken, saß die gut 95-jährige Frau im Rollstuhl. Kein Wort, keine Berührung schien sie zu erreichen. Doch bei einem Satz hat sie ihren Kopf gehoben und gelächelt, wie wir es nie für möglich hielten. Es war in dem Moment, als von einem von uns der Satz fiel: »Frau X, Sie sind eine wunderbare Frau. Wir mögen Sie. Ihre Herzlichkeit ist eine Ermutigung für uns alle. Danke!« Ein einzigartiger Moment für die erwähnte Frau, aber auch für uns Anwesende.

Was nun ist die tragende Identität, die wir brauchen, um uns im Abenteuer Älterwerden zu bewähren? Es ist jenes Bewusstsein, das uns erlaubt, auch in größten Frustrationen im Frieden zu bleiben.

Dazu nochmals ein Erlebnis: Es war auf einem Jugendcamp, als ein Leiter uns in unserem Innersten testen wollte. An einem regnerischen Tag wussten wir nichts Besseres zu tun, als in der 3-stündigen Mittagspause ein 2 000-Teile-Puzzle zusammenzusetzen. Wir haben es geschafft. Das Seminar um 16.00 Uhr fand im gleichen Raum statt, in dem das fertige Puzzle bewundert werden konnte. Diese Bewunderung erwarteten wir dann auch, als im

Laufe der Ausführungen dieser Leiter auf das Puzzle zuging. Wir hielten den Atem an: Kein lobendes Wort, keine Anerkennung, sondern eine grobe Bewegung, und die 2 000 Puzzleteile lagen verstreut am Boden. Kein Versehen, nein, Absicht war das. Wie wir wohl reagieren würden? Ob es uns gelänge, im Frieden zu bleiben? Er provozierte uns.

Trägt die Identität, die wir in uns haben? Taugt das Selbstverständnis, das wir pflegen? Wird unser Selbstbild der Wirklichkeit gerecht? Genügen unser Selbstbewusstsein und unser Selbstwert, um frustrierenden Herausforderungen standzuhalten?

Ein starker Eckpfeiler, um eine Zukunft zu gewinnen, ist die gesicherte Identität. Wer sie hat, muss nicht mehr stets von sich selbst reden, an sich denken, die ganze Welt auf sich beziehen. Wer sie hat, kann sich vergessen. Dies ist der Grund, weshalb Rudolf Dreikurs keck formuliert: Wir leben in einer »neurotischen Gesellschaftsordnung«, in der »jeder glaubt, dass er dazu da ist, seine Wichtigkeit und Überlegenheit zu beweisen... Nur wer sich vergisst, kann sich finden.«[44] Wahre Identität lässt es zu, sich selbst zu vergessen. Nach Dreikurs: Genau dieser Mensch wird fähig sein, »seinen Beitrag zum Leben zu geben«. Nicht Passivität oder Gleichgültigkeit ist die Folge, sondern jener Beitrag zum Leben, den das Leben von ihm fordert.

> Wer eine gesicherte Identität hat, muss nicht mehr stets von sich selbst reden, an sich denken, die ganze Welt auf sich beziehen.

Den Urfeinden des Älterwerdens widerstehen: Gegenwartsoptimierungswahn – Jugendwahn – Selbstbestimmungswahn

»Die Ältesten sind die Zufriedensten«, so die Medienmitteilung des Statistischen Amts, veröffentlicht durch den Regierungsrat des Kantons Zürich am 22.3.2013. 84 Prozent der Menschen im Pensionsalter würden sich als »sehr zufrieden« bezeichnen. Sie also sind die Glücklichen.

Das lässt sich nutzen, davon lässt sich profitieren, sagt sich der angeblich Kluge. Kein Markt boomt dementsprechend so sehr wie jener des Glücklichmachens beziehungsweise des Noch-glücklicher-Machens alter Menschen. Die Wirtschaft weiß: Profit bringt, was Können steigert, Schönheit fördert und Fitness befeuert. Umworben, ja berieselt wird man mit der Botschaft, wie entscheidend wichtig genussvolle Gegenwart, Jugendlichkeit und Eigenregie sei.

Drei Fallen zeigen sich entsprechend auf dem Weg zum Älterwerden. Es ist unverzichtbar, diese Fallen vor Augen zu haben. Wer die Fallen zu meiden weiß, ja, wer das Gegenprogramm kennt, der kennt die Wege ins mündige, reife und weise Älterwerden. Die Fallen sind: der Gegenwartsoptimierungswahn, der Jugendwahn und der Selbstbestimmungswahn.

Der Gegenwartsoptimierungswahn

Im Jahr 1992 erschien das weit über die soziologische Fachwelt hinaus zur Kenntnis genommene Buch »Die Erlebnisgesellschaft« von Gerhard Schulze. Das Leben ist, so Schulze aufgrund vieler Studien, zum Erlebnisprojekt geworden. Die beste aller Welten ist nicht die Welt von gestern oder morgen, sondern exklusiv die

Welt von heute, von jetzt. Kulisse und Ermöglichung des Glücks ist allein die Gegenwart. Wirklichkeit mit all ihrer Weite und Tiefe misst ihren Wert im aktuellen Erlebniswert und Erlebnisgewinn. Was Erlebnis und Spaß nicht steigert, gilt als unnütz und damit über kurz oder lang als unwirklich, als Nicht-Wirklichkeit. Maßstab erfüllter und lohnenswerter Lebenswirklichkeit ist allein die ge- und erlebte Gegenwart.

Der daraus abgeleitete Imperativ ist offensichtlich: Mache die Gegenwart stimmig, dann steht dir das Optimum an Lebensqualität zur Verfügung! Kürzer: Optimiere die Gegenwart, dann hast du optimales Leben!

Eine konsequente Frage dann, nicht nur beim Arzt, sondern auch in der schlaflosen Nacht: Wie lange habe ich noch zu leben? Gemeint ist: Wie lange kann ich noch so leben, wie das Leben Freude, Spaß und Lust bereitet? Eine echte »Unsinnsfrage« sagt Christine Westermann zu Recht. Eine Falle, muss man sagen. Denn das ist klar: Die Reduktion des Lebens auf die Gegenwart kommt der Abschaffung des Lebens gleich. Leben bedarf immer des Horizontes über sich hinaus, und Leben bedarf immer neben Freude, Spaß und Lustbefriedigung auch die Bejahung von dem, woran Leben von Geburt bis zum Tod reift: Dem Widerstand, dem Leid, der Not, dem Schweren, dem Nichterwünschten. Könnte es sein, dass verschiedene Menschen recht haben, wenn sie von »dementer Gesellschaft« oder von einem »Jahrhundert der Demenz«[45] sprechen, in das wir hineinstolpern? Demenz nämlich entfernt, wie wir später noch feststellen werden, Vergangenheit und Zukunft aus dem Leben. »Dementes Leben« findet ausschließlich in der Gegenwart statt. Dass es genügt, Gegenwart zu optimieren, ist eine der wahnhaften Vorstellungen zu Beginn des 21. Jahrhunderts. Eine echt demente Angelegenheit, muss schrecklicherweise eingestanden werden.

Die Reduktion des Lebens auf die Gegenwart kommt der Abschaffung des Lebens gleich.

Gegenwartsoptimierungswahn. Es ist zum Verzweifeln, und wir werden verzweifeln. Weder mit Medikamenten noch mithilfe technischer Geräte noch mit stets neuen Differenzierungen im Lebens- und Altersmanagement werden wir jene Dimensionen des Menschseins wirklich fördern, die Leben sinnvoll und lebenswert machen. Eher im Gegenteil: Wir decken Leben zu. Und schließlich sitzen wir mehr und mehr dem ruinösen Gedanken auf, das Leben gegebenenfalls beenden zu können, wenn die Gegenwart sich nicht mehr optimieren lässt. Wo Gegenwartsoptimierung nicht in einen übergreifenden Rahmen gesetzt wird, wird sie lebensfeindlich und lebenszerstörend, im Hinblick auf das Älterwerden destruktiv, letztlich sinn- und hoffnungstötend. Gegenwart ist wichtig und wert, beachtet zu werden, aber nur in einem sie übergreifenden und relativierenden Rahmen. Alles andere trägt wahnhafte, krankhafte, »demente« Züge.

Der Jugendwahn

Absurdistan lässt grüßen: Alter ist normal, immer normaler und immer häufiger. Trotzdem: Ganz tief in unseren Köpfen hat sich der Gedanke festgekrallt, dass Alter keine eigene Größe ist, sondern nur unter dem Gesichtspunkt Jugend zu sehen und zu verstehen ist. Wir beschreiben nicht, was der Jugendliche im Unterschied zum 80-Jährigen noch nicht hat und kann, sondern was der 80-Jährige im Vergleich zum 20-Jährigen nicht mehr hat und kann. Referenzpunkt unseres Denkens und Handelns ist Jugend und Jugendlichkeit. Das heimliche Idol: Der 80-Jährige auf dem Surfbrett oder die Hanteln stemmende Oma im Fitnesszentrum. Alter ist, wenn es zuschlägt, entsprechend ein »Störfall«, vom Defizit her definiert. Man fantasiert davon, cool, fit und bis zum Tod unabhängig zu sein. Wehe, die Jugendlichkeit kommt abhanden!

Das Wahnhafte dabei: Alter wird zur Nicht-Realität, zur Wirklichkeit, die nicht sein darf. Man will lieber verleugnen statt bejahen lernen, weil es, wie so oft, einfacher ist, gegen etwas zu sein als für etwas. Dass Fitness- und Anti-Aging-Industrie heute derart boomen, ist nur Symptom dieser wahnhaften Wirklichkeitsverweigerung. Der Preis allerdings ist hoch. Von moderner Sklaverei ist die Rede und davon, dass, wer im Alter landet, im Leben etwas falsch gemacht hat. Logisch die empfundene Minderwertigkeit, wo die Messlatte in unerreichbare Höhe gelegt ist, logisch die Depression, wenn die letzte Wunderwaffe Schönheitsoperation keine Abhilfe verspricht und definitive Zeichen verblassender Jugend sichtbar werden.

Wie tief muss eine Gesellschaft gefallen sein, wenn sie versucht, ein Drittel ihrer Bevölkerung nur aus dem Blickwinkel eines knappen Fünftels beziehungsweise Achtels dieser Gesellschaft heraus definieren zu wollen? Laut UNO gelten 18 Prozent der weltweiten Bevölkerung als Jugendliche; in Europa beträgt der Anteil 12 bis 15 Prozent, je nach Rechnungsart. Alter, und das wäre der Kontrast zur mehr oder weniger deutlichen Verabsolutierung von Jugend als Ausgangspunkt allen Denkens und Handelns, ist eine eigene Größe, eine Größe mit eigener Daseinsberechtigung, eine Größe mit eigener Stärke, eine Größe mit eigenem Maßstab und eine Größe mit eigener Würde und eigenem Wert. Gut, dass wir inzwischen merken, dass wir mit der Propagierung der Frührente eine gewaltige Fehlentscheidung getroffen haben. Gut, dass viele Betriebe merken, was ihnen entgeht, wenn sie Alte als Potenzial verkennen, und gut, wenn aktuell bereits Pensionierte zumindest im Schulbereich und für Sprachunterricht im Bereich des maßlos überforderten Flüchtlingswesens »zurückgeholt« werden. Dies sind Anzeichen zur

> Alter ist eine eigene Größe, eine Größe mit eigener Daseinsberechtigung, eine Größe mit eigener Stärke, eine Größe mit eigenem Maßstab und eine Größe mit eigener Würde und eigenem Wert.

Überwindung dessen, was wir mit Jugendwahn bezeichnen – und erste Anzeichen dafür, wie wir die Herausforderungen des 21. Jahrhunderts generationenübergreifend, mit je starken Generationen in unterschiedlichen Lebensabschnitten, bewältigen werden.

Der Selbstbestimmungswahn

Eine weitere irrige Meinung scheint mehr denn je vorzuherrschen. Sie lautet: Glücklich ist, wer über sein Leben selbst bestimmt. Die Würde des Menschen, so wird gefolgert, besteht darin, dass ein Mensch selbst über sein Leben, seine Lebensweise und seine Art, in Gemeinschaft zu leben, bestimmen kann. Daraus folgt: Am Ende will jeder selbst darüber bestimmen, wann er genug vom Leben hat und dieses Leben beenden möchte.

Die Geschichte der ersten Hälfte des vergangenen Jahrhunderts hat zur Genüge gezeigt, zu welch menschenverachtendem Handeln Fremdbestimmung führen kann. Das Wahnhafte, das Wahn-Sinnige, das heute nicht Nachempfindbare von damals ist in der Tat verachtenswert. Bloß: Blind ist, wer dem Wahn des Gegenteiligen verfällt. Das Fatale daran ist, dass Selbstbestimmung heute für uns ein völlig logisch erscheinender Wert zu sein scheint. Ist es nicht Liebe, so wird argumentiert, dem anderen Freiheit der Entscheidungen zu lassen? Zeugt es nicht von Hochachtung, wenn der andere selbst entscheiden darf, welches Leben er wie führen möchte? Und ja, sagt uns die christliche Überzeugung, es ist doch geradezu Anliegen Gottes, uns selbst bestimmen zu lassen, wie wir leben wollen. Liebe drängt sich niemals auf. Scheinbar also völlig okay, den Wert der Selbstbestimmung über alle andern Werte zu erheben. Scheinbar völlig begründet, diesen Wert als Leitinstanz zu behaupten, wenn es um Würde des und Liebe zum Menschen geht. Wo bloß ist das Wahnhafte?

Das Wahnhafte besteht wie immer, wenn es um Wahnhaftes geht, in der Loslösung aus der Wirklichkeit statt der Einordnung in die Wirklichkeit. Glaube ist, so sagte der Psychologe und Psychiater Werner Huth, Annehmen der Wirklichkeit. Ideologie bedeutet Ausklammern der Wirklichkeit. Wahn ist Umbau der Wirklichkeit. Im Bereich der Selbstbestimmung, aktuell besonders in der Debatte rund um Sterbehilfe, wird die Wirklichkeit so umgebaut, als hätte der Mensch uneingeschränkte Kompetenz, über seine Art zu leben, selbst zu entscheiden. Der Fundamentalirrtum, das Wahnhafte dabei: Der Mensch überschätzt sich maßlos. Wer mit Menschen, gerade mit Menschen in Grenzsituationen, arbeitet, weiß um die zahllosen Antreiber im Menschen selbst und um diesen Menschen herum. Dazu gehören etwa die inneren Stimmen, die sagen: Ich genüge nicht, oder: Ich bin es nicht wert, bejaht und getragen zu werden, oder: Ich entspreche nicht den Maßstäben heutigen Lebens, oder einfach: Ich habe Angst. Die Antreiber von außen wiederum definieren, was korrekt ist und was ich darf und nicht darf. Es ist gefährlich, diese rote Linie zu übertreten. Fazit: Man unterschätzt einerseits all die Antreiber in sich selbst

> Der Fundamentalirrtum, das Wahnhafte: Der Mensch überschätzt seine Selbstbestimmungskompetenz maßlos.

und im Umfeld, und überschätzt andererseits das, was und worüber ich selbst bestimmen kann. Wahnhaft – also Wirklichkeit umbauend – ist deshalb eine Selbstbestimmung, die entgegen aller Wirklichkeit postuliert wird. Selbstbestimmung: Nicht mehr und nicht weniger als wahnhafter Selbstbetrug.

Gibt es Gegenmittel für die drei genannten Arten des Wahns? Ja: Wir glauben, dass es ur-menschlich ist, in Gemeinschaft – mitsamt allen Stärken und Schwächen – zu leben, sich in korrektem und nicht korrektem, angenehmen und weniger angenehmen Verhalten auf Gemeinschaft zu beziehen und sich in keiner Frage der Verantwortung dieser Gemeinschaft gegenüber zu entziehen. Wir plädieren für den Begriff Eigen- oder Selbstverantwortung, die sich stets und immer in eine Gemeinschaft hinein rückbindet und darin ihren letzten Orientierungspunkt sieht. Das Gegenmittel zum Selbstbestimmungswahn hat, wer sich in hoher Selbstverantwortung in letzter Instanz nicht nur sich selbst, sondern der jede Einzelperson übersteigenden Gemeinschaft gegenüber verantwortet und im Tiefsten anvertraut. Dies wiederum, und darin liegt die fundamentale Herausforderung, führt eine Gemeinschaft in denkbar höchste Verantwortung, zuerst und zuletzt für das ihr anvertraute Leben.

Zufrieden ins Alter gehen? Nicht im Wahn, dem Umbau der Wirklichkeit, sondern indem wir die Wirklichkeit mit all ihrer Schönheit, aber auch mit all dem Irritierenden und Erschreckendem bejahen. Hier liegen entscheidende Schlüssel verborgen. Wir Babyboomer, sollten wir uns in unserem Leben noch eine größere Aufgabe vornehmen, tun gut daran, nicht das Wahnhafte zu betreiben und zu fördern, sondern die Begegnung mit der real existierenden Wirklichkeit zu suchen und zu wagen. Nicht in der Kontrolle liegt die Lösung, sondern im Vertrauen. Nicht im alles bestimmenden Widerstand gegen Abhängigkeit liegt Freiheit, sondern in der Bejahung der von Geburt bis zum Tod jeweils befriedeten Abhängigkeiten im jeweils angemessenen Maß.

Schreckgespenster Demenz – Pflegeheim – Abhängigkeit: Ein neues Verständnis gewinnen

Es gibt sie, die Missverständnisse mit fatalen Folgen. Im Zusammenhang mit dem allzu oft nicht wirklich geliebten Alter begegnen uns in der Regel drei Gänsehaut verursachende Schreckgespenster. *Schreckgespenst Nr. 1* betrifft die angeblich uns alle bedrohende

Demenz. *Schreckgespenst Nr. 2* malt uns das scheinbar grauenhafte Pflegeheim als Endstation eines sonst erfüllten Lebens vor Augen. *Schreckgespenst Nr. 3* schließlich handelt vom allseits gefürchteten Ausgeliefertsein im hohen Alter. Was tun? Im Dickicht vieler Missverständnisse gilt es ganz schlicht, Breschen zu schlagen und zu einem überdachten, reflektierten Verständnis dieser allgegenwärtigen Phänomene zu kommen. Dabei merken wir, wie das Alter – trotz der Umstände, die uns im ersten Moment erschrecken – plötzlich in ein ganz neues, richtiggehend Hoffnung stiftendes Licht gerät.

Schreckgespenst Nr. 1: Demenz

Eine Volkskrankheit sei es. Laut Deutscher Alzheimer Gesellschaft seien zurzeit rund 1,5 Millionen Bundesbürger »an Demenz erkrankt« (in der Schweiz aktuell 350 000 Personen, jährlich je 26 000 mehr). Im Jahr 2050 sollen es, so die statistische Vorausberechnung, in Deutschland drei Millionen sein. Alles – so das Motto –, bloß nicht dement werden. Für Hans Küng, einen der aufsehenerregendsten Theologen des 20. Jahrhunderts, sind erste Anzeichen einer demenziellen Entwicklung Grund genug, in die Schweiz zu reisen und sich mithilfe einer Sterbehilfeorganisation in den Tod begleiten zu lassen.

»Ein Gespenst geht um in Europa.« So begannen bekanntlich schon Karl Marx und Friedrich Engels 1848 ihr »Manifest der Kommunistischen Partei«. Wer dachte, die Zeit der Gespenster sei nun endlich vorbei, sieht sich getäuscht. Zu Beginn des 21. Jahrhunderts verbreitet ein neuartiges Gespenst, das Gespenst Demenz, seinen Schrecken. Wie damals der Kommunismus für die Mächtigen ein Spuk war, so ist Demenz heute ein Spuk für uns als ganze Gesellschaft. Marx und Engels sprachen von einer »heiligen Hetzjagd« auf den Kommunismus. Ob man heute Vergleichbares im Hinblick auf Demenz sagen kann? Man hört, Demenz sei wie eine Epidemie, wie ein Flächenbrand, wie ein Albtraum, wie ein Fluch, wie ein Todfeind, kurz: wie eine neue Geisel der Menschheit. Böse Zungen behaupten: Das Einzige, was heute eine Blütezeit erlebt, sei die Zahl der Dementen und damit die Versorgungsindustrie »Demenz«.

Was ist Demenz, mit der jeder dritte Mann und jede zweite Frau im Laufe ihres Lebens – statistisch gesehen – rechnen müssen? Was ist die Demenz, mit der sich weltweit 25 000 Forscherinnen und Forscher beschäftigen? Die Suche nach Definitionen gestaltet sich nicht leicht, wie so oft bei Begriffen, die in aller Leute Mund sind. Zunächst: Das Wort Demenz stammt aus dem Lateinischen und heißt schlicht »ohne Geist«. Kernmerkmale aller Umschreibungen sind: Es geht um eine Krankheit in Form einer chronischen Degeneration des Gehirns, betroffen ist stets die ganze Persönlichkeit, Letztere mitsamt »Gedächtnis, Denken, Orientierung, Auffassung, Rechnen, Lernfähigkeit, Sprache, Sprechen und Urteilsvermögen«, so die Weltgesundheitsorganisation. In der Regel werden drei bis fünf, von den Spezialisten bis zu fünfzig Arten von Demenz unterschieden. Rund die Hälfte der von Demenz betroffenen Personen gilt als »Alzheimer-Patienten«.

Wer nun genauer hinschaut, wird von einem eigenartigen Unwohlsein befallen. Kann und darf etwas, das aktuell bis zu 50 Prozent (würden wir 120 Jahre alt, gegen 100 Prozent) der Bevölkerung betrifft, einfach als Krankheit bezeichnet werden? Im ersten Moment mag es entlastend sein, wenn man einen Begriff hört, der etwas umschreibt, das man bisher nicht einordnen konnte. Im zweiten Moment wird es aber leicht unheimlich: Bin ich jetzt ein unheilbar Kranker? Werden es jetzt die Medikamente sein, die mein Leben bestimmen? Oder krasser noch: Bin ich, weil mir die Krankheit bekanntlich mein Ich raubt, selbst die Krankheit, die um jeden Preis zu besiegen, im Notfall zu entfernen ist?

Es war zunächst der Amerikaner Peter J. Whitehouse, der nach jahrzehntelangen Forschungen zu den Ersten gehörte, die festhielten: »Wir müssen Demenz entpathologisieren ... Alzheimer ist keine Krankheit, es ist eine Form des Alterns.«[46] »Vergiss Alzheimer« heißt deshalb Cornelia Stolzes Buch,[47] mit dem Untertitel: »Die Wahrheit über eine Krankheit, die keine ist«. Auf gleicher Linie liegt etwas später Reimer Gronemeyer mit seinem Buch »Das 4. Lebensalter. Demenz ist keine Krankheit«.[48] Demenz, in welcher Form auch immer, ist nicht eindeutig vom gesunden Altern zu unterscheiden.

Demenz: Vielleicht tatsächlich keine Krankheit? Möglicherweise eine ganz normale Begleiterscheinung des hohen Alters, das wir uns ja so sehr gewünscht haben? Vielleicht nichts grundsätzlich anderes als das graue oder ausfallende Haar, die schwächer werdenden Knie und die verminderte Sehkraft. Der ehemalige US-Präsident Ronald Reagan scheint etwas davon verstanden zu haben, wenn er von seiner selbst wahrgenommenen Veränderung einfach sagte: Dies ist »eine Reise, die mich zum Sonnenuntergang meines Lebens führt«.

Wir wissen, wie schrecklich es ist, wenn versucht wird, demenzielle Prozesse zu verharmlosen. Es ist hinreichend bekannt, wie schlimm es sein kann, wenn die eigenen Eltern einen nicht mehr erkennen, wenn die eigenen Eltern plötzlich das eigene Kräftepotenzial überfordern und wenn plötzlich bei Söhnen und Töchtern der Wunsch wider Willen da ist, dass die eigenen, bislang geliebten Eltern doch einfach nicht mehr da wären.

Trotzdem: Warum Demenz nicht einfach als etwas ganz Schlichtes und Normales verstehen? Könnte es nicht ganz normal sein, dass ein Mensch sich sagt: Ich habe genug von dieser mich mein

Leben lang umgebenden und fordernden Komplexität. Ich steige aus.

Was würden wir erfahren, wenn dieser Mensch noch etwas länger mit uns im Gespräch wäre? Kann sein, dass er dann sagen würde: »Wisst ihr, ihr habt jetzt 400 Jahre lang versucht, alles immer schneller, immer besser, immer schöner, immer effektiver, immer kompetenter zu machen. Wenn ihr keine andere Sprache verstehen wollt: Mein sich verflüchtigendes Gehirn sagt es euch. Probiert nicht, es medikamentös in den Griff zu bekommen! Hört vielmehr meine mehrfache Botschaft: Es gibt, das sollt ihr wissen, auch eine andere Daseinsweise als nur die, mitzulaufen und mitzufiebern, wenn es darum geht, der Beste und Schönste und Schnellste zu sein. Schaut, es gibt auch glückliches Menschsein ohne den ruinösen Wettbewerb. Entdeckt doch einmal, dass Zufriedenheit nicht von Leistung abhängig ist. Und hört her: Es gibt auch eine Gesundheit, die nicht voreilig mit Medikamenten im Zaum gehalten werden will. Mag sein, dass das Leben etwas kürzer wird. Kämpft nicht an einer Stelle, wo es gar nicht um Feinde des Lebens, sondern um ganz normale Teile des Lebens geht. Und schließlich: Ihr betont, wie gut es euch gelungen ist, Leben zu verlängern, aber dann müsst ihr auch die Nebenwirkungen dieses Länger-leben-Dürfens bejahen. Sagt Ja, als hättet ihr ein hochbegabtes Kind. Hier scheut ihr keinen Aufwand, dieses Kind anzunehmen, wie es ist, dieses Kind so gut wie möglich zu fördern und ihm beizustehen, dass es sein Ziel, entsprechend seiner Begabung, erreicht. Ihr werdet das Maß des berechtigten Aufwandes mit mir und meiner sogenannten Demenz schon finden!«

Es ist so, wie Reimer Gronemeyer sagt: »Die Demenz ist im Begriff, das große soziale, kulturelle, ökonomische Thema unserer Gesellschaft zu werden.«[49] Wir sollten sie weder verharmlosen noch auf die medizinische und ökonomische Schiene reduzieren. Wir werden einen andern Kurs fahren müssen, sagt uns die Ratingagentur Standard & Poor's mit Blick auf den drohenden Gesundheitsbankrott. Das wird ein Langstreckenlauf sein, kein Zweifel. Die Kunst des Lebens, und dies gehört zum Abenteuer Alter im 21. Jahrhundert, muss auch jenen Bereich erreichen, der im Moment vom Gespenstischen beherrscht ist, der aber über kurz oder lang wie alles Leben etwas vom Schönen und durchweg Normalen in sich tragen muss – weit weg von gespenstisch automatisierter, industrialisierter Pflege und Verwahrung.

Schreckgespenst Nr. 2: Pflegeheim

Als hätten Gespenster Geschwister. Kaum vergeht eine Woche ohne Schreckensmeldung. Im Sommer 2015 schreibt die ZEIT: »Wider Willen ruhiggestellt. In deutschen Pflegeheimen werden wahllos Beruhigungsmittel verschrieben.«[50] Vom »massenhaften Missbrauch von Schlaf- und Beruhigungsmitteln« ist die Rede, und von »Ruhigstellung« als »Form chemischer Gewalt« zwecks Kostenreduktion der Heimindustrie. Klar, keine Frage: Wer will sich diesem System noch anvertrauen? Kurz davor, am 30. Juni 2015, hatte man – speziell in der Schweiz – die Botschaft zu verdauen, dass laut einer Studie von Crédit Suisse bis zum Jahr 2040 20 Milliarden Schweizer Franken für neue Pflegeheime zu investieren, dazu 70 000 neue Stellen im Pflegebereich zu schaffen sind. Woher, fragt sich der ganz normale und unverdächtige Bürger, soll dieses Geld, woher sollen diese Menschen kommen?

Pflegeheime haben etwas Gespenstisches. Wir brauchen sie, scheinbar mehr denn je, doch keiner will sie, ja, keiner will hin. »Lieber stürze ich mich von der Brücke, als dass ich in ein Pflegeheim gehe«, hört man ältere Menschen reden. Söhne und Töchter bekennen: Gerne alles für unsere Eltern, doch nicht das. Pflegeheim, nein danke, schon allein der Geruch…

Wer in ein Pflegeheim eintritt, nimmt die größte Herausforderung des letzten Lebensabschnittes an. Alles verändert sich: Wohnraum, Umgebung, Bezugsnetz, Aktivitäten und vieles andere mehr. Die gute Botschaft allerdings: Wer mit diesen Menschen unterwegs ist, hört schnell auch: Es war ein guter Schritt, die Risiken sind wesentlich kleiner, endlich komme ich in den »Ruhestand«, jetzt darf ich die letzte Phase meines Lebens gestalten. Und: Habt ihr schon gewusst? Es ist gar nicht so schlimm, wie wir alle gedacht haben!

Habt ihr schon gewusst? Es ist gar nicht so schlimm, wie wir alle gedacht haben!

Es war ein besonderer Tag, ein sogenannter Seniorentag mit rund 700 Konferenzbesuchern. Nur ungern wollten wir diese Menschen im Alter zwischen 55 und 85 einfach mit Informationen zuschütten. Also wagten wir ein Experiment: Wir informierten die Teilnehmer keck: »Soeben wurde über das Radio mitgeteilt, dass die Alters- und Pflegeversicherungen kollabiert sind, und dass ab 1. September – es war gerade Anfang Mai – keine Alters- und Hinterbliebenenrente mehr ausbezahlt wird.« Dann stellten wir die Frage: »Was also werden Sie als ziemlich direkt Betroffene tun?« Selten waren die Senioren so angeregt im Gespräch. Selten war so viel Irritation unter den Konferenzteilnehmern. Selten war der Boden für eigene Kreativität so gut wie in diesem Moment.

Ja, was würden wir tun, wenn sich unser Versicherungswesen massiv verändern würde? Die Ideen sind weit über die Konferenz hinaus geteilt worden. Offensichtlich war:

- Sind Alter und Pflegebedürftigkeit nur eine Sache der eigenen Angehörigen, dann ist die Überforderung schnell erreicht. Wir benötigen ehrenamtliche Teams, die mit Weitblick beistehen.
- Ist der Schritt ins Pflegeheim nur eine Privatsache und eine Privatentscheidung, sind Betroffene schnell überfordert. Wir benötigen ein breiteres Beziehungsgeflecht, in dem Stützung

stattfindet, beispielsweise durch Menschen, die in diesen Bereichen aktiv waren.

- Wird die Frage nach dem Eintritt in ein Pflegeheim erst thematisiert, wenn es zwingend wird, ist es wesentlich zu spät. Wir brauchen das Gespräch über das hohe Alter bereits im Vorfeld. Die Frage: Wie und wo möchte ich meine letzte Lebensphase verbringen? Was ist jetzt zu tun? Welche Grundhaltung brauche ich? Was muss ich heute einüben, um der Herausforderung morgen gewachsen zu sein?
- Thematisieren wir die Frage Pflege nur als Finanzfrage, greifen wir in fahrlässiger Weise zu kurz. Pflege und Pflegebedürftigkeit sind eine Frage unserer Mentalität und Kultur, unseres Verständnisses von gegenseitiger Verantwortung und Hilfsbereitschaft. Mein Alter ist auch deine Sache. Dein Älterwerden ist auch meine Sache.

Pflegeheim: ein Gespenst? Die seit der erwähnten Konferenz bis heute dauernden Gespräche zeigen: Wir alle tragen Bilder in uns. Diese Bilder werden genährt. Die Frage lautet, wovon und aus welchen Quellen sich diese Bilder nähren. Wer sich auf Menschen im Pflegeheim einlässt, wer die Frage des eigenen hohen Alters zulässt, wer sich ein Bild gelingenden Alters erwerben will, der wird feststellen: Pflegeheime können zwar nicht alle Wünsche erfüllen, und auch diese Welt weist wie alle Wirklichkeiten etwas Gebrochenes auf, aber auch in diesem Bereich gibt es unübertreffliche Momente des Lebens und nie da gewesene Augenblicke erfüllten Daseins – sogar unter Umständen, die ich mir von Natur aus nicht wünsche.

Wir alle tragen Bilder in uns. Diese Bilder werden genährt. Die Frage lautet, wovon und aus welchen Quellen sich diese Bilder nähren.

Eine große, reale Hoffnung doppelter Art ist am Wachsen: Zum einen weiß man, dass wieder mehr junge Menschen etwas davon ahnen, wie entscheidend wichtig ihr helfender Bezug zu Menschen hohen Alters ist, und zum andern wächst die gesellschaftliche Überzeugung, dass die Zukunft nicht in den großen, bloß äußerlich gut gemanagten Alterskonzernen liegt, sondern in den kleinen Zellen, integriert in Dörfer und Stadtquartiere.

Schreckgespenst Nr. 3: Abhängigkeit

Verständlich, dass sich ein erfolgreicher, mitten im Leben stehender Mensch nicht vorstellen kann, sich plötzlich nur noch mithilfe anderer anziehen zu können, auf Hilfe beim Essen angewiesen zu sein und nicht ohne Hilfe fähig zu sein, die Toilette aufzusuchen. Schreckgespenst Abhängigkeit – im ersten Moment gut nachvollziehbar.

Doch die Frage darf, ja muss gewagt werden, ob nicht jede menschliche Existenz nur dann wirklich zum Frieden findet, wenn sie sich in gesunder Abhängigkeit weiß. Beim sehr alten und sterbenden Menschen wird nochmals sehr eindrücklich deutlich, worum es beim Menschsein geht. Im Sterben erstrebt kein Mensch die Autonomie, die Selbstbestimmung, die Herrschaft. Im Sterben sagen Menschen – oft auch ohne Worte –, wie sehr sie sich nach Geborgenheit, nach einem Zuhause, nach Annahme und nach einem sie tragenden Du sehnen und ausrichten. Nichts lässt Menschen leichter sterben, als wenn sie wissen: Ein Du ist bereit. Sie fallen nicht nur in sich selbst hinein. In den Armen eines Du, ja, in Abhängigkeit von einem Du lässt sich leben, liegt Erfüllung. Wie schrecklich, so ist gelegentlich wahrzunehmen, bloß in die eigenen Hände stürzen zu müssen.

Schreckgespenst Abhängigkeit: Der Mensch ist angelegt und zutiefst ausgerichtet auf ein über ihn wachendes, für ihn sorgendes und seine Bedürftigkeit ernst nehmendes Gegenüber. Dies einzugestehen und zu bejahen, ist die Voraussetzung dafür, das Gespenstische der Abhängigkeit zu überwinden. Sie nämlich darf sein. Dies einzugestehen, hat etwas mit Mündigkeit und Reife zu tun. Fatal, dass wir in unserer Kultur so sehr gelernt haben, unabhängig von Hilfe leben zu können. Fatal, dass Hilfsbedürftigkeit ein scheinbar identitätsstörendes Schwächezeichen darstellt. Fatal, dass der Mensch in unserer Kultur sein eigenes Ich vor allen andern, vor Mitmenschen und vor Gott, bevorzugt. Die »Geschichte der Selbstbevorzugung« (Peter Sloterdijk) bewirkt, dass der Mensch aus der ihm zugedachten Liebesordnung herausfällt. Die epochale Herausforderung: Diese Liebesordnung als Zuordnung wiederzuentdecken – im Hinblick darauf, gesunde Abhängigkeit nicht nur anzunehmen und im Notfall zu akzeptieren, sondern als solche, in guten wie in schweren Zeiten, lieb zu gewinnen.

Auch in demenziellen Prozessen, auch und gerade in Pflegewohnheimen, auch in offensichtlichen Abhängigkeiten lässt sich zu 90 Prozent – so meinen wir – grundsätzlich ein befriedetes und zufriedenes Leben führen. Statt ein Schreckgespenst an die Wand zu malen und weiterzutransportieren, glauben wir, dass eine Versöhnung mit der sehr wohl herausfordernden, mit der gebrochenen und manchmal äußerst notvollen, aber keineswegs schicksalhaft vorgegebenen Wirklichkeit möglich ist. Es geht um die Innenseite der Medaille. Abhängigkeit muss Wirklichkeit sein, die wir nicht gespenstisch fürchten, sondern mündig gestalten – wie Leid und Tod generell.

Eckpfeiler Nr. 3 also: Das, was uns im ersten Moment erschreckt und lähmt, ordnen wir ein und deuten es neu – als schlichte und ganz normale, menschliche und dem Menschsein entsprechende Gegebenheiten. Gespenstern geben wir kein Existenzrecht. Wo sie gepflegt, gehütet und weitergetragen werden, widersprechen wir. Der Macht des Gespenstischen – im Zusammenhang mit dem, was gemeinhin Demenz genannt wird, mit Pflegeheimen und mit der angeblich unausstehlichen Abhängigkeit – entziehen wir den Boden. Wir starren nicht auf Gespenster. Wir sehen und lieben die Wirklichkeit – und lernen, mit ihr, dem Leben entsprechend und angemessen, umzugehen.

Das Alter ergibt Sinn – die Sinnfinsternis überwinden

Es war damals – siehe Einleitung – in der Bahnhofsbuchhandlung, als mir dieses Stichwort Sinnfinsternis ins Auge stach. Da dürfen wir also durchschnittlich 30 Jahre länger leben als noch vor 100 Jahren, haben es aber scheinbar noch nicht fertiggebracht, diesen uns geschenkten 30 Jahren Sinn zu geben, den Sinn dieser 30 Jahre zu entdecken und diese 30 Jahre »sinn-voll« zu gestalten.

Im Menschen steckt, darauf hat uns im vergangenen Jahrhundert vor allem Victor E. Frankl, der KZ-Überlebende, aufmerksam gemacht, ein tiefer Wille zum Sinn. Wird diese Sinnfindung frustriert, hat nicht nur ein einzelner Mensch ein Problem, sondern ist Menschsein als Ganzes – individuell, gemeinschaftlich und gesellschaftlich – beschädigt. Die Grundsehnsucht des Menschen: Er will wissen, wozu bestimmte Dinge, wozu sein Denken und Handeln, wozu er selbst, wozu seine Energieinvestitionen gut sind. Nicht die Antworten auf die Warum-Fragen befriedigen zutiefst – Warum geschieht dies und jenes? Warum hat sich dieser Verkehrsunfall ereignet? Warum muss ich so viel leiden? Warum darf der andere und ich nicht? Warum ...? – sondern die Antworten auf die Wozufragen – eben die Sinnfragen: Wozu könnte dies gut sein? Wozu dient mir und uns dies und jenes? Wozu mache ich oder jemand anderes dies oder das? Zu welchem Zweck diese Botschaft oder dieses Ereignis? Wer diese Wozu-Fragen stellt und wer mit

Menschen zusammen Antworten genau auf diese Fragen findet, ist ein unbezahlbar guter Ratgeber.

Wozu also das Alter? Sinn liegt dann vor, wenn durch ein Dasein oder ein Handeln ein Beitrag zu etwas geliefert wird, das in der Zukunft liegt und das wir für »wert-voll« erachten, so wertvoll, dass wir alles geben, um diesen Beitrag zu leisten. Finden wir starke Antworten auf die Sinnfrage des Alters, stoßen wir auf starke Eckpfeiler und Orientierungspfähle in der eigenen Lebensplanung. Echte Fortschritte für die Lebensplanung von Fortgeschrittenen.

Acht Sinnhorizonte werden im Folgenden aufgezeigt. Acht Horizonte, die Sinn ergeben und die in Sinnperspektiven hineinnehmen. Sie sind Teil mündigen Älterwerdens. In ihnen findet sich ein unerschöpfliches Ereignis- und Lernfeld für alte Menschen, für noch nicht ganz so alte Menschen, in jedem Fall für älter werdende Menschen.

> Finden wir starke Antworten auf die Sinnfrage des Alters, stoßen wir auf starke Eckpfeiler und Orientierungspfähle in der eigenen Lebensplanung.

Sinnhorizont Nr. 1: Einsicht vermitteln, was Menschsein im Grunde ist

Am und im Alter wird sichtbar, was Menschsein ist. Alter ist das Resultat allen bisherigen Umgangs mit dem Zwiespältigen und Paradoxen, das dem menschlichen Leben innewohnt. Im Alter liegt vor, was bisher stets nur am Werden und Entstehen war. Jetzt ist das Ergebnis da. Das lässt sich sehen. Es liegt deshalb auf der Hand, dass wir alten und älter werdenden Menschen zurufen: *Ihr lieben Alten und älter Werdenden, seid transparent, schämt euch nicht für alles Eigenartige, verdeckt und versteckt euch nicht, steht zu euch, denn an euch wird etwas sichtbar und deutlich, was nirgends sonst in dieser Welt entdeckbar und in dieser Fülle zu haben ist.*

Bei Kindern gibt es das Ungezwungene, Leichte, Unverdorbene. Kinder gelten als Vorbilder für Erwachsene. Selten aber wird erkannt und zum Thema gemacht, dass auch Alte voller Botschaften stecken. Immerhin werden wir an unterschiedlichen Stellen im Neuen Testament ermahnt, auf ihr Ende und ihren Ausgang aus dem Leben zu achten (z. B. Hebräer 13,7).

Wieso? In diesem Ende und Lebensausgang wird deutlich, welche Grundlagen und Lebensprinzipien auch für Äußerstes und Letztes im Leben tragfähig sind. Es zeigt sich, was wirklich erstrebenswert ist und was sich als Irrlicht und nicht zukunftsweisend entpuppt. Doch: Wann und wo wird diese Transparenz und dieses »Zu-sich-Stehen« eingeübt? Wo wird gelernt, das Älter- und damit äußerlich Schwächerwerden nicht zu verstecken, sondern verfügbar zu machen? Wer entdeckt die Größe im Hinabsteigen und »Leisertreten«? Wo und wann gibt es Orte, an denen gelungenes und vielleicht vorerst misslungenes Älterwerden geteilt wird – mit und ohne Worte? Genau hier würde sich zutiefst Sinnvolles ereignen. Leben ereignet sich nicht nur in der Stärke, sondern – ganz besonders – in der Schwäche. Genau hier wird ein Beitrag gegeben für kommende Gemeinschaft und Gesellschaft. Es macht Sinn, nicht nur das Höher, Schneller und Besser anschaubar zu machen, sondern auch das Schöne und Kostbare innerhalb eines äußeren Absteigens und Schwächer-, Langsamer- und Existenziellerwerdens. Echte und starke Sinnperspektive für das Älterwerden: Teil nehmen und Teil geben an dem, was Menschsein wirklich ist.

Sinnhorizont Nr. 2: Erzählen und preisgeben von Erlebtem und Erfahrenem

Alte Menschen sind das Gedächtnis, das wir Jüngeren zu oft ahnungslos delegiert und anderen überlassen haben. Wir werden erinnerungslos und damit zukunftslos. Ein Drama. *Deshalb, so liegt es buchstäblich auf der Hand und in der Luft: Liebe Ältere und Älterwerdende, erzählt, erzählt von euch, erzählt von Stärken und Schwächen, von Erfolgreichem und Notvollem! Erinnert uns, wie es war und was ihr getan habt! Seid unser Gedächtnis, damit wir wissen, woher wir kommen und wohin ihr wolltet!*

Die Alten sind »geschichtlicher Anker« angesichts rasch schwindender Gewissheiten und Traditionen in unserer Zeit. Sie repräsentieren Vergangenes. Sie sind Stabilitätssicherung. Sie sind das Wurzelwerk, wie Mammutbäume es besitzen: weit ausladend, tief, verkeilt und verschlungen. Wer nur in der Gegenwart lebt, lebt wie ein Flachwurzler, ohne Verankerung, hochgradig gefährdet, bedroht vom kleinsten Unwetter, gelähmt von der Krankheit »Jetztismus«. Dem steht der alte, uns erinnernde und erzählende Mensch entgegen. Ältere Menschen sind die, die wissen, was in den vergangenen 50 oder 70 Jahren war, persönlich und als Gesellschaft. Es tut not, dass sie uns erzählen. Es ergibt Sinn, dass sie erzählen, was war. Erzählen ist Kultur, Erzählen stiftet Identität. Zuhörende entdecken am Gegenüber, wer sie selbst sind, wo sie herkommen und wohin sie gehen. Es ergibt Sinn, zu solchen alten Menschen, zu solchen »Mammutbäumen« aufzusehen und selbst zu solchen zu werden.

Sinnhorizont Nr. 3: Überhitzte Gesellschaften verlangsamen

Verlangsamung in einer schnelllebigen, fortschrittsbeseelten und überhitzten Gesellschaft: *Wir reden davon, doch ihr, liebe Alte, lebt sie. Danke! Ihr seid die unverzichtbare Verlangsamung unseres Hamsterrades. Steht zur Langsamkeit, denn sie ist Geschenk an unsere Gesellschaft!*

Wir leben in einem »Karussell ohne Bremse«, wie man so schön sagt. »Entschleunigung« ist, so sagen alle, Gebot der Stunde. Das zu schnell gewordene Gefährt bedarf der Geschwindigkeitsdrosselung. »Der moderne Mensch überfordert die Welt und sich selbst und weiß das auch«, mahnt Peter Gross.[51] Wer aber sorgt für notwendige Entschleunigung? Es ergibt Sinn, wenn alte Menschen dazu stehen, dass sie langsamer geworden sind. Ihre Langsamkeit ist Botschaft. Wer Zukunft will, muss diese Botschaft hören. Unsere Gesellschaft bedarf des Kontrastes und der natürlichen Bremse, wenn sie nachhaltige Zukunft will.

Sinnhorizont Nr. 4: Reflektieren – deuten – einordnen

Es ist viel passiert seit 1945. Die Welt hat sich in nie da gewesener Geschwindigkeit fundamental verändert. *Ihr, liebe Alte, wart dabei, und ihr habt mitgewirkt. Wer, wenn nicht ihr, hat jetzt Zeit, die vergangene Epoche, sprich die vergangenen 70 Jahre, zu bedenken, zu deuten, einzuordnen?*

Wenn ältere Menschen gern der Gesellschaft zurückgeben wollen, was sie empfangen haben, dann in dem, dass sie uns die vergangenen 70 Jahre reflektieren, deuten und ordnen. Was waren sie, diese vergangenen 30, 50, 70 Jahre? Den in diese Zeit Hineingeborenen fehlen weithin Deutungen und Einordnungen. Was war eigentlich gewollt, je persönlich, gemeinschaftlich, gesellschaftlich? Was waren und sind die großen Fäden, die aus den vergangenen Jahrzehnten in die kommenden Jahre und Jahrzehnte hineingesponnen werden?

Was waren und sind die großen Fäden, die aus den vergangenen Jahrzehnten in die kommenden Jahre und Jahrzehnte hineingesponnen werden?

Was ist, aus der Sicht der Dabeigewesenen, gesellschaftlich gelungen, was misslungen? Was wurde zugelassen, was aktiv betrieben? Es ergibt wirklich Sinn, die Deutungen der vergangenen Epoche zu wagen, dazu zu stehen, Gelungenes und Misslungenes zu benennen und an den Ergebnissen teilzugeben. Wer heute Zukunft gestalten will, sollte davon wissen. Dabeigewesene sind Mitspieler, wenn auch nicht auf dem Spielfeld selbst. Spielen, das übernehmen wir, die wir mit heute 50 oder 60 auf dem Weg in ein mündiges Alter sind. Sinnerfüllte Alte flüstern uns zu – im Theater würde man sagen: sie soufflieren – sie inspirieren uns, und sie zeigen, in welch sinnerfüllte Räume wir dabei sind, vordringen zu dürfen. Auch hier gilt: Es macht Sinn, hinhören zu lernen, und es macht Sinn, selbst zu Menschen zu werden, die solche Deutungen und Einordnungen lieben.

Sinnhorizont Nr. 5: Vergangenes in Ordnung bringen

Ordnung tendiert, wir wissen es, in Richtung Unordnung, Kosmos tendiert zu Chaos. Der eigene Schreibtisch, Haushalt und Keller erinnern an dieses Faktum. Doch tief im Menschen ist auch die Sehnsucht nach der Gegenrichtung angelegt. Ungeordnetes will zurück in die Ordnung. Es ist Schöpfungsakt, wenn aus Chaos Kosmos wird. *Deshalb, liebe Alte und Älterwerdende, wisst: Es ist nie zu früh und nie zu spät, aufzuräumen und in Ordnung zu bringen. Steht zu Nicht-Geglücktem, räumt auf und bringt in Ordnung: eure Beziehungen, euer Misslungenes, euer Ungeordnetes! Wir, eure Nachfahren, brauchen versöhnte Alte, nicht nur untereinander, sondern auch mit sich selbst und mit der Zeit, in der sie lebten.*

Es ist viel unter- und verloren gegangen in der Hitze des Gefechts von Arbeit, Familie, Weiterkommen, Chancen nutzen, Welt maximieren. Vieles, allzu vieles ist nie geordnet, »in Ordnung« gebracht worden. Es gilt, das Gute in den vergangenen 70 Jahren wertzuschätzen und zu würdigen, doch daneben gibt es auch Böses, nicht Heilsames, Zweideutiges, Unschönes, manchmal Hässliches, sogar Zerstörerisches, und das im Kleinen wie im Großen, im Privaten wie im Öffentlichen. Ungut, wenn dies mit in die Gräber genommen wird. Es ergibt deshalb Sinn, wenn älter werdende Menschen auch ihr Nicht-Gelungenes benennen und sich darauf ansprechen lassen. Es ergibt Sinn, wenn sie zu dem stehen, was nicht so geworden ist, wie sie es wollten, in Gemeinde, in der Familie, im Arbeitsfeld, in der Gesellschaft. Es ergibt Sinn, sich mit der Vergangenheit zu versöhnen, auch stellvertretend – zugunsten der kommenden Generation. Um nicht weniger als um ansteckende Gesundheit wird es gehen. Es ist nie zu früh, sich auf dieses Unternehmen einzulassen. Jetzt ist die Zeit für uns Boomer, sich vorsichtig, aber hartnäckig in dieses Feld vorzuwagen, fragend und selbst unserem Leben nach-denkend.

> Daneben gibt es auch Böses, nicht Heilsames, Zweideutiges, Unschönes, manchmal Hässliches, sogar Zerstörerisches, und das im Kleinen wie im Großen, im Privaten wie im Öffentlichen. Ungut, wenn dies mit in die Gräber genommen wird.

Sinnhorizont Nr. 6: Bewährtes mitteilen

Der Wahrheit auf der Spur. Wir fragen: Was hat sich im Laufe eines langen Lebens eigentlich bewährt – eben als wahr und als Wahrheit erwiesen? Und natürlich: Was hat sich nicht bewährt – als unwahr und deshalb als nicht freiheitsstiftend herausgestellt? *Wer, wenn nicht ihr Alten, verfügt über ein nahezu grenzenloses Reservoir an Schätzen und Reichtümern von Bewährtem und Nicht-Bewährtem! Lasst euch einladen, uns Bewährtes verfügbar zu machen: im Umgang mit euch selbst, euren Erfolgen und Misserfolgen, im Umgang mit euren Ehepartnern und Kindern, im Umgang mit der Arbeit, den liebsamen und unliebsamen Erfahrungen, im Umgang mit Menschen anderer Art, anderen Denkens und anderen Glaubens. Sagt es uns, wir brauchen eure Weisheit!*

Was sich im Leben der einen Generation bewährt, hat gute Chancen, sich auch in der darauffolgenden Generation als hilfreich zu erweisen. Die Weitergabe von Wahrem ist das Rückgrat einer Gesellschaft. Es ergibt Sinn, Bewährtes zu benennen, Bewährtes weiterzugeben und auf Bewährtes zu hören. Bewährtes wird sich nicht aufdrängen. Bewährtes wird sich anbieten. Bewährtes herrscht nicht, sondern dient. Eine Gesellschaft, die darauf verzichtet, ver-wahr-lost buchstäblich, droht zu verkommen. Es ist an der Zeit, nach Bewährtem zu fragen und Bewährtes preiszugeben.

Sinnhorizont Nr. 7: Handreichungen bieten

60-Jährige sorgen für 70-Jährige, 70-Jährige für 80-Jährige, 80-Jährige für 90-Jährige. Davon war bereits die Rede. Was spricht dagegen, warum eigentlich nicht? Alle sog. Professionalisierung hat ihre Tücken. Im schlechtesten Fall entmündigt sie. *Deshalb, liebe Alte, lasst euch nicht bloß bedienen. Verweilt nicht in der Haltung des Anspruchs. Es steht euch zu, dass ihr die euch angemessene Verantwortung wahrnehmt, zu jeder Zeit bis zum letzten Atemzug. Frei macht, auch in Spurenelementen, das Geben und nicht das Nehmen.*
Wie befreiend zu sehen, wenn trotz aller Regulierungen im hochmodernen Alterstrakt der 60-Jährige Besuche macht und Ausflüge organisiert, nicht zuletzt, um Erfahrungen mit dem Alter zu sammeln. Wie befreiend wahrzunehmen, wenn der 70-Jährige nach den Mahlzeiten 80-Jährige auf ihr Zimmer begleitet, wenn eine 80-jährige gehörlose Frau die Wäsche ihrer 90-jährigen Zimmerkollegin versorgt und wenn eine 90-Jährige ein offenes Auge für Menschen hat, die in der Orientierung unsicher geworden sind. Handreichungen machen Sinn, nicht zwanghaft, sondern freigiebig. Die einzige Frage: Wo bloß lässt sich Derartiges frühzeitig und rechtzeitig erlernen?

Sinnhorizont Nr. 8: Über Hoffnung Rechenschaft geben

Gewollt und ungewollt: Das Ende des Lebens kommt – für alle. Würde dabei der Hoffnungstank versiegen, wären wir zum definitiven Verzweifeln verurteilt. *Deshalb, ihr Alten: Sagt uns eure Hoffnung! Berichtet von der Hoffnung, die ihr hattet, als ihr jünger wart. Berichtet von der Hoffnung, als sie auszugehen drohte. Berichtet von der Hoffnung, die ihr heute habt, für euch selbst und für diese Welt. Steckt uns mit Hoffnung an, wir brauchen es. Stiftet die Hoffnung unter uns, wir brauchen sie, bis zu eurem letzten Atemzug!*

Wie können die Alten zum Gelingen des 21. Jahrhunderts beitragen? Ganz einfach: Nicht, indem sie alles besser wissen. Auch nicht, indem sie sagen, was zu tun ist. Viel eher schon, dass sie uns mit jener Hoffnung anstecken, die auch ihnen in ihrem Leben fundamental geholfen hat. Mindestens so sehr wie die jetzt alten Menschen benötigt die kommende Generation diese Hoffnung. Wenn Menschen teilen, was sie über das Leben hinaus nicht nur wünschen oder ersehnen, sondern konkret hoffen und mit Gewissheit erwarten, dann ist das unüberbietbar. Dieser Hoffnung bedarf jede Gesellschaft des 21. Jahrhunderts.

Es macht Sinn, sich an diesem Hoffnungsprojekt zu beteiligen – als Alter und als Älterwerdender.

Sinnfinsternis: Sie muss nicht sein. Sie ist kein Schicksal. Spuren zu ihrer Überwindung sind erkennbar, Sinnskizzen sind vorstellbar, an vielen Stellen längst im konkreten Lebensvollzug erprobt. Sinn, das weiß nicht nur Victor E. Frankl, fällt nicht einfach aus heiterem Himmel. Sinn hat mit Lebensentscheidung zu tun, Sinn ist zudem, nicht nur, aber auch, eine Sache des Milieus und des gemeinschaftlichen Klimas. Sinn ist in erster Linie etwas, nach dem gemeinsam gesucht wird und das gemeinsam gefunden wird.

Alte Menschen, das ist Teil ihrer Mündigkeit, Reife und Weisheit, sind geradezu dazu prädestiniert, am Projekt Sinnstiftung teilzunehmen. Wir sollten ihnen auf diesem Weg beistehen – ganz besonders um unseretwillen. Und wir sollten wild entschieden sein, uns selbst auf den Weg nehmen zu lassen und zu unüberhörbaren Sinnstiftern – vor dem Hintergrund gefundener Sinnfindung – zu werden. Der Begriff Sinnfinsternis wird so endgültig der Vergangenheit angehören.

> Der Begriff Sinnfinsternis wird so endgültig der Vergangenheit angehören.

Milieu der Hoffnung – zu Hause, in Schule, Gemeinde, Kaufhaus, Rathaus und ...

»Eine frohe Hoffnung ist mehr wert als zehn trockene Wirklichkeiten.«
Franz Grillparzer, Wiener Hofkonzipist und Burgtheaterdichter

»Wir brauchen Orte der Hoffnung, Orte der Wahrheit und Orte der Barmherzigkeit.«
Markus Müller in Trends 2016 und Trends 2021

Auf Entdeckungsreise. Ein unerforschtes Land kennenlernen. Staunen. Was wäre eine Reise ohne Hoffnung? Niemand tritt freiwillig eine Reise ohne Hoffnung an. Hoffnung: Nicht ohne Grund das A und O jeder Reise. Hoffnung, so soll Friedrich Nietzsche einmal gesagt haben, ist der Regenbogen über dem herabstürzenden jähen Bach des Lebens. Für Theodor Storm ist klar: Wir können »wohl das Glück entbehren, aber nicht die Hoffnung«. Hoffnungslosigkeit, so dann Karl Jaspers, »ist die vorweggenommene Niederlage«.

Der Hintergrund des Wortes Hoffnung ist spannend. In der hebräischen Sprache heißt Hoffnung so viel wie »eine Schnur spannen«, und zwar mit der Absicht, die Mauer eines Hauses gerade zu bauen. Hoffnung ist dann – im übertragenen Sinn – »gespanntes Sein zwischen gestern und morgen«, und zwar mit dem Ziel, dass das Leben im Hier und Jetzt »gerade« gebaut wird. Weil hebräisches und christliches Denken in unserer westlichen Kultur, besonders in Umbruchzeiten, eine entscheidende Rolle gespielt hat, sollen hier einige Hinweise vor diesem Hintergrund weitergegeben werden.

Hoffnung hat im biblischen Zusammenhang klare Konturen. Es ist die Kontur zwischen Kreuz beziehungsweise Auferstehung und der Wiederkunft von Jesus Christus. Hoffnung hat, wer in diesem Spannungsverhältnis lebt. Ein Ort der Hoffnung ist ein Ort und ein Raum, in dem sich Menschen zusammenschließen und in diesem Spannungsbogen ihr Leben gestalten. Wo Räume der Hoffnung sind, kann die Gegenwart »gerade« gebaut werden. Unsere Zeit braucht mehr denn je diese Hoffnung, diese Orte und Räume der Hoffnung, diese Biotope der Hoffnung – im Hinblick auf gelingendes individuelles Leben und im Hinblick auf gelingendes gemeinschaftliches und gesellschaftliches Leben.

Hoffnung ist kein abstraktes Konstrukt, ebenso wenig wie Glaube oder Liebe. Hoffnung ist – wie Glaube und Liebe – letztlich nicht rational fassbar. Hoffnung ist, könnte man sagen, kein Begriff für den Kopf, sondern für das Leben. Wo das Leben aus ihr gelingt, bekommt Leben Schub. Anders gesagt: In Räumen der Hoffnung, in einer Atmosphäre, in einem Klima, in einem Milieu der Hoffnung kann Leben – unter unterschiedlichsten Umständen und in unterschiedlichsten Lebensphasen – entstehen und wachsen. Der Ort der Hoffnung ist, zusammengefasst, der Garten, in dem Zukunft gedeiht. Wie nun entstehen solche Räume, solche Biotope, solche Milieus der Hoffnung, und wozu und wie helfen sie uns auf unserer Entdeckungsreise ins mündige Älterwerden?

Vier Entstehungsquellen und Kernmerkmale von Hoffnung lassen sich ohne Umschweife benennen: *Hoffnung entsteht,* so eine erste Spur, *in der Vorstellungswelt des Menschen.* Wenn Glaube im Herzen und Liebe in den Händen daheim ist, dann ist Hoffnung im Kopf, eben in unserer Vorstellungswelt zu Hause. Wenn jemand Hoffnung hat, ist zuerst seine Gedankenwelt von einer ganz bestimmten Sache ergriffen. Der Mensch konzentriert sein Denken auf ein Ereignis, das gut ist und das kommen wird. Dieser Mensch bezeugt: »es geht« oder »es wird«. Ein hoffnungsvoller Mensch ist deshalb immer ein Mensch mit einer aufgeräumten und auf die Zukunft hin konzentrierten Gedankenwelt. Der hoffende Mensch ist der im Denken erneuerte Mensch, kann deshalb etwa der Apostel Paulus sagen (z. B. Römer 12,2). Langfristig kann jemand, der diesen Zusammenhang ignoriert, vielleicht ein fleißiger oder anständiger oder moralisch gut handelnder oder wissender, aber kein hoffnungsvoller Mensch sein.

Hoffnung betrifft, zweitens, *konkret die Vorstellung von einem Weg auf ein Ziel hin.* Hoffnung hat, wer ein Ziel beziehungsweise einen Zielzustand vor seinem inneren Auge hat *und* Wege sieht, wie er dieses Ziel erreichen kann. Gute Ziele allein geben keine Hoffnung. Hoffnung entsteht, wenn entsprechende Wege gesehen werden. Ein Mensch hat beispielsweise dann Hoffnung für einen Tag, wenn er Wege sieht, wie er die Hauptherausforderung dieses Tages gut bewältigen kann. Ein Mensch hat in jenen Momenten Hoffnung, in denen er Wege sieht, wie er die Hauptfragen für die vor ihm liegende Zeit zufriedenstellend beantworten kann – und hat keine Hoffnung, wenn sich ihm die Antworten auf diese Hauptfragen verschließen. Unsere Gesellschaft hat dann Hoffnung, wenn sie für die kommenden 5, 10, 20

> Ein hoffnungsvoller Mensch ist immer ein Mensch mit einer aufgeräumten und auf die Zukunft hin konzentrierten Gedankenwelt.

> Hoffnungsträger sind »Weg-seher« angesichts eines erstrebenswerten Ziels.

oder 50 Jahre Wege sieht, die sich innerhalb der in Mitteleuropa herrschenden Umstände trotz Widerwärtigkeiten und »Un-weg-samkeiten« als gangbar erweisen. Hoffnung hängt immer damit zusammen, ob realisierbare und erfolgversprechende Wege auf einen gewünschten Zustand hin vorstellbar sind. Hoffnungsträger sind »*Weg-seher*« angesichts eines erstrebenswerten Ziels.

Hoffnung, so das dritte Merkmal, *liegt in Personen.* Hoffnung entsteht mit und dank und über Personen. Dabei geht es um Menschen in ganz bestimmten Umständen, sei es in bestimmten Dörfern oder Städten, sei es in bestimmten Firmen, sei es im Feld von Ehe und Familie, sei es in der Politik. Es sind Menschen, deren Denken auf die Zukunft hin zentriert ist und die Wege in aller Unwegsamkeit sehen und gehen. Hoffnung gewinnt, wer um solche Personen weiß und sich mit solchen Personen zusammentut. Um solche Personen herum finden sich Räume der Hoffnung, hier ist ein Milieu und eine Kultur der Hoffnung.

Hoffnung ist nie, so das vierte Erkennungsmerkmal, *gegen etwas, sondern immer für etwas* – nie gegen eine Sache, sondern *für* eine Sache. Hoffnung entzündet sich nie am Dagegen-, sondern immer am Dafürsein. Hoffnung entstand in der Vergangenheit nicht am Widerstand gegen eine bestimmte Sache, auch nicht gegen das Alter (oder gegen Ehe ohne Trauschein, Homosexualität, Schwangerschaftsabbruch, Islam...), sondern entstand immer an Personen, die Wege wussten und Wege gingen, die zum Ziel führten. Hinter dem Dagegensein mögen Wünsche und Sehnsüchte liegen, aber keine Hoffnungen. Brutstätten der Hoffnung liegen im »Dafürsein«.

Zusammenfassend: *Hoffnung ist der rote Teppich, der uns von der Zukunft her ausgelegt ist.* Hoffnung ist nicht Sache der Vergangenheit, sondern der Zukunft. Wer von Letzterer ein Bild hat und Wege sieht, hat Hoffnung. Hoffnung kann – deshalb – trotz gescheiterter Vergangenheit gedeihen. Hoffnung ist ein ausgelegter roter

Teppich, auf den sich erfolgreiche *und* gescheiterte Menschen stellen dürfen. Auf diesem Teppich gibt es viele freie Plätze. Auf diesem Teppich gedeiht das Neue, auf diesem Teppich gedeiht, was wir ebenso wie die auf uns folgenden Generationen brauchen – zum Leben, zum Älterwerden und – wenn es dann so weit ist – zum Sterben.

Hoffnung ist ein ausgelegter roter Teppich, auf den sich erfolgreiche *und* gescheiterte Menschen stellen dürfen. Auf diesem Teppich gibt es viele freie Plätze.

Zuhause, Schule, Kaufhaus, Gemeinde, Rathaus und vieles mehr: hier sind die Orte, an denen wir unsere Gegenwart leben und an denen wir jeden Tag 24 Stunden älter werden, jede Woche sieben Tage. Dies sind die Orte, an denen sich unsere Haltungen und Prägungen zum Älterwerden zeigen und an denen diese Haltungen reden, auch wenn ihnen die Worte fehlen. Deshalb die entscheidende Schlussfolgerung: An diesen Orten, an diesen Stellen, an diesen Plätzen, in diesen Räumen üben wir, Mensch der Hoffnung zu sein. Dies sind die Orte, an denen wir *heute einüben, was wir morgen brauchen*, zugespitzt: in unserem Älterwerden. Hier sind die Orte, die jetzt schon unser eigenes Lernfeld sind, und die gleichzeitig die Räume sind, in denen wir mit dem anstecken und angesteckt werden, was in uns ist, an Hoffnung oder Nicht-Hoffnung, an Zuversicht oder Nicht-Zuversicht, an Vertrauen oder Nicht-Vertrauen.

Älterwerden, das könnte das Fazit sein, hat fundamental mit unserer Haltung im Heute mit Blick auf die Zukunft zu tun, wie alt oder jung auch immer wir gerade sind oder uns fühlen. Hoffnung ist Kernmerkmal dessen, was uns im Älterwerden trägt. Wo wir sie vernachlässigen, verliert Leben den Nährboden, heute schon, und morgen noch viel mehr.

KAPITEL 7
ALS BABYBOOMER
IN SCHLÜSSELPOSITION –
DARUM WIRD ES GEHEN

»Älterwerden: Das größte Projekt meines Lebens
hat gerade begonnen.«
*Ein gerade 54-Jähriger, als er gefragt wurde, wie es ihm denn
so gehe.*

»Mit 66 Jahren, da fängt das Leben an.«
So sang Udo Jürgens, gestorben Ende 2014 im Alter von 80.

»Wir müssen... das Alter... selbst neu ergründen, weben,
sticken, schaffen, erfinden – so etwas ist ›dem Auszug
aus Ägypten‹, dem ›Aufbruch in die Freiheit‹, der Absage
an die ›Sklaverei der Langeweile, Isolation und Sinnlosig-
keit‹ vergleichbar.«
Reimer Gronemeyer[52]

Kurzer Zeitsprung ins Jahr 1890. Ort: Swakopmund im heutigen
Namibia im Südwesten Afrikas. Unser Blick richtet sich nach
Osten. Im Rücken tiefblau der Atlantik. Vor uns die Wüste. Im
Laufe nur weniger Tage erleben wir alles: die einzigartige Welt
der Dünen, schreckenerregende Sandstürme, extreme Tempe-
raturschwankungen von oben nach unten und von unten nach
oben. Und dann, sagt man, gibt es 30, 50 und 100 Kilometer weiter
östlich, im Landesinneren, verheißungsvolle Quellen, vielverspre-

chende Orte für Farmen, großartige Lebensräume, unübertreffliche Zukunft. Keine Frage: Wir *müssen* aufbrechen. Neuartige
technische Hilfsmittel werden erfunden, viele Menschen machen
mit, Pioniergeist findet Mittel und Wege. Das Experiment nimmt
seinen Lauf. Menschen brechen auf, das Land wird eingenommen.

Diese Geschichte erzählt ein 70-jähriger Unternehmer und
Missionar, der bis zum heutigen Tag von Farm zu Farm zieht,
Gottesdienste gestaltet, Trauungen vollzieht, Beerdigungen vor-
nimmt und vor allem Freundschaften lebt. Was er erzählt, könnte
die Melodie anstimmen, in die wir jetzt 50- bis 65-Jährigen für das
vor uns liegende Meisterstück unseres Lebens einstimmen dürfen.

Wir haben in den vorangehenden Abschnitten eine Menge Vor-
urteile korrigiert und Irritierendes beseitigt. Alter muss nicht bloß
ein Schrecken sein. Wir wissen in etwa, wer wir sind und worin
unsere Prägungen liegen. Wir kennen unsere Hauptressourcen.
Wir haben zumindest minimale Einsicht in unsere aktuelle Zeit
und Grundmerkmale des Menschen, von seiner Endlichkeit bis zu
seiner Bevollmächtigung. Unterscheidbare Lebensphasen halten
wir für gegeben. Auch entscheidende Eckpfeiler haben wir zur
Kenntnis genommen. Wir ahnen: Die vor uns liegende Lebensphase könnte Sinn machen. Nicht alles, was wir auf den ersten Blick
sehen, muss seine manchmal niederschmetternde Wucht behalten. Hoffnung ist berechtigt, ihre Quellen sind vorhanden.

Im Folgenden werden die Weichen im konkreten Vollzug gestellt. In der Tat liegt die Freiheit. Nur in der Tat lässt sich dem
Alter den Klang geben, der ihm zusteht, oder, wie Gronemeyer es
ausdrückt, den »Felsbrocken heben«. Im ersten Abschnitt wird
nochmals beleuchtet, wie eine neue Landkarte gezeichnet und neues Land erobert wird. In einem zweiten und dritten Abschnitt loten
wir Chancen und Begrenzungen unserer natürlichen Prägung als
Babyboomer aus. In einem weiteren Teil wird es um unser Vermächtnis gehen: Was werden unsere Enkel und Urenkel von uns

erzählen? Wir werden etwas hinterlassen, die Frage ist bloß was. In dieser Logik werfen wir die Scheinwerfer sodann auf zwei elementare Lebens- und Gestaltungsbereiche: was sich in unseren Städten und Dörfern bewegen lässt und wie wir uns in der Hohen Schule des Älterwerdens für den Hürdenlauf Alter fit halten. Schließlich und in aller Eindeutigkeit: Gewonnen werden wir dann haben, wenn Alte und Junge, Junge und Alte (wieder) miteinander lachen werden.

Abbildung 4: Schlüsselfelder im Ereignis Älterwerden

Das Alter neu erfinden: Die Landkarte zeichnen – Wegweiser im Land benennen

»Bühne frei«,
sagte der Regisseur unmittelbar vor der Hauptprobe.

»Altern ist… eine neue, historisch einzigartige Herausforderung.«
Peter Gross und Karin Fagetti im Buch »Glücksfall Alter«

»Was wir brauchen, sind ein paar verrückte Leute; seht
euch an, wohin uns die Normalen gebracht haben.«
George Bernard Shaw

»Einige sehen die Dinge und fragen ›Warum?‹ Doch ich träume
von Dingen, die es nicht gibt, und frage ›Warum nicht?‹.« So nochmals George B. Shaw. In diesem Gedanken liegt der Ausgangspunkt zukunftsträchtigen Denkens verborgen. Gelingt es uns, zu
sehen, was es noch nicht gibt? Es ist die Spur des Schauens mit
dem Herzen, im Rationalismus unserer westlichen Länder, leider,
nahezu erdrückt.

Haben Sie Architekten in Ihrem Bekanntenkreis? Das ist eine
faszinierende Berufsgruppe. Ihnen gelingt es, sich Wirklichkeit
vorzustellen, die es heute nicht gibt, die es aber morgen geben
könnte. Ihre besondere Fähigkeit: Architekten zeichnen, was werden kann und eines Tages sein wird. Ihnen bei ihrer Arbeit über
die Schultern zu schauen macht geradezu Spaß. Da hat einer doch
ein Foto eines ausgestorbenen, verlassenen Dorfes vor sich. Die
Fantasie überwältigt ihn. Er »sieht« und zeichnet eine Wirklichkeit, die anderen noch verschlossen, für ihn aber bereits völlig
existent ist. Im verlassenen, ausgestorbenen Dorf spielen (plötzlich) Kinder, findet sich ein Brunnen, blühen Blumen, stehen Son-
nenschirme, weisen die Häuser Balkone auf, lädt ein Café zum
Verweilen ein, und, und, und. Der Fantasie sind keine Grenzen
gesetzt. »Warum nicht?«, würde Shaw fragen. Ein Dorf hat ein
neues Gesicht erhalten. Es geht nur noch darum, zu gestalten,
was wir gesehen haben.

»Sechs Personen suchen einen Autor«, so der Titel des in diesem Buch bereits erwähnten Theaterstücks. Wie kommt ein Stück
zum Skript? Wie weiß der Souffleur, was er flüstern soll? Wie

merken die Dekorateure, wie die Bühne zu gestalten ist? Ein erster Schritt ist bereits vorgegeben. Wer die Landkarte des Alters neu zeichnen und das dazugehörige Drehbuch schreiben will, muss zuerst etwas sehen, das dem äußeren Auge verborgen ist. Und er muss zeichnen können. Vielleicht sind es vorerst nur grobe Züge, vielleicht eher die Details. Darauf wird es weniger ankommen. Vielmehr jedoch auf das Schauen als solches. Schaffen wir es, die wir so sehr geübt sind, Rationales, Logisches, Berechenbares zu bedenken, zu bereden, umzusetzen? Schaffen wir das Abenteuer eines langen Lebens? »Schauen« wir es, um es schaffen zu können!

Möglicherweise ist es in Vergessenheit geraten. Doch die europäische Geschichte ist voll, unfassbar voll mit Beispielen von solchem Schauen und entsprechendem Gestalten. Benedikt von Nursia, um nur einige Beispiele aufleuchten zu lassen, sah, wie das Christentum verflacht und verlottert, wenn es keine Kernzellen hat. Deshalb baute er Klöster. Dann: Europa braucht Bildung. Das sahen Menschen von Augustin bis Anselm von Canterbury. Das Ergebnis: die erste Universität in Bologna um das Jahr 1158. Oder: Phänomenal, wie Philipp Jakob Spener, der sogenannte Vater des Pietismus, die Situation von Armut und Bettlerwesen in den Städten nach dem Dreißigjährigen Krieg einschätzte und »sah«, wie das Sozialwesen auf neue Beine gestellt werden kann. Hier finden sich die Ursprünge unserer sozialen Marktwirtschaft. Schließlich: Was die Ministerpräsidenten Deutschlands am Chiemsee im Herbst 1948 vor Augen hatten, machte möglich, innerhalb von 14 Tagen die Grundkonturen des uns bis heute ein stabiles gesellschaftliches Fundament bietenden deutschen Grundgesetzes zu entwerfen. Beispiele noch und noch. Eine unglaubliche Ermutigung, auch aktuelle Herausforderungen mit »dem inneren Auge« zu schauen und entsprechend nicht Opfer, sondern Gestalter der Umstände zu werden und zu sein.

Der nächste Schritt: Mut zur Unterscheidung. Schön schwer und schwer schön, unsere Multioptionsgesellschaft. Die Chance: Es gibt wenige Vorgaben. Die Pflicht: Es muss immer wieder entschieden werden, welche Wege gegangen werden. Schon Thomas von Aquin riet rund um das Jahr 1250, bestimmte Dinge unserer Wirklichkeit zu unterscheiden, nicht aber zu trennen. Entsprechend unterscheiden wir Innenseite und Außenseite des Lebens, ablaufende und anlaufende Geschichte, Schweres im Alter und Hoffnung Machendes, Deprimierend-Niederschmetterndes in dieser Welt und Sinnstiftendes über den Tod hinaus. Beide Wirklichkeiten existieren. Zwischen ihnen gibt es die Weggabelungen auf dem Weg in unentdecktes Land. Fraglos: Manchmal ist es recht, einmal der einen und einmal der anderen Wirklichkeit mehr Gewicht zu geben. Unverzichtbar ist es allerdings, beide Wirklichkeiten vor Augen zu haben, Weggabelungen ernst zu nehmen und Wegweiser zu platzieren. Letztere erinnern uns, dass es stets auch die andere Wirklichkeit gibt. Außen und Innen, Ablaufendes und Anlaufendes gehören zusammen wie Sonne und Sterne, Tag und Nacht. Da ist es nur fair, immer wieder zu sagen: Es gibt beide Wirklichkeiten. Nur fair, allen Nachziehenden Orientierungsmöglichkeiten anzubieten. Gut, dass es Wegweiser gibt, wenngleich der Weg selbst gegangen werden muss.

Unser Meisterstück also: das Alter neu erfinden, das Skript neu schreiben, die Landkarte entwerfen. Das könnten die Wegmarken sein: ein Ort der Hoffnung und der inneren Stärke, Rückgrat einer postmodernen Gesellschaft, liebens- und erstrebenswert, sinnstiftend, selbstverständlich wie Jugend und Beruf, statt mit einer Fratze mit einem einladendem Gesicht, mit einem Augenzwinkern den Boom der Anti-Aging-Industrie unterlaufend. Alter: Nicht etwas Krankes, sondern Höhepunkt im Leben. Alter: der unver-

Alter: Nicht etwas Krankes, sondern Höhepunkt im Leben. Alter: Der unverzichtbare Baustein, um wissen zu können, was Leben wirklich ist.

zichtbare Baustein, um wissen zu können, was Leben wirklich ist. Bahnbrechend dieser Gedanke, nicht nur für alte Menschen, sondern für den höchst aktiven Firmenleiter, für die verantwortungsvolle Volksschullehrerin, für die lebenshungrige Bankangestellte, für den fleißigen Ingenieur und die wissbegierige Schauspielerin im Theater. Alter also, ein Land, das es um jeden Preis zu erobern gilt – nicht nur um der Alten, sondern um unser aller willen. Ein neuer Akt im Lauf der Zeit darf beginnen. Das Blatt ist, vor diesem ganzen Hintergrund, meist noch recht weiß und unbeschrieben. Das muss es nicht bleiben.

Wir Babyboomer: Das können wir – von den Stärken, die wir einsetzen sollten

Nicht nur einzelne Menschen haben ihre einzigartige Prägung, sondern auch Generationen. Immer sind es Stärken, die uns bei wachem Hinschauen sofort auffallen. Und natürlich entgehen dem kritischen Auge auch die Schwächen nicht, weder bei Einzelpersonen noch bei Generationen. Was die Stärken betrifft, so »boomt« es unter den Babyboomern geradezu. Schon am Anfang dieses Buches ist vieles davon aufgeleuchtet. Jetzt muss es direkt in den Zusammenhang Älterwerden – wie wir älter werden wollen? – gestellt werden.

Auf den folgenden Seiten also Stichworte und Beispiele von dem, was uns in frühen Lebensphasen zugutekam und uns deshalb auch künftig zugutekommen wird.

Zunächst haben wir so etwas wie einen grenzenlosen Optimismus, den wir in der Zeit 1950 bis 1990 eingesogen haben. Tief in uns hat sich ein Zeitgeist von »Anything goes« festgesetzt. Es kann deshalb eigentlich nicht sein, dass etwas nicht geht, etwas zu

Ende kommt, etwas definitiv scheitert. Kein Alarm, keine Katastrophe, kein Untergangsszenario ist imstande, uns aus der Bahn zu werfen. Das war so, und das wird so bleiben, nehmen wir an. Unbezahlbarer Vorteil, unbezahlbares Geschenk.

Und dann haben wir ja das Rudel. Sollten wir uns gerade nicht in der richtigen Community befinden, brechen wir im Notfall einige Beziehungen ab, um neue zu finden. Gleichgesinnte, die mit uns gemeinsam Krisen bewältigen und dunkle Tunnel durchschreiten, gibt es genug. Wir schlendern oder streunen uns durch, gruppenorientiert, wenngleich öfter mal ziemlich unorganisiert und ungeplant. Aber es klappt.

Dann, auch das können wir, waren wir schon immer gut im Verstehen und haben viel Verständnis für Andersartiges gezeigt. Andere Lebensentwürfe, Menschen mit andern gesellschaftlichen Vorstellungen, alternativen Glaubensüberzeugungen bedrohen uns nicht. Unsere Vorgängergeneration hat hinreichend gegen offenbar Falsches gekämpft. Wir moderieren uns im Entstandenen durch und vermeiden, wo immer möglich, Verluste. Was andere denken, glauben und wollen, kümmert uns nur begrenzt. Exponieren werden wir uns tendenzmäßig nicht. Im Praktischen aber greifen wir sehr wohl, sollte es doch eng werden, zur Selbsthilfe, gut legitimiert durch das, was wir Selbstbestimmung nennen. Bisher, so halten wir nicht ohne Stolz fest, sind wir ja recht gut über die Runden gekommen. Die vergangenen fünfzig Jahre können sich sehen lassen. Auch weltgeschichtlich eine Erfolgsstory ohnegleichen. Weltgeschichte, von uns mitgeprägt. Eigentlich ganz passabel, mit etwas Abstand betrachtet.

Ein Weiteres: Was wir nicht kennen, sind Tabus. Schon unsere Eltern ließen – meistens oder gelegentlich nach längerem Hoffen und Bangen – Tabubrüche zu. Mögen unsere Eltern und Tanten und Onkel gelitten haben, irgendwann sagten sie freundlich Ja und ließen uns ziehen. Es wird, so die Grundatmosphäre, schon irgendwie gehen. Es ist und bleibt so: Wir sind eigenständige Subjekte. Fremdbestimmung widerstrebt uns. Über kurz oder lang musste dies auch zur Grundüberzeugung unserer Eltern und deren Beziehungsnetz werden. So haben wir Gesellschaft verändert, sanft, nicht marktschreierisch, kaum bemerkt und doch äußerst wirkungsvoll.

Und schließlich: Veränderungen, kulturelle und technische Wandlungen sowie Neuerungen sind selbstverständlich und so normal wie der Morgen nach der Nacht. Lebensgeleise, die ins Abseits führen, sind keine Tragödien. Wir finden schon wieder zurück, ein bisschen anders vielleicht als erwartet und ursprünglich gedacht. Die Räume sind frei und offen, das war immer so, und so betreten wir gerne neue Laboratorien, definieren und entwerfen uns auch mal wieder selbst neu. Das haben wir seit der Kindheit getan, wieso sollten wir es nicht mit 50, 60 oder 70 auch wieder tun?

Lässt sich über unsere Stärken irgendwie etwas zusammenfassend sagen? Wir wissen: Natürlich sind viele von uns auch müde geworden. Einige Dellen sind kaum zu verbergen. Natürlich kennen wir sogenannte Schicksalsschläge. Auch gestehen wir ein, dass doch recht viele von uns auf den Moment warten, nicht mehr tun zu müssen, was andere vorgeben, also aus dem Erwerbsleben aussteigen zu dürfen. Doch könnte es nicht sein, dass sich gerade auch dahinter so etwas verbirgt wie der Wunsch, nochmals aufzubrechen, nochmals wie schon als Kinder und Jugendliche Räume zu füllen und Trends zu setzen? Ist es nicht das, was wir zutiefst können und was uns zutiefst entspricht? Irgendwie haben wir sie beibehalten, diese »negativitätslose Goldgräberstimmung«: das Negative (möglichst) ignorieren und mit Leidenschaft neue Räume füllen. Nicht tun und denken, was andere erwarten, aber doch Neues denken und Neuartiges tun. Das ist eine Hoffnungsspur. Nach Gold zu graben, ein erfüllendes Leben zu suchen und zu finden: das ist es, was uns auf dem Herzen brennt. Es ist Grundbestandteil unserer DNA, unseres kulturellen Erbgutes, Kern unserer Lebensphilosophie und unseres Denkmusters, unserer Mentalität, unserer Urabsichten und unserer Grundsehnsüchte.

Nach Gold zu graben, ein erfüllenden Leben zu suchen und zu finden: Das ist es, was uns auf dem Herzen brennt.

Wir haben viel erreicht in unserem Leben. Wir haben dem Leben, den Lebensvorstellungen und der Gesellschaft in jenem Raum, den uns die Generation vor uns frei gepflügt hat, den Stempel aufgedrückt. Es liegt in der Luft: Das werden wir auch mit dem Alter tun und zu tun vermögen. Dieses Eroberungsgen tragen wir in uns. Auf die jetzt 18-Jährigen, auf die Generation Y, auf die Golfer zu starren, ist out. Wir werden es selbst richten. Ein Paradigmenwechsel liegt im Hinblick auf das Alter in der Luft. Wieso nicht jetzt, durch uns?

Wir Babyboomer und die Herausforderungen – hier haben wir zu lernen

»Wer hundert Meilen zu laufen hat, sollte neunzig als die Hälfte ansehen.« Dieser Satz steht über dem Roman »Brot und Spiele« von Siegfried Lenz. Fast geht von ihm etwas Bedrohliches aus. Und tatsächlich: Die Hauptfigur, Leichtathletikstar Buchner, bricht am Ende des Laufs zusammen. Die Frage liegt in der Luft: Wieso hat es nicht gereicht? Was müsste sein, damit es reicht? Kennen wir sie hinreichend, die letzten Meter? Bleibt uns das Ziel vor Augen, auch dann, wenn es um die letzten Schweiß- und Blutstropfen geht? Schaffen wir auch diese Meter? Oder – uns bleibt beim Aussprechen die Spucke weg – hatten wir, leichtsinnigerweise, das Ende, die letzten Meter, das eigentliche Ziel doch zu wenig im Blick?

Unsere DNA hat auch Tücken, unsere Prägung hat Untiefen. Ein Satz ging uns manchmal schnell über die Lippen: Der Weg ist das Ziel. Dieser Satz enthält in einem Klima der Leistung, des Immer-mehr-Wollens, der nicht enden wollenden Strategie- und Jahreszieldebatten eine berechtigte Botschaft. Doch im Langstreckenlauf, vor allem im Langstreckenlauf des Lebens, verliert er sich im Nebulösen. Gerade wenn die Schweißperlen tropfen, ist das Ziel und die entsprechende Fähigkeit, dieses zu erreichen, entscheidend wichtig. Das ist ein erster Bereich, in dem unser inneres Erbe einer Ergänzung und Erweiterung bedarf. Hier kommen wir nicht darum herum, fundamental (neu) zu lernen und unseren Lebensstil zu korrigieren. Auch die letzten Meter sollen und wollen, ja, müssen gelingen. Das Ziel darf nicht verdunsten. Dies wäre buchstäblich lebensgefährlich.

An weiteren Stellen gibt es Lernbedarf, dem wir uns, immer vor dem Hintergrund unserer Stärken, zu stellen haben. Viel haben wir erreicht, wurde zu Recht festgehalten. Mit und unter uns kam es zum Boom – es dröhnte und brummte, blühte und florierte, sagten wir. Doch in alledem kam es auch zu eigenartigen Wirtschafts- und Lebensblüten. Eine dieser Blüten ist die Anti-Aging-Industrie. Unschwer festzustellen: Innerhalb dieses Klimas kristallisierte sich, bestimmt ohne bewusste Entscheidung, auch so etwas wie eine Grundabwehr gegen alles Älterwerden heraus. Die Frage: Ist diese Grundabwehr nicht noch viel tiefer zu verstehen und zu deuten, etwa im Sinne einer Grundabwehr gegen alles Schwache, gegen alles Gebrechliche, gegen alles nicht Boomende, also gegen alles Gegenläufige zum Boomenden, Aufblühenden, Zunehmenden, Mehrwerdenden? Wenn wir etwas zu lernen haben, dann bestimmt die mündige Integration dessen, was wie das Gegenteil von Boom klingt, also das, was nicht brummt, was keine äußere Schönheit aufweist, was dürftig und bedürftig ist. Könnte es sein, dass wir innerhalb unserer Lebensplanung für Fortgeschrittene, dem Projekt Älterwerden, noch so etwas lernen sollten wie eine Grundliebe zu Schwäche und Bedürftigkeit, ohne diese wiederum zu idealisieren?

Es gibt eine Art Versuchung, die heißt: »Wir haben so viel erreicht, wir haben so viel gegeben und investiert – jetzt ist es Zeit, die Früchte zu genießen. Dieser Genuss steht uns zu.« Auch dieser Gedanke hat etwas Gesundes in sich: Wo gearbeitet wird, muss auch geruht werden, wo geleistet wird, muss auch genossen werden, wo das Letzte gegeben wird, darf auch vom Besten empfangen werden. Der Landwirt, der nicht auch mal in die von ihm angebaute Frucht beißen darf, verliert den inneren Bezug zu dem, was er hervorbringt. Doch auch hier lauern Tücken. Die Urversuchung von uns Babyboomern liegt darin, dass wir da, wo der Druck nachlässt, allzu leicht in die Haltung des Zuschauens verfallen. In unserer Kindheit wurde das Fern-seh-gerät entwickelt, also das Zuschauen fundamental legitimiert. Aus dem Fern-sehen wurde das Fern-stehen, indem man zum unmittelbaren Geschehen auch gern mal auf Distanz ging. Hinzu kam das Anspruchsdenken: Früher waren es die Eltern, die uns rundum versorgten, heute erwarten wir es – fatalerweise – vom Staat. Dieser hat für eine Rundumversorgung geradezustehen. Wir leben, so der Grundsatz, von Voraussetzungen, für die nicht wir sorgen, sondern andere sorgen lassen. Das ist in sich fatal. Doch was wir dabei vor allem aus dem Blick verlieren: Das Älterwerden ist zu brisant und zu existenziell, als dass wir die Sorge dafür anderen, gegebenenfalls dem Staat, überlassen könnten oder gar sollten.

Noch eine Hürde haben wir – entgegen unserem Erbgut – in unserem Hürdenlauf zu nehmen. Niemals wollten wir dem unmittelbaren Umfeld zur Last fallen. Wir spürten: Schon unsere Väter und Mütter hatten parallel zu uns Kindern auch andere Ziele, als bloß uns zu unserer Lebenserfüllung zu verhelfen. Es war unangenehm, ja, fast schämten wir uns, wenn wir nicht fähig waren, uns selbst zu helfen, und so anderen zur Last fielen. Das wussten wir zu vermeiden, zu vertuschen, da und dort auch mit einer Notlüge. Zu viel Selbstbewusstsein hatten wir bereits getankt. Wollen wir heute prinzipiell in dieser Grundhaltung weiterleben, könnte sich das bitter rächen. Es schrillen die Alarmglocken. Ob wir wollen oder nicht, auch wir können und dürfen zur Last fallen. Und das dürfen wir besonders dann, wenn wir zuvor unsere Verantwortung wahrgenommen haben. Sollte es nicht gelingen, hier zur eigenen Bedürftigkeit zu stehen, Hilfe in Anspruch zu nehmen und »Last« für andere zu sein, könnte dies lebensbedrohlich werden. Nicht, weil andere uns ans Leben wollen, sondern deshalb, weil wir uns in einer allein nicht zu bewältigenden Belastungssituation selbst zur Lebensgefahr werden. Wer

> Ob wir wollen oder nicht, auch wir können und dürfen zur Last fallen.

sich nicht erlaubt, unter gewissen Umständen Last sein zu dürfen, steht in der Versuchung – lediglich vordergründig selbstbestimmt –, Lebens-Auswege zu wählen. Bereits der Gedanke ist bedrohlich. Geben und Nehmen, Nehmen ohne schlechtes Gewissen, Empfangen in Würde und Gelassenheit: dies gilt es zu lernen, wenn immer möglich nicht erst kurz vor der Ziellinie, sondern besser weit davor.

Das Gesunde stärken und pflegen, das Krankhafte im Auge behalten und korrigieren. So könnten wir es wagen, weiterzugehen. Und dies im Wissen: Was in unserem Leben gesät worden ist, was wir selbst in unser Leben hineingesät haben und hineinsäen ließen, das wird seine Frucht bringen. Zugespitzt: Wir werden ernten, was wir gesät haben, früher oder später. Dieser Grundsatz mag für unsere Vorfahren etwas weniger dramatisch gewesen sein. Sind uns aber 30 Jahre mehr auferlegt als noch unseren Urgroßeltern, dann werden wir dramatisch und mit Wucht damit konfrontiert, dass wir auch schon in diesem hiesigen Leben erkennen und erkennen müssen, was wir gesät haben. Zugegeben: Das kann als

Drohung gedeutet werden. Wir sollten es jedoch mit allen uns verfügbaren Kräften als Chance verstehen und die Frage zulassen, wie Lebensstil und Lebensmuster, Lebensphilosophie und Lebensentwurf sich so ausrichten lassen, dass wir gute, genießbare Früchte ernten, auch schon im diesseitigen Leben. Es ist angemessen, dass wir uns da und dort, auch wenn dies sehr viel Mut braucht, auch mal infrage stellen lassen. Es ist zukunftsträchtig, wenn wir es zulassen, dass nicht wirklich tragfähige Lebensmuster korrigiert werden, ja genau dies ist – neben der Nutzung der Stärken unserer Generation – Gebot der Stunde.

Vom guten Vermächtnis, über das kommende Generationen reden werden

> »In der Höhle, vor der Du Dich fürchtest, ist der Schatz, den Du suchst.«
> *Josef Campbell*

Wer von uns mag es nicht gern, wenn von ihm oder ihr Gutes geredet wird? Wer schätzt es nicht, wenn genau hingehört wird, wenn er oder sie etwas sagt? Im Zusammenhang mit der sogenannten »Postmoderne« spricht man oft von einer »großen Erzählung«, die abhandenzukommen droht. Um eine große Erzählung handelt es sich weniger, wenn Großvater eine spannende Geschichte aus seiner Jugend von sich gibt, sondern wenn er erzählt, wie es etwa zur Gründung der Eidgenossenschaft oder zur Ausbreitung des Christentums in Europa oder zum Kaisertum in China oder zur sozialen Marktwirtschaft in Deutschland gekommen ist. Großvater, oder wer immer erzählt, spannt in diesem Moment den großen Bogen. Wir spüren: Jetzt geht es um etwas ganz Besonderes, etwas Großes. Jetzt halte ich den Atem an. Jetzt verschlägt es mir die

Sprache. Und ich entdecke: Irgendwie bin ich Teil dieser großen Angelegenheit. Großvater nimmt mich, ohne dass er dies bewusst will, mit hinein in etwas geheimnisvoll Großartiges, von dem ich Teil sein darf.

Solche »großen Erzählungen« gab es, zumindest in unserem Kulturkreis, bisher nicht, wenn es um die Thematik Alter ging. Wer aber sagt, dass es dies nicht eines Tages geben wird? Der Anlass könnte vergleichbar sein mit dem, der 1291 bei der Eidgenossenschaft zum Rütlischwur führte. Von allen Seiten wurde die Ureinwohnerschaft auf dem heutigen Schweizer Boden bedrängt, verachtet, bekämpft und nach Strich und Faden ausgenutzt. Im Beharren auf Bisherigem gab es keine rosigen Zukunftsaussichten. Was tat man? Aus drei sogenannten Urkantonen kam man zusammen, sagte, was man dachte, sprach über Freunde und Feinde, gewann eine Vorstellung darüber, wie man es gerne hätte, fand Regelungen für mögliche Notsituationen, versprach sich gegenseitige Hilfe und ging voller Hoffnung auf das Kommende zu. Darüber erzählt man bis heute, meist mit viel Betroffenheit, stets auch mit Bewunderung und dem Bedürfnis, doch mehr über solche begangenen und deshalb gangbaren Wege zu hören.

Sie haben uns etwas hinterlassen, jene Männer und Frauen, die an der Gründung der Eidgenossenschaft oder der Ausbreitung des Christentums in Europa oder des Kaisertums in China oder der sozialen Marktwirtschaft beteiligt waren. Die Personen, die wir namentlich kennen, waren diejenigen, die das Vermächtnis in Worte fassten. Weit entscheidender jedoch waren jene unzähligen Menschen, die – oft unscheinbar – einfach mitgewirkt haben, dass Neues entstehen konnte. Die uns Bekannten konnten nur deshalb in den Geschichtsbüchern und damit in den großen Erzählungen Platz finden, weil viele Unbekannte den Neuanfang möglich gemacht haben.

Bei Vermächtnis denken wir natürlich zuerst an Besitz oder Finanzen, die den folgenden Generationen »vermacht« werden.

In die Geschichte aber geht nicht nur ein, wer Materielles weitergibt, sondern in besonderer Weise auch derjenige, der eine große Idee hatte oder eine große Tat vollbrachte. Und nicht selten waren Menschen, die Besitz oder Geld vermachten, auch Menschen, die leidenschaftlich für Ideen eingetreten und zu Menschen der Tat geworden waren.

Ein Vermächtnis gibt es auch im Unscheinbaren und Schlichten. Weit gefehlt, wenn wir glauben, dass nur »die Großen« beziehungsweise jene Menschen, die wir für groß halten, ein Vermächtnis hinterlassen. Fast täglich lassen sich, vorwiegend unter alten Menschen, Geschichten hören, wie Einzelpersonen in bedrängenden Situationen Übermenschliches geschafft haben, etwa wie die Mutter plötzlich mit vier Kindern auf dem Bauernhof allein dastand, oder wie die Großmutter ihrem Mann bei der Ausreise nach Kanada beigestanden ist, oder wie der Vater in der Wirtschaftskrise jede Chance nutzte, ein klein bisschen Geld dazuzuverdienen. Der Kern dieser Erzählungen ist immer wieder ähnlich: Im Leid, im Schmerz, im Notvollen wird das Große, das Unerwartete, das die Normalität Übersteigende getan. Davon wird erzählt. Darauf wird gehört. Allerdings, wir können es bedauern oder nicht, fand nicht nur Schönes in den Erzählungen Platz. Den Nachkommen hat auch jener Mensch etwas hinterlassen, der feige war, der davongelaufen ist, der in größter Not nicht mitgeholfen hat und dem Solidarität ein Fremdwort war. Auch von ihm wird geredet und erzählt. Daher kann man feststellen: *Man kann gar nicht kein Vermächtnis hinterlassen.* Die Frage ist bloß, welcher Art das hinterlassene Vermächtnis ist.

Es liegt spürbar in der Luft: Was wohl wird über uns, die wir so schön Babyboomer genannt werden, wohl eines Tages erzählt werden – über uns als Einzelpersonen und über uns als ganze Generation? Ein kleines gedankliches Experiment mag inspirieren: Was wäre, wenn man über unsere Generation, also uns, die wir zwischen 1950 und 1968 geboren wurden, etwa folgende »Große Erzählung« weitergeben würde? Ein Versuch:

Wir schreiben das Jahr 2060. Opa und Oma – sie sind Kinder jener Generation, die zur Welt kam, als alles boomte – haben zwei ihrer Enkel auf ihrem Schoß. Sie erzählen. »Wisst ihr«, beginnen sie, »es war schon eine außergewöhnliche Zeit, als unsere Eltern geboren worden sind. Sie kannten weder Krieg noch Hunger noch Armut. Sie wuchsen in einer Zeit auf, von der wir heute sagen müssen, dass es wohl bisher weltgeschichtlich die beste und schönste aller Zeiten war. Während 60 Jahren schien alles einfach ideal zu sein. Doch drei Grundherausforderungen haben die damals Schlauen unter ihnen erkannt: die fundamentalen demografischen Veränderungen, die Herausforderungen rund um Flüchtlingswellen, Migration und Integration sowie die gesellschaftlich-wirtschaftlich-politische Überforderung im Bereich der Ressourcen, insbesondere der Finanzen.

Als unsere Eltern so rund um die 60 waren, wurde in den westlichen Ländern eine gewaltige Debatte rund um das Alter geführt. Wie, fragten vie e, wollen wir eigentlich alt werden? Es gab eine Reihe von eigenartigen und für uns heute nicht mehr nachvollziehbaren Auseinandersetzungen. Am verrücktesten war damals wohl dieses Diskutieren und Debattieren über die Frage, ob es nicht besser wäre, am Ende des Lebens selbst darüber zu bestimmen, wann und wie man, mithilfe der Medizin, so schnell, schmerzlos und unauffällig wie möglich aus dem Leben gehen könnte und möchte. Die damalige Generation hat in den Jahren etwa 1990 bis 2020 das Alter von Grund auf nicht geliebt. Alter und Älterwerden wurden als Feinde des Lebens angesehen.

Plötzlich aber, und das war wie etwas eigenartig Ansteckendes, hielten zuerst einige, dann immer mehr inne und stellten ernsthaft die Frage, ob diese Fährte, nämlich Alter, Gebrechen, Schwäche und Sterben, aus dem Leben zu verbannen, wirklich auf die Dauer hilfreich und wünschenswert sein kann. Plötzlich gab es überall Stimmen, die sagten: ›Wir schaffen uns ja ab, so kann es doch nicht weitergehen. Wir müssen das Alter neu erfinden und neu definieren, wir brauchen ein neues Selbstverständnis von Alter, wir müssen die Landkarte des langen Lebens neu zeichnen, Alter darf nicht Feind sein, Alter muss so normal sein wie Kindheit und Jugend, Alter hat einen unverzichtbaren Beitrag für das Gelingen des 21. Jahrhunderts zu leisten.‹ Plötzlich, so erinnern wir uns, kam es zu einer fundamental andern Mentalität in vielen Schichten der Gesellschaft. Es fand, geheimnisvoll und doch gut wahrnehmbar, eine Art Umdenken statt. Etwas Besonderes war, dass damals die Christen aus vielen Frei- und Landeskirchen eine Art Vorreiterrolle eingenommen haben. Alter war ein Thema, bei dem sie, die Christen, nicht, wie leider immer wieder bei andern Themen, einfach hinterherhinkten. Vielmehr sahen sie Alter als einen Gestaltungsraum an, irgendwie als einen Raum der Hoffnung, als einen Raum der Barmherzigkeit, als einen Raum der Liebe, als eine Art Liebestrank für die gesamte Gesellschaft. Wir sind«, so schlossen die Großeltern ihr kurzes Erzählen über ihre Eltern, »ganz bewegt, wenn wir an dieser Stelle an unsere Eltern denken. Sie haben nicht alles gut gemacht, ganz bestimmt nicht. Aber was das Alter betrifft, da sind sie nochmals aufgebrochen. Alter war für sie nicht nur Schicksal, aber auch nicht nur etwas, über das man verfügen konnte und das man beenden konnte, wenn man gerade keine Lust mehr darauf hatte. Die Menschen, die damals als Babyboomer in die Geschichte eingegangen sind, haben, das müssen wir voller Respekt sagen, etwas wirklich Umwerfendes geschafft. Sie haben den Raum Alter neu gefüllt. Freiwillig gaben sie sich selbst einige Lebensregeln. Wir haben, dank ihnen, richtig Freude darauf bekommen, alt zu werden.«

Eine wirklich gute Frage: Was eigentlich hinterlassen wir, die wir heute grundsätzlich meist recht unbekümmert unterwegs sind? Werden unsere Kinder und Enkel unser Erbe, nicht nur das materielle, schätzen, oder werden sie es als Fluch empfinden, was wir in die Weltgeschichte eingebracht haben? Werden die Urenkel lauschen, oder werden sie sagen: Vergiss es! Es wird nicht angehen, ihnen einfach die Schuld in die Schuhe zu schieben, wenn sie nicht zuhören wollen. Wir, auch wenn wir jetzt bereits über 50 Jahre alt sind, haben es in der Hand, was man über uns, insbesondere über unser Älterwerden und unseren Umgang mit dem Alter, sagen wird. Wir stellen jetzt die Weichen. Darüber, wie wir sie stellen, wird man reden.

Das Bewegende – von der Melodie des Älterwerdens in unserer Stadt und auf unserem Dorf

Liebhaber des Lebens – wir hoffen, dass wir das sind – begnügen sich nicht mit dem guten Gedanken. Gute Gedanken, das haben diese in sich, wollen in die Konkretion, in das Ereignis, in den Vollzug. Eine kurze Rückschau: Ungefähr seit 1960 brach eine Welle der Professionalisierung über unsere (westliche) Welt her. Die Kompetenz der Ungeschulten reichte angeblich nicht mehr. Profis mussten her, im Bereich etwa der Behinderten genauso wie im Bereich der Alten. Manchmal kann man den Eindruck gewinnen, dass Professionalität so etwas wie eine Ersatzreligion geworden ist. Deren Priester ist der Fachmann, ihr heiliges Buch ist die Leitlinie, in der korrektes Verhalten benannt wird. Kann das auf Dauer gut gehen?

Wirklich weiterführend kann solches im Zeitalter der Ressourcenknappheit und der Stellenstreichungen nicht sein. Fünf alternative Wege beziehungsweise ereignisauslösende Initiativen sind einleuchtender. Sie könnten wesentlich nachhaltiger sein. Im Folgenden werden sie skizzenhaft beschrieben.

Initiative Nr. 1: Verantwortung wieder entdecken

Die vergangenen 20 bis 40 Jahre reizten dazu, Verantwortung zu delegieren. Der Laie überträgt sie dem Profi, der Bürger dem Staat. Natürlich hat Verantwortung, wir wissen es, ihre Tücken: Es gibt nicht nur ein Zuwenig, es gibt oftmals auch ein Zuviel, eine Art Überverantwortung. Gut deshalb, was der Profi kann und was der Staat leistet. Ergänzung tut not, keiner schafft es allein. Keine Frage.

Es ergibt Sinn, wie wir gesehen haben, dass 60-Jährige für 70-Jährige, 70-Jährige für 80-Jährige, 80-Jährige für 90-Jährige, und da und dort 90-Jährige für 100-Jährige Sorge tragen. Neben Vertrauen, Versöhnung, Voraussicht und Verfügbarkeit gehört Verantwortung zu den elementaren fünf V-Werten, den fünf Vs, wie wir sie anderswo nannten.[53] Verantwortung ist das Gegenmittel zu schleichender Entmündigung. Zur Würde des Menschen gehört es, Verantwortung tragen zu dürfen. Es ist ein Grundsatz des Lebens, dass Verantwortung sich nie erübrigt, bis zum letzten Atemzug nicht. Verantwortung gehört zum Leben wie das Ein- und Ausatmen. Immer geht es um die Antwort auf das sich jetzt, in diesem Moment und unter diesen Umständen ereignende Leben. Nicht ob, sondern wie Verantwortung wahrgenommen wird, ist die entscheidende Frage. Die Melodie im Älterwerden: sich Verantwortung zuzugestehen, so missverständlich sich dies etwa bei einem bettlägerigen 95-Jährigen auch anhören mag. Welch eine Wirkung allerdings, wenn er das Personal ermutigt, wenn er sich mit dem Sohn versöhnt oder den Besuch mit einem stummen Lächeln empfängt. Erfülltes Altwerden funktioniert nur, wenn wir uns die in jeder Lebensphase angemessene Verantwortung zutrauen und zumuten. Als jetzt 60-Jährige üben wir den Blick auf das, was herausfordernd ist, wenn sich die glücklichen Jahre bei Freunden und Nachbarn nach der Pensionierung entleeren, weil alle Wünsche erfüllt sind. Als 70-Jährige werden wir sehen und sehen lernen, was die Nachbarschaft bewegt und was sich auf der Pflegestation tut – nicht nur bei Blutsverwandten, sondern bei Freunden und Menschen, die zu Freunden werden könnten. Als 80-Jährige werden wir zu Mutmachern für Lebensumstände, die Not bereiten, sei es durch den Verlust lieb gewordener Menschen, sei es durch eigene Schicksalsschläge, sei es durch Bedrückendes in der eigenen Familiengeschichte. Bewegend, wenn in unseren Städten und Dörfern diese Melodie des Älterwerdens erklingen darf. Neu gefundene, der eigenen Originalität angepasste und auf sie abgestimmte Verantwortung ist wie der Grundton der noch leise ertönenden Melodie guten Älterwerdens.

Initiative Nr. 2: Den Profis zur Seite gehen

Es war die historisch neuartige Herausforderung im Sommer 2015. Die nach Europa, speziell nach Deutschland, strebenden Flüchtlinge insbesondere aus dem Nahen Osten eröffnen plötzlich die Chance zu Dingen, die vorher undenkbar gewesen sind. Wir lesen Sätze wie: »Wir werden pensionierte Lehrer und andere Beamte aus dem Ruhestand zurückholen müssen, damit sie in der Schule und der

Verwaltung helfen.«[54] Wieso derart ungewöhnlich? Wieso bloß in extremer Notsituation? Wir erleben es längst, dass Profis in Heimen und Pflegeeinrichtungen kaum mehr Zeit und Möglichkeit haben, das in ihrem Dienst zu tun, was elementar zum Leben gehören würde. Wie bewegend, wenn plötzlich Menschen, die der Gesellschaft etwas von dem vielen, was sie in vergangenen Jahren empfangen durften, zurückgeben möchten und an der Pforte von Pflegeeinrichtungen nachfragen, ob sie Bewohner und Bewohnerinnen besuchen dürfen. Wie bewegend, wenn Menschen, denen die Europareise im Wohnmobil nicht wirklich erstrebenswert erscheint, den Heimpfarrer fragen, ob sie ihn in der Seelsorge und Begleitung alter und sterbender Menschen entlasten dürften. Wie bewegend, wenn pensionierte Pflegekräfte nach drei Jahren Pause sagen, sie würden gerne wieder mithelfen, wo Not am Mann oder an der Frau ist – vergleichbar mit pensionierten Lehrern, die plötzlich wieder im Klassenzimmer auftreten. Wäre, so darf gefragt werden, durch solche Initiativen nicht ein Dreifaches gewonnen? Zum einen wird der Lebensphase der 60-, 70- oder 80-Jährigen eine zusätzliche Sinnstiftung ermöglicht, zum andern gewinnen diese Menschen teilweise Einblicke in Lebensphasen, die ihnen selbst, meist geheimnisvoll, noch bevorstehen, und schließlich lassen sich bei bedürftigen Menschen mit wenig Aufwand große Wirkungen erzielen. Auch dies ein Teil einer neuen Melodie für die Generation, die als nächste das Erwerbsleben hinter sich lassen wird. Warum sich nicht die eigene Vorstellungswelt gerade in diesem Bereich bereichern lassen?

> Wie bewegend, wenn Menschen, denen die Europareise im Wohnmobil nicht wirklich erstrebenswert erscheint, den Heimpfarrer fragen, ob sie ihn in der Seelsorge und Begleitung alter und sterbender Menschen entlasten dürften.

Initiative Nr. 3: Entlasten in Grenzsituationen

Befreiend zu wissen, dass heute immer noch ein Großteil älterer Menschen zu Hause begleitet, betreut und gepflegt wird. Unglaublich und unbezahlbar, was hier von Begleitenden, Betreuenden und Pflegenden – es sind in der Regel Angehörige, meist Frauen – geleistet wird. Unfassbar aber auch, wie sehr gerade dieser Personenkreis allein und sich selbst überlassen bleibt, bedroht vom Zuviel. Zaghaft entstehen auf privater Basis Entlastungsinitiativen. Pflegebetten werden zur Verfügung gestellt. Pflegende Angehörige bekommen einen Tag oder eine Woche »frei«. Die Fantasie darf noch etwas weiter gehen. Ein frühpensionierter 60-Jähriger bringt in der Nachbarschaft das Frühstück vorbei, eine 64-jährige ehemalige Verwaltungsangestellte bietet Hilfe im Bereich Finanzen an, ein 58-jähriger abenteuerlustiger Lehrer interessiert sich für das Lernverhalten bei 90-Jährigen und offeriert frohe Experimentierstunden, Mitglieder einer christlichen Gemeinde sprechen, statt regelmäßige Kaffeekränzchen mit Insidern anzubieten, regelmäßig mit der Sozialbehörde der Stadt und sind verfügbar, wenn die Behörde Notsituationen benennt.

Selbstverständlichkeit? Ja, wenn so etwas wie ein Ruck durch die Generation geht, die sich der oder den kommenden Lebensphasen zu stellen hat. Projekte liegen dieser Generation grundsätzlich. Unsere Städte, Stadtviertel und Dörfer bedürfen solcher Initiativen und Projekte. In ihnen wird die Melodie gespielt, die erklingt, wenn es um das Älterwerden geht. Sie, Menschen aus der Generation der jetzt 50- bis 65-Jährigen, gelten als Agenten des Wandels. Sätze wie »Das geht nicht« zählen bei ihnen – in der Regel – nicht. Ihr Potenzial zu nutzen, wäre die Chance der kommenden Jahrzehnte, möglicherweise neben oder nach der obligatorisch scheinenden Kreuzfahrt oder der Tour quer durch Südamerika.

Ein kurzer Blick in die frühe Kirchengeschichte bringt Erstaunliches zutage. Man spricht von den »Sieben Tugenden der Barmherzigkeit«, die es in den ersten drei Jahrhunderten nach Christus schafften, dass sich das Evangelium innerhalb kürzester Zeit über das ganze damalige römische Imperium verbreiten konnte. Diese Tugenden waren: Hungrige nähren, Durstigen zu trinken geben, Fremde beherbergen, Nackte bekleiden, Kranke besuchen, Gefangene trösten und Tote, auch die des Gegners, begraben. Es waren keine Methoden oder Strategien, durch die Großes bewirkt worden ist. Es war die schlichte Tat, die die Ausbreitung und Akzeptanz des Evangeliums in nicht christlichen Ländern möglich machte. Vielleicht kann dieses geschichtliche Wissen eine zutiefst bewegende Ermutigung für Menschen heute werden, denen das Evangelium lieb ist. Im Tun liegt das Entscheidende, immer gewürzt mit dem, was wir Dienen nennen.

Initiative Nr. 4: Wohnen im Klima der Fürsorge

Nur zu bekannt und nachvollziehbar ist der Wunsch der meisten Menschen, im Alter möglichst lange zu Hause leben zu dürfen. Die Ermutigung manch Jüngerer, doch in guter körperlicher und seelischer Verfassung den Sprung ins Altersheim zu wagen, verhallt. Die gute Botschaft lautet: Es gibt Alternativen. Groß denken und glauben ist gefragt.

Es gibt Alternativen. Groß denken und glauben ist gefragt.

Alt werden ist riskant. Im Jahr 2050 wird es, wenn wir denn den Statistiken Glauben schenken, in Deutschland zwischen 4,3 und 4,5 Millionen pflegebedürftige Menschen geben. Werden Verwandte beistehen? Die Vermutung ist: Nein, sie werden arbeiten. Nachdem für die Generation Babyboomer Wohngemeinschaften wie überhaupt alternatives Wohnen selbstverständlich waren, liegt die Frage in der Luft: Wieso nicht nochmals neu den Mut zu gemeinschaftlichen Wohnprojekten aufbringen? Längst gibt es einige Pilotprojekte. Wo immer Häuser umgebaut, Stadtviertel neu gestaltet, Stadtteile konzipiert werden, wächst die Überzeugung, auf eine bestimmte Anzahl Bewohner je eine Art Pflegestation mit 2 bis 10 Betten vorzusehen. Nicht nur der bisher zuständige Arzt und Pfarrer bleiben für Menschen in Umbruchsituationen bestehen, sondern das gesamte Beziehungsnetz, sowohl innerhalb als auch außerhalb der Familie. Mag sein, dass diese in der Nachbarschaft liegenden Pflegestationen in erster Linie von Teilzeitkräften und Freiwilligen, also semiprofessionell, betrieben und betreut werden. Umso mehr aber ergibt sich die einzigartige Chance, Nähe zu leben und ein Klima der Fürsorge zu praktizieren, gerade in instabilen Zeiten der Veränderung. Die Voraussetzung dafür ist allerdings, dass wir neu lernen, nicht nur einen Blick für das innere Wohlergehen zu pflegen und den Rest des Lebens der anonymen Gesellschaft und der Politik zu überlassen, sondern weitsichtig auch den konkreten Lebensvollzug in Raum und Zeit vor Augen zu haben. Wohnen ist nicht bloß Privatsache. Wohnen und Leben in der Nachbarschaft, im Dorf, in der Stadt sind öffentliche Angelegenheit. Bücher wie »Die Midlife-Boomer« von Margaret Heckel oder Henning Scherfs »Grau ist bunt – Was im Alter möglich ist« geben hier gute Hinweise zum Weiterdenken.

Initiative Nr. 5: Neu entfachte Liebe zum Lernen

Unter dem Stichwort »lernen« bietet uns die Online-Enzyklopädie Wikipedia am 17. September 2015 ganze 97 100 000 Ergebnisse in gerade 0,39 Sekunden. Wer kennt nicht die Stichworte »livelong learning«, die von der UNESCO geforderte »lifelong education for all« oder die einschlägige Idee der »éducation permanente«?

Eine wahre Freude, sich drei Minuten zu gönnen, um bei Google zum Stichwort »lernen« die Bilder, Karikaturen und Skizzen zu bestaunen.

Lernen und Lernenwollen sind Selbstverständlichkeit. Es war selbstverständlich seit unserer Kindheit, es blieb selbstverständlich in unserem ganzen Familien- und Erwerbsleben. Nie wollten wir zurückbleiben, weder in der Erziehung unserer Kinder noch in der Firma, im Unternehmen, im Betrieb. Wieso eigentlich sollte dies abbrechen?

Es war bei einem gemütlichen Abendessen in einem angenehm ruhigen Lokal. Wir waren rund acht Menschen im Alter zwischen 50 und 60. Wie es so ist, landeten wir beim Thema unserer beruflichen Tätigkeiten. »Sag mal«, sprach der vermutlich jüngste Teilnehmer dieser Runde, »wie redest du eigentlich mit Menschen, die doch im Alter ziemlich stumm werden?« Ein größeres Aha-Erlebnis ging rund um den Tisch, als die beiden, die aus diesem Arbeitsfeld kamen, erzählten, wie sie älteren Menschen begegnen und ihnen Sprache entlocken. Einer, zunächst eher ahnungslos, meinte: »Nie hätte ich gedacht, dass es so einfach sein kann, mit zunächst unbekannten alten Menschen ins Gespräch zu kommen. Das würde ja sogar ich noch schaffen und lernen können.«

Es gibt Grunderkenntnisse über das Lernen. Dazu gehört etwa, dass Erwachsene in erster Linie das Lernen anhand von Erfahrungen schätzen oder dass bei ihnen die Lernbereitschaft proportional mit dem Bedürfnis zunimmt, Aufgaben zu erfüllen oder Probleme zu lösen. Dass es an Letzterem im Hinblick auf das Älterwerden mangelt, wird wohl niemand behaupten. Die Herausforderung wird lediglich darin bestehen, unsere Befindlichkeit, auch unsere Bedenken und unsere Hoffnungen mit diesen aktuell bestehenden Aufgaben und Problemen zu verknüpfen und uns die Lernfelder zu gönnen beziehungsweise die Lernfelder konkret zu betreten. Wenn, wie Gerald Hüther berichtet, ein 80-Jähriger noch Chinesisch lernt, weil er sich in eine Chinesin verliebt hat, dann kann auch bei uns eine neue Liebe zum Lernen im Hinblick auf das Älterwerden entfacht werden. Immer noch gilt: Wir, die sogenannten Babyboomer, brechen gern auf und erkunden gern. Elementarer Bestandteil dieses Erkundens und Aufbrechens ist Lernen.

Die Hohe Schule des Älterwerdens – jetzt wird es gut mit uns

>»Ich muss noch viel lernen – ich bin in der Hochschule«, bemerkt die 94-jährige Heimbewohnerin. Auf die Rückfrage, was sie damit meint, antwortet sie: »Am Anfang des Lebens war ich in der Grundschule. Dann kam ich in die Lebensschule. Und heute bin ich an der Hochschule.«

Das Alter ist für uns nicht selten wie eine Fremdsprache. Wer lernte schon gern Vokabeln? Wer liebte die Sprachübungen? Wer ließ sich gern korrigieren? Und doch: Wenn wir dann mal in Frankreich, England oder Spanien waren, wurden wir von einem leisen Stolz befallen, als wir uns irgendwie verständlich machen konnten. Es waren schöne Momente, wenn Verständigung gelang.

Nach Bernhard von Becker geht es »im Flottenverband« an die Seniorenuniversität.[55] Sie ist die neue zivile Community. Warum eigentlich nicht? Diskussionsbedürftig könnten lediglich die Inhalte und der Ort dieser »Universität« sein.

Wir gestehen: Die Herzenssprache, die Herzensdimension, die Herzenslogik hat es schwer unter uns Menschen des 20. und 21. Jahrhunderts, durch und durch geprägt von dem, was wir Rationalismus nennen. Doch genau um diese Herzensdimension dürfte es in der Hohen Schule des Älterwerdens gehen. Die Säulen des modernen Denkens – die Machbarkeit, die Beherrschbarkeit, die

Erklärbarkeit, die Voraussagbarkeit – werden instabil und brüchig, wenn es um das Alter und das Älterwerden geht. Natürlich ist klar: Es wird nicht ein Entweder-oder zwischen Kopf und Herz geben. Es gibt bloß einen Nachholbedarf auf der Seite des Herzens. Säulen dieser (Herzens-) Schule sind das Sehen, das Verstehen, das »Vernehmen« (von dem her sich der Begriff »Vernunft« herleitet) und das Staunen. Wenn wir so wollen, sind dies die vier Fakultäten dessen, was wir nicht Seniorenuniversität, sondern Herzensuniversität nennen.[56]

Zur »Fakultät Sehen« oder zur »Sehschule«: Vater dieser »Fakultät« wird niemand anderes sein als Blaise Pascal, das mathematische Genie des 17. Jahrhunderts. Pascal lebte von 1623 bis 1662 und prägte den Lehrsatz: »Das Herz hat seine Gründe, die der Verstand nicht kennt.« Als genialer Wissenschaftler weiß Pascal um die Chancen des Verstandes. Er weiß aber auch um die alles übertreffende und alles relativierende Macht des Herzens. Antoine de Saint-Exupéry war es, der Jahrhunderte später den analogen Gedanken mit dem Satz ausdrückt: »Der Mensch sieht nur mit dem Herzen gut.« Wir tun, im Sinne der Hohen Schule des Älterwerdens, gut daran, auf diese Impulse zu hören. Wahre europäische Kultur ist, so sagte jemand, Kultur des Herzens. Wo die Augen des Herzens verschlossen bleiben, bleiben entscheidende Dimensionen menschlichen Lebens unentdeckt und für eine lebenswerte Zukunft ungenutzt. Die Hohe Schule des Alters – sie heißt uns spätestens da willkommen, wenn mehr Leben hinter als vor einem liegt – ist also zunächst eine Hohe Schule des Sehens. Wir lernen zu schauen. Was sehen und schauen wir, wenn wir Alter sehen? Was sehen wir, wenn uns Schwäche und Gebrechlichkeit ins Auge stechen? Was schauen wir, wenn sich die Vorboten des Todes unmissverständlich zu Wort melden? Wir merken: ein einzigartiges Unternehmen, in die Sehschule gehen zu dürfen. Nicht nur, was das äußere Auge sieht, entscheidet über unser Denken und Tun, sondern in ganz besonderer Weise das, was unser inneres Auges, unser Herzensauge, sieht und sehen lernen darf.

Zur »Fakultät Verstehen«: Sprachen sind in der Tat etwas äußerst Anregendes. Überraschend etwa die Entdeckung, dass für den deutschen Begriff »Verstehen« in der englischen Sprache das Wort »to understand« benutzt wird. Würden wir dieses Verb unvoreingenommen zurückübersetzen, lägen Stichworte wie »sich darunterstellen« oder »sich unter etwas stellen« nahe. »Verstehen« wird damit in weite Ferne zum Begriff »erklären können« gerückt. Nicht die Erklärung einer Situation wird unser erstes und letztes Anliegen sein, es wird nicht darum gehen, Beobachtetes im Hinblick darauf auszulegen, etwas machen zu können. Verstehen hat vielmehr mit dem Annehmen, Akzeptieren und Bejahen einer Situation zu tun, die eben gerade nicht erklärbar und linear veränderbar ist. Solches Verstehen ist Kernbestandteil der Hohen Schule des Älterwerdens. Welch eine Gelassenheit, welch eine Ruhe, welch ein Friede könnte von Orten ausgehen, an denen nicht die Frage vorherrscht, ob man »noch etwas tun könne« (oder ob bereits »alles zu spät« ist)? In einer solchen Schule herrscht die Frage vor, was sich hinter Vordergründigem verbirgt, hinter Kontrollierbarem versteckt und hinter Oberflächlichem nur leise bemerkbar macht.

Das wollen wir verstehen – im genannten, tief-sinnigen Verständnis. Warum gibt es solch eine Hohe Schule nicht bereits für aktive Berufsleute auf der Höhe ihres Wirkens? Warum nicht für Lehrer, die noch viel vorhaben? Warum nicht für Bankleute, denen das 21. Jahrhundert ein Anliegen ist? Warum nicht für politisch Engagierte, die sich nicht damit begnügen, alles zu tun, um den guten Schein zu wahren?

> In einer solchen Schule herrscht die Frage vor, was sich hinter Vordergründigem verbirgt, hinter Kontrollierbarem versteckt und hinter Oberflächlichem nur leise bemerkbar macht.

Zur »Fakultät Vernehmen«. Man hat schon oft versucht, das Geschehen in unserem Kopf in das zu unterteilen, was der Verstand tut, und das, was die Vernunft übernimmt. Meist herrschte Einigkeit darüber: Der Verstand ist zuständig für das Wissen und die logische Kombination dieses Wissens, die Vernunft ist verantwortlich für die Einordnung, den Rahmen und die Deutung des Gewussten. Wer nun Vernunft und damit Vernünftiges in den Zusammenhang von Vernehmen bringt, wird noch etwas tiefer sehen. Vernehmen hat nicht mit lauten Tönen, vielmehr mit dem Sanften, Zarten, Unscheinbaren zu tun. An der »Fakultät Vernehmen« geht es also um nichts anderes als darum, die feinen Töne zu hören und herauszuhören. Es ist, als würden wir uns ein Hörgerät besorgen, mithilfe dessen wir plötzlich hören und vernehmen, was uns bisher entgangen ist. Dieses Hörgerät des Herzens wird nicht wie viele vor allem ältere Hörgeräte auch unnötige Nebengeräusche verstärken, es wird nicht stets leer werdende Batterien aufweisen und wird in seiner Klobigkeit auch nicht Gesichter verunstalten. Dieses feine Gerät des Herzens wird wahrnehmen, was ohne Worte mitgeteilt wird, was auf dem Herzen liegt und was mit dem zarten Wink des Blickes um ein Gehörtwerden bittet.

Zur »Fakultät Staunen«. Staunen, so könnte man sagen, ist so etwas wie eine emotionale Reaktion auf das Erleben von Unerwartetem. Die alten Philosophen, etwa Plato oder nach ihm Aristoteles, waren schon einige Jahrhunderte vor Christus der Meinung, dass am Anfang allen Philosophierens, im weiteren Sinn allen echten Nachdenkens, das Staunen steht. Für Plato ist das Staunen »die Einstellung eines Mannes, der die Weisheit wahrhaft liebt«. Staunen also als weitere Säule auf dem Gelände der Hohen Schule des Älterwerdens. Staunen, das ist das Betrübliche, kann nicht, wer alles schon zu wissen glaubt, und Staunen kann nicht, wer nicht bereit ist, sich in einen Raum zu begeben, der seine Geheimnisse haben darf, in dem nicht die Auflösung aller Rätsel beansprucht wird und in dem Ohnmacht – nicht machen können – zugelassen ist. Es ist erstaunlich festzustellen, wie sehr gerade das Alter, das hohe Alter und das Sterben Anlass sind, nochmals neu verblüfft zu sein und staunen lernen zu können. Allerdings nicht über das Unabwendbare, sondern über das Leben schlechthin, über das Leben, wie es wirklich ist, über das, was jenseits des Vergänglichen liegt, über die Innenseite des Lebens, über die anlaufende Geschichte des Menschen, über einzigartige Lebensphasen und deren Beauftragung, über Sinn und Hoffnung, die im Alter möglich sind. Staunen ist dann schlicht die vierte Säule dessen, was Herzensuniversität, was die Hohe Schule des Älterwerdens im Kern ausmacht. Offensichtlich ist dabei, dass diese Schule nicht früh genug besucht werden kann. Und ebenso klar ist: Nicht ein Gebäude, nicht eine Unterrichtsstunde, nicht ein allwissender Lehrer steht im Vordergrund, sondern das Erlebnis in der Begegnung mit dem Alter, mit sich selbst, mit dem eigenen Älterwerden und den auch jeden Tag etwas älter werdenden Mitmenschen aus unserem Umfeld.

Das Alter, so abschließend zum Thema Hohe Schule, geht nicht in den Ruhestand. Alter kommt, gebeten und ungebeten. Alter tritt ein und wirkt, gewollt und nicht gewollt. Wir tun gut daran, uns an das Thema heranzuwagen und heranzutasten – um unseretwillen und um der Gesellschaft willen. Herzensuniversität, Hohe Schule des Älterwerdens, Sehschule: All dies sind gute und verheißungsvolle Umschreibungen dessen, was möglich macht, als Lernende unzählbar viele neue Erkenntnisse zu gewinnen, selbst nicht erahnte Erfahrungen zu machen, Menschen des eigenen Umfeldes beschenken zu können und von ihnen beschenkt zu werden, kommenden Generationen Anreize

Und ebenso klar ist: Nicht ein Gebäude, nicht eine Unterrichtsstunde, nicht ein allwissender Lehrer steht im Vordergrund, sondern das Erlebnis in der Begegnung mit dem Alter, mit sich selbst, mit dem eigenen Älterwerden und den auch jeden Tag etwas älter werdenden Mitmenschen aus unserem Umfeld.

zum Älterwerden zu geben und in alledem einen entscheidenden Beitrag zum Gelingen des 21. Jahrhunderts zu leisten. Einzigartige Vorrechte einer einzigartigen, mittlerweile um die 60 Jahre alten Generation westlicher Gesellschaften.

Alte werden mit Jungen, Junge mit Alten lachen

>»Die Zeit meines hohen Alters ist derart ein Genuss.
> Ich habe einfach mitgefeiert an diesem Fest
> der Generationen«,
> *sagte ein rund 92-Jähriger, fast schon blind, bei einem Anlass,*
> *an dem etwas vom Reichtum der Generationen aufleuchten sollte.*

Unsere Zeit ringt darum, ja, lechzt und schreit danach, mit den Herausforderungen des Lebens mündig umzugehen. Einer der Schmerzpunkte in unserer Zeit ist das bedrohte Miteinander, manchmal Auseinanderbrechen der Generationen. Werden die Älterwerdenden allein bleiben? Werden die Jüngeren den Älteren gegenüber desinteressiert sein, vielleicht – im guten Fall – bereit, sich der Älteren gegen Entlohnung anzunehmen? Werden sich Ältere damit begnügen, über Jüngere zu schimpfen und anzumerken, was Letztere nicht gut machen? Sind wir als abendländische Gemeinschaft auf dem Weg in die Parallelgesellschaft? Nein, wird die Antwort sein. Es gibt Alternativen. Einmal mehr ist es die Bibel, die uns gerade diesbezüglich faszinierende Inspirationen liefert. Sie soll deshalb hier direkt und zuerst zu Wort kommen.

Psalm 148,12-13: Angesichts der Tatsache, wie groß Gott ist, gibt es nur ein Motto, nämlich diesen Gott, über die Generationen hinweg, zu loben. Wörtlich heißt es: »Ihr jungen Männer und jungen Frauen, ihr Alte mitsamt den Jungen: Ihr alle sollt loben den Namen des Herrn, denn dieser Name allein ist hoch erhaben. Seine Majestät erstreckt sich über Himmel und Erde!«

Jeremia 31,13: Auch hier leuchtet etwas unübertrefflich Zuversichtliches auf: »Die jungen Frauen werden wieder Reigen tanzen und die Männer – alte wie junge – werden mitfeiern. Ich will ihre Trauer in Freude verwandeln und will sie trösten. Ihren Kummer will ich wegnehmen und ihnen stattdessen Freude schenken.«

Sacharja 8,4-5: Der Prophet sieht mit seinem inneren Auge, was Gott vorschwebt. Wörtlich: »So spricht der Herr, der Allmächtige: ›Alte Männer und Frauen werden wieder auf den Plätzen Jerusalems zusammensitzen, jeder mit dem Stock in der Hand, wegen ihres hohen Alters. Und die Plätze der Stadt werden voller Jungen und Mädchen sein, die dort spielen.‹«

Apostelgeschichte 2,17: Ein verblüffendes Wort aus dem Neuen Testament, übernommen von einem alttestamentlichen Propheten. Die Gemeinde der Zukunft, so lässt Petrus seine zahlreiche Zuhörerschaft wissen, kann nicht nur die Sache einer einzelnen Generation sein. Der Beitrag jeder einzelnen Generation ist gefragt. Im Wortlaut heißt es: »In den letzten Tagen, spricht Gott, werde ich meinen Geist über alle Menschen ausgießen. Eure Söhne und Töchter werden weissagen, eure jungen Männer werden Visionen haben und eure alten Männer prophetische Träume.«

Unübertrefflich also, diese Perspektive des entspannten Miteinanders der Generationen. Dass Gott selbst, so lesen wir im letzten

Vers des Alten Testaments, Entscheidendes beiträgt, ist tröstlich: »Er wird die Herzen der Väter ihren Kindern und die Herzen der Kinder ihren Vätern zuwenden« (so in Maleachi 3,24). Im biblischen Denken ist ein Auseinanderbrechen der Generationen schlicht nicht denkbar.

Doch auch im nicht speziell biblisch orientierten Denken ist etwas von der Schönheit dieses Miteinanders spürbar. In einem solchen Miteinander liegt eine »Wiedererwärmung der Gesellschaft« (Gronemeyer). Von mehr Humor und damit Leichtigkeit spricht Margaret Heckel und davon, dass dadurch etwas von der »Verkniffenheit des irdischen Seins« weichen darf. Wie gut, dass im lachenden Miteinander die beste Grundlage zu einem »Miteinander-Denken« (Peter Gross) von Jung und Alt entsteht. Mehr noch: »Generationen lernen miteinander« (Eva-Maria Antz u.a.). Fast klingt in diesen und ähnlichen Gedankengängen etwas an von einer »Neuordnung des Generationenvertrages«, von einem neuen verantwortlichen Miteinander der Generationen, dem puren Gegenteil von allem anspruchsgetriebenen Krieg der Generationen.[57]

Klingt in der Tat gut, sagt und denkt der eine oder andere. Und spürbar ist, dass sich sofort Skepsis im Hinblick auf dieses Miteinander breitmachen will. Natürlich darf es nicht sein, dass wir ein Ideal pflegen und dem Idealismus verfallen. Allerdings scheinen gerade wir Europäer ein sehr eigenes, hausgemachtes Problem zu haben. »Old Europe« hat, so wissen wir, aktuell eine Reihe ungelöster Probleme. Das ist so. Die Finanzkrise, der Ukrainekonflikt, die Not mit der Migration, die Flüchtlingsströme, der Terrorismus und einiges mehr sprechen eine deutliche Sprache. Überall ist die Rede von Überforderung und Ohnmacht. Alles in allem nicht sehr hoffnungsstiftend. Ein sehr spezifisches Problem scheint diesem »Old Europe« allerdings in besonderer Weise innezuwohnen und ihm das Leben schwer zu machen. Es ist eine Art »destruktives Selbstbild«. Europa hätte, so wird gesagt, keine Sprache und kein

Sensorium für die eigene Stärke, »kein Gefühl für das, was möglich ist«, und kein Gespür für eine »zukunftstaugliche Denkweise«.[58] Die Selbstkritik zerfleischt uns. Bei alldem Ungelösten ist etwas Lebensentscheidendes abhandengekommen. Es ist das Lachen und das Lachenkönnen. Humor, Lachen, miteinander fröhlich sein: Können wir das noch? Und können wir es generationenübergreifend? Oder sind wir bereits zu ernst, zu verbissen, zu zerknirscht geworden? Es wäre dann die Zeit, wieder neu lachen zu lernen, sogar dann, wenn es im aktuellen Moment gerade nichts zu lachen gibt, wie wir uns da und dort im Altersheim zurufen.

Nun hat das Alter und all das, was dieses Alter an Vergänglichkeit und Hinfälligkeit des Menschen mit sich bringt, wahrlich ein großes Potenzial, zu destruktiver Mentalität beizutragen. Zwingend allerdings ist dies nicht. Zwei Kernmerkmale der Generation Babyboomer kommen gerade hier nochmals zum Zuge, einmal als Chance und einmal als (zusätzliche) Gefährdung. Die Chance: Wir Babyboomer sind grundsätzlich eine fröhliche Generation. Immer schon hatten wir es im Blut, die Spuren des Glücklichseins und der Fröhlichkeit zu entdecken und uns darin zu bewegen. Eine gute Sache. Die Gefährdung aber folgt dicht auf den Fersen. Das ist der Gang durch die Hintertür. Wenn immer es in unseren Räumen zu eng wurde, wählten wir die Hintertür. Das ist so in unserem Umfeld, das ist so in unseren Ehen, das ist so im Zusammenhang mit unseren Kindern, und das ist so – wenn kein gegenteiliger Impuls kommt –, was unser Lebensende betrifft. Angesichts von allzu schwer Erscheinendem haben wir schon immer Auswege gemacht. Das ist ungut und zusätzlich deprimierend.

»Lachen von Jung und Alt«: Gelingt es, dass unser Älterwerden das Gespenstische verliert, dann könnte etwas Unbekümmertes,

> Es wäre dann die Zeit, wieder neu lachen zu lernen, sogar dann, wenn es im aktuellen Moment gerade nichts zu lachen gibt.

etwas Unbeschwertes, etwas Unbesorgtes, etwas Leichtherziges, etwas Ungetrübtes aufkommen und aufleuchten. Das Schwere kann und muss weichen. Was liegt näher, als dass etwas von dem, was Gott laut dem Zeugnis der Bibel vorschwebt, Wirklichkeit wird? Was liegt näher, als dass Alte mit Jungen und Junge mit Alten (wieder) lachen werden?

Lebensplanung für Fortgeschrittene: Auch das Lachen, das Lachenkönnen und das Lachendürfen – über die eigene Generation hinaus – ist Teil davon. Alter ist also keine vernebelte, trübe, kalte Novemberlandschaft, sondern immer auch, durch jede einzelne Phase hindurch, von etwas Frühlingshaftem und Aufbrechendem geprägt. Das ist der Boden, auf dem die unzählig vielen guten Erfahrungen, die unüberschaubar zahlreichen Einsichten unserer Generation, ja, unser Vermächtnis an die kommende Welt gedeihen und sich weitervermitteln lassen.

KAPITEL 8
ALS BABYBOOMER GLÜCKLICH STERBEN

»Ich habe dieses Buch geschrieben, weil ich Zeit meines Lebens auf der Suche nach dem Geheimnis eines erfüllten und sinnvollen Lebens gewesen bin. Schon als kleiner Junge interessierte ich mich dafür, was genau einen Menschen im Leben glücklich macht und ihn dann, wenn es so weit ist, zufrieden sterben lässt.«
John Izzo, Autor des Buches »Die fünf Geheimnisse,
die Sie entdecken sollten, bevor Sie sterben«

»Über nichts habe ich so viel, so oft, so kontrovers, so verzweifelt nachgedacht wie über die Endlichkeit.«
Jürgen Domian in seinem Buch »Interview mit dem Tod«

»Erwarte Dir nichts vom Menschen, wenn er für sein eigenes Leben und nicht für die Ewigkeit arbeitet.«
Antoine de Saint-Exupéry

Geheimnisvoll, verdrängt, inszeniert, ignoriert, verleugnet, aus unserem Leben und unserer Zeit und unserem Miteinander ausgeklammert, eine stumme Parallelwelt: der Tod. Er passt nicht, das geht nicht, das kann nicht sein. Sterben, das ist eine Sache für andere. Zunehmen, wachsen, größer und schöner und besser und schneller werden: das sind unsere Leitworte und Ideale. Unser Kopf allerdings erinnert uns in besonderen Situationen daran, und manchmal sagt »man« uns: Auch ich werde sterben. Alle müssen sterben. Unausweichlich lauert der Tod, bis er zuschlagen kann, vielleicht zunächst sanft, mithilfe seiner Vorboten, dann aber deutlicher, auch wenn sich 1 000 Hände gegen ihn wehren. Er, der Tod, kommt. Die Frage ist: Wie wollen, besser, wie dürfen wir es mit ihm halten?

Die Botschaften aus dem Raum unserer modern-postmodernen Gesellschaft könnten unterschiedlicher nicht sein. Als junge Väter genossen wir mit unseren Kindern den Film »König der Löwen« mit seinem faszinierenden »ewigen Kreislauf des Lebens«. Ganz seriös vertiefen sich nicht wenige von uns in Nahtoderfahrungen und Todeserlebnisse von Kindern und Erwachsenen. Wie könnte es im Himmel sein, lautet da und dort die Frage. Neugierde packt uns. Manche Menschen lassen die Kameras laufen, wenn sie willentlich oder schicksalsergeben ihre letzten Atemzüge tun. Nicht einmal Papst Johannes Paul II., ein Mensch des Herzens, verbarg sein Leiden und sein Sterben vor der Öffentlichkeit. Der Tod selbst, siehe das Buch von Jürgen Domian, wird interviewt.

Monika Renz, Doktorin der Philosophie und der Theologie, zudem Musik- und Psychotherapeutin, veröffentlicht rund 80 »Zeugnisse Sterbender«.[59] Ihr Fazit: Wir tabuisieren zwar nicht Sterben und Tod als solches, aber doch die Ohnmacht, die Unausweichlichkeit, die Ausweglosigkeit (das »Ohne-Weg-Sein«), die Verzweiflung. Genau diese angebliche Ausweglosigkeit aber zwickt uns als Boomer-Generation. Wir mögen Tabus nicht, wir wollen es wissen, wir wollen handeln, wir wollen die Herausforderungen packen, wir wollen Räume füllen. Es wäre unlogisch, gar feige und unaufrichtig, würden wir uns dieser angeblichen Ohnmacht und mit ihr den letzten Fragen unseres Lebens und Daseins nicht stellen. Wer weiß, ob wir nicht sogar Spuren finden, die nochmals ein völlig neues Licht auf unser gegenwärtiges Unterwegssein gerade im Älterwerden werfen. Nicht das »Ohne-Weg-Sein«, sondern einen Weg wissen und kennen und haben ist unser Wunsch und unsere Sehnsucht. Darin gedeiht Hoffnung: für uns und folgerichtig für die Generation(en) nach uns.

Im Folgenden spüren wir drei Schwerpunkten nach: dem Sterben als selbstverständlichem Teil des Lebens, der Versöhnung mit dem Unveränderbaren und dem Sehen dessen, was als Schönstes und Bestes jene erwartet, die schon jetzt sagen: Da will ich dabei sein.

Sterben – ein Teil des Lebens

»Ich freue mich aufs Ende«,
sagt der 88-jährige Ernst Sieber, der wohl bekannteste, zurzeit lebende Schweizer Pfarrer.[60]

»Die meisten Menschen sterben in etwa so, wie sie gelebt haben.«
Gian D. Borasio, Professor für Palliativmedizin[61]

»Meine Zeit steht in Deinen Händen.«
Psalm 31,16; L

Noch ist es nicht allzu lange her, dass Tote einige Tage im »Totenstübchen« aufgebahrt waren. Man konnte den Toten besuchen und sich von ihm verabschieden. Er, sein Leben, sein Sterben und sein Tod gehörten zu uns. Noch vor einigen Jahrzehnten war klar: Ein Jahr lang hat man Schwarz getragen, wenn ein naher Familienangehöriger gestorben war. Danach aber, einige Jahre später, schienen wir wie einen Drang zu verspüren, Sterben und Tod zu »exkommunizieren«, was so viel heißt wie aus der Gemeinschaft auszusondern. Wir wollten Sterben und Tod nicht haben, vermutlich einfach nicht wahr-haben und als Wirklichkeit ernst nehmen. Sterben und Tod entsprachen nicht dem Boom und Lebensgefühl der zweiten Hälfte des 20. Jahrhunderts. Zu Hause geboren werden: das geht. Zu Hause (oder überhaupt) sterben: das geht nicht.

Dann doch besser wieder zurück nach früher? Das wird wohl kein glaubwürdiges Postulat sein. Es ist und bleibt so: Mit dem Tod wird dem Menschen viel, sehr viel zugemutet. Sterben und Tod sind eine Bürde, nichts, was mit links zu bewältigen ist. Sogar Jesus weinte beim Tod von Lazarus. Umso mehr gilt: keine billige Romantik, kein billiger Trost, kein billiges »Ist-ja-nicht-so-Schlimm«. Irgendwie muss es einen dritten Weg geben, weder eine angstgetriebene Exkommunikation noch eine sentimentale Inklusion.

Sterben als zwar ein herber, aber schlichter und selbstverständlicher Teil des Lebens: Warum eigentlich nicht? Längst haben wir im Laufe bisheriger Ausführungen gespürt: Es gibt im Leben stets (mindestens) zwei Wirklichkeiten, die unauflöslich miteinander verknüpft sind und untrennbar ineinandergreifen: die ablaufende und die anlaufende Geschichte, der äußere und der innere Mensch, Vergangenes und Künftiges, oder eben: die Ordnung des Lebens und die Ordnung des Todes. Letzte Gespräche mit sterbenden Menschen bestätigen diese innere Verknüpfung und verbieten jegliche Loslösung der beiden Ordnungen.

Einer aus der Generation der Babyboomer war es, der einfach mal nachgefragt hat. Uwe Schulz, Jahrgang 1966, führt – wie könnte es einer aus der großen Babyboomer-Generation anders tun – »Letzte Gespräche an der Schwelle des Tode«.[62] Den *einen* Tod, das *eine* Sterben gibt es nicht. Sterben und Tod sind so vielfältig wie das Leben auch. Eigenartig bloß: So individuell und einmalig jedes Sterben und jeder Tod ist, so deutlich ist der Zusammenhang zwischen der Art, wie jemand lebt, und der Weise, wie jemand stirbt. Die naheliegende, schier zwingende Schlussfolgerung: Das Leben und das Sterben sind eine einzige Welt, gegebenenfalls mit unterschiedlichem Gesicht.

Sterben also: wesentlicher Teil des Lebens, mit anderem Gesicht zwar, aber geprägt und geleitet von den gleichen Mechanismen wie das Leben. Natürlich bleiben Fragen, natürlich wird man zurückhaltend sein, dies stets eins zu eins auf eine einzelne Person übertragen zu wollen. Könnte es aber doch sein, dass sich im Sterben zeigt, was und wie das Leben war und ist? Hatten wir möglicherweise Angst vor dem Leben, wenn wir Angst vor dem Sterben haben? Haben wir – im Hinblick auf unser Sterben und unseren Tod – hinreichend und früh genug gelernt, unser Leben von der Zukunft her zu sehen? Hatten wir stets nur Gegenwärtiges vor Augen, und haben wir möglicherweise zu sehr vergessen, den Blick immer ein bisschen mehr auf Künftiges als auf Gegenwärtiges oder Vergangenes zu richten? Wollten wir hinreichend, dass nicht nur Gegenwärtiges, sondern vor allem Zukünftiges gelingt? Haben wir bei allem Loslassen genügend eingeübt, stets das vor Augen zu haben, was wir gewinnen? Solche und ähnliche Fragen gehen, wie man zu sagen pflegt, »ans Eingemachte«. Sie mögen vertraut klingen oder völlig abwegig sein. Bloß: Es sind – letztlich – nicht Fragen zu Sterben und Tod, die irgendwann mal, in ferner Zeit relevant sind, sondern Fragen des Lebens, heute von Bedeutung. Wer sie ernst nimmt, wird nicht nur im Leben, sondern auch im Sterben gewinnen. Leben ist das Thema. Sterben und Tod haben darin ihren Platz, ihre Heimat, ihr Zuhause.

Eigentlich müssten wir Babyboomer an der Thematik auf geheimnisvolle Weise Gefallen finden. Wollten wir als »Generation mehr« nicht ein »immer mehr«? Wollten wir nicht verfügbare und

> Hatten wir möglicherweise Angst vor dem Leben, wenn wir Angst vor dem Sterben haben?

uns bereitete Räume füllen? Wollten wir nicht das Bessere, Schönere, Angenehmere? Die Bibel wäre auf unserer Seite. Rund 400 Mal spricht sie von Ewigkeit, also von dem, was uns nach dem Tod erwartet. Sterben und Tod sind in der Sicht der Bibel völlig normale Dinge, Selbstverständlichkeiten. Rund 200 Mal ist vom Tod die Rede, rund 150 Mal vom Sterben. Wieso dann das Thema von sich wegweisen, vor sich herschieben, unbeachtet lassen, ignorieren? Die ersten Christen feierten den Sterbetag als den Geburtstag zum Leben. Für sie war der Tod Eingang ins Leben. Ein neuer Raum durfte betreten werden. Wieso sind wir hier derart zögerlich, wo wir genau dies doch derart gern tun?

Damit kein Missverständnis entsteht: Sterben ist, wie Alter generell, kein Kinderspiel, nicht mit links zu bewältigen, niemals kleinzureden. Doch gerade da, wo Schwachheit, Leid, Schmerz uns ganz nahekommen, da wird uns Gott als »Gott allen Trostes« vorgestellt (2. Korinther 1,3). Dieser Trost ist not-wendig. Allerdings nicht von billiger Art, etwa im Sinne von: »Ist nicht so schlimm!« Oder: »Das wirst du schon schaffen!« Vielmehr meint Trost das Aufzeigen eines Weges angesichts scheinbarer Aus-Weg-Losigkeit, das Wegaufzeigen im »Ohne-Weg-Sein«, das Wegzeigen in eine neue Welt. Das ist tragende Hoffnung, sogar in schlimmster, manchmal notvollster Stunde des Lebens.

Wenn wir das Sterben in das Leben einordnen – konkreter: Wenn wir Babyboomer das Sterben mit ins Leben nehmen – können nochmals entscheidende Abschnitte unseres Vermächtnisses geschrieben werden. »Ihr Ende schauet an«, mahnt uns der Apostel Paulus im Brief an die Philipper (3,17). Vom mündigem Älterwerden ist uns schon viel vor Augen gemalt worden. Jetzt ein Letztes zum Sterben, zum guten Sterben, zum »glücklichen Sterben«: »Todsicher« kommt er, der Tod, aber eines ist klar: Der Tod ist kein hoffnungsloser Fall. Dies ahnten Menschen zu allen Zeiten. Dies darf auch geahnt werden in kommenden Zeiten. »Wie wir mitten im Leben vom Tode umfangen sind, so müsst ihr jetzt auch ganz fest überzeugt sein, dass wir mitten im Tode vom Leben umfangen sind«, sagte der Reformator Johannes Calvin. Das ist eine Grundgewissheit. Mag sein, dass Calvin mit diesem Satz besonders zum Leben ermutigen will, zum Leben, von dem das Sterben bloß ein Teil ist. Mag sein, dass er mit diesem Satz auch sagen wollte: Seid gewiss, und: Wie ihr in dieser Gewissheit gelebt habt und gestorben seid, darüber werden kommende Generationen erzählen. Das ist der Rede wert. Das wird Teil eures Vermächtnisses werden.

Der Tod – nur der Erzfeind?

Hatten Sie schon einmal den Mut, ohne besonderen Anlass einfach über einen beliebigen Friedhof zu spazieren und zu lesen, was auf den Grabsteinen eingraviert ist? Herr X, Frau Y: Geboren am ..., gestorben am ... – Das ist das eine, die äußere Wirklichkeit. Dann aber lesen wir da und dort Sätze wie: »Hier ruht im Frieden«, oder: »Jesus ist unsere Hoffnung«, oder: »Am Ziel des Glaubens angekommen«. Im Weitergehen kommen Fragen auf: Stimmt das alles wirklich? Ruht er (oder sie) wirklich im Frieden, ist er (oder sie) wirklich in der Hoffnung zu Hause, ist er (oder sie) wirklich am Ziel des Glaubens?

Während man so vor sich hin sinniert, meldet sich eine weitere Frage zu Wort: Wenn es tatsächlich so sein sollte, könnte oder müsste dann dem Kommenden gegenüber nicht eine völlig andere Haltung entstehen und gedeihen? Müssten wir nicht nochmals über die Bücher gehen? Ist es denn tatsächlich der jetzt gelebten Wirklichkeit angemessen, den Tod bloß als Erzfeind zu betrachten? Wäre es nicht vielmehr naheliegend, so etwas wie eine Versöhnung mit dem Tod zuzulassen, ja, vielleicht zu beabsichtigen?

Im 1. Korintherbrief, im großen Auferstehungskapitel der neutestamentlichen Briefe, wird uns der Tod als der letzte Feind beschrieben (1. Korinther 15,26). Er ist mit seiner ganzen destruktiven Wucht am Anfang unserer Weltgeschichte in diese Welt eingedrungen. An vielen Stellen und zu vielen Zeiten hat er seine ganze Macht entfaltet, immer neu auf schreckliche, feige, lügnerische, menschen- und schöpfungsentwürdigende und -verachtende Art und Weise. Ihm aber, so die Zentralbotschaft des Evangeliums, hat Christus die Macht genommen. Die Tür in den Raum des Lebens ist offen, und hier haben, das ist gute Nachricht, keine Macht des Bösen, kein Teufel, kein Satan mehr Zutritt. Dieser Raum wird deshalb exklusiv ein Raum des Lebens sein, ein Raum ohne Schmerz und ohne Tränen, ein Raum ohne Krankheit und ohne Leid, ein Raum ohne Destruktives und ohne Entwürdigendes.

Doch stopp – zumindest für einen Moment! Hier in unserem Leben, hier in dieser Welt, hier und jetzt, da haben der Tod und seine Vorboten noch ihre Macht, zwar von Gott begrenzt, aber doch als machtvolle Selbstverständlichkeit. Es wird gestorben, auf der ganzen Welt, stündlich, überall. Dies sogar dann, wenn dem Diesseits ein Jenseits zur Seite gegeben wird, in der Sprache Bonhoeffers: wenn der vorletzten Wirklichkeit die letzte Wirklichkeit zur Seite gestellt wird. Hier und jetzt leben wir, in aller Hinfälligkeit und Vergänglichkeit, eben in der diesseitigen, vorletzten Wirklichkeit. Wie, die Frage liegt in der Luft, wollen, sollen und können wir all den herben, unwirschen, bedrückenden diesseitigen Wirklichkeiten mündig begegnen? Wie die vorletzte Wirklichkeit von der letzten Wirklichkeit durchdringen lassen?

Das Einzigartige, nahezu Unverständliche, Unfassbare: In der Antwort darauf gewinnen wir nochmals eine ganz neue Sichtweise auf alles Älterwerden, alle Schwäche, alle Gebrechlichkeit, jegliches Alter. Der befreiende Gedanke lautet: Wenn Christus wirklich in diese Welt gekommen ist, um Versöhnung zu stiften, wenn

Christus wirklich gekommen ist, um Frieden zu bringen, dann ist es naheliegend, dass auch wir dem Leid, dem Notvollen, allem Schwachen, ja, dem Sterben und dem Tod in grundlegender Versöhnungsbereitschaft begegnen dürfen. Sogar Christus hat sich dem Schöpfungsgesetz des Sterbens unterworfen. Wieso sollen wir uns sperren? Befriedung ist möglich. Versöhnung ist der Weg.

Ab diesem Augenblick, ab dem Zeitpunkt, zu dem wir uns mit dem Tod und seinen Vorboten versöhnt und uns mit der Tatsache des Todes befriedet haben, müssen Krankheit, Leid und Schmerz, Schwachheit und Gebrechlichkeit nicht mehr um jeden Preis mit allen erdenklichen Mittel bekämpft und vermieden werden. Zwar wird niemand davon sprechen – das wäre krankhaft –, dass dies alles plötzlich geliebt werden müsste. Ein hoffnungsvolles Entspanntsein, ein getrostes Nach-vorne-Schauen, ein zuversichtliches Jasagen, ein dankbares Freisein: dies wäre das Ergebnis echter Versöhnung mit der Wirklichkeit dieser Welt, mitsamt allem Tod und all dessen Genossen. Weit weg von aller Schicksalsgläubigkeit, weit weg aber auch von aller krampfhaften Kampfansage an Wirklichkeiten, die nun einmal zu dieser aktuellen Welt und momentanen Weltgeschichte gehören. Das wäre buchstäblich ent-stressend, tief menschlich und würde uns zum ungeteilten Menschsein führen.

Das Verblüffende an dieser Grundhaltung ist: Wir sind nicht nur in unserer Beziehung zum Lebensende, Sterben und Tod entspannt und befriedet, sondern insgesamt zu allem Älterwerden, ja, zu allem Langsamer-Werden, zu allem weniger Schönen, zum Alter schlechthin. Alter ist dann definitiv keine zu bekämpfende Krankheit mehr, vielmehr eine ganz normale Lebensphase und, wenn es gut geht, Sprungbrett in das eigentliche, noch bevorstehende Leben ohne Schmerz, Einengung und Begrenzung.

Die Welt hat Zähne. Und mit denen beißt sie zu, wann immer sie will, »unentwegt«, wie der Soziologe Peter Gross angesichts des Todes seiner über alles geliebten Ursula sagt. Logisch und mehr als verständlich, dass wir versuchen, den Tod und seine Vorboten auf Distanz zu halten. Doch wer es schafft, dies versöhnt, befriedet und nicht verbissen und verbittert zu tun, der lebt auf und kann durchatmen. Er weiß: dem Tod ist die Macht genommen. Ich kann ihm in die Augen sehen. Ich sehe nicht auf seine Fratze, sondern durch diese hindurch auf das Erfrischende und Gewinnende der dahinterliegenden Welt, die auf einzigartige Weise aufleuchtet. Der Tod hat definitiv nicht das letzte Wort. Gut, wenn wir ihn etwas weniger ernst nehmen. Entspannt und innerlich versöhnt darf ich mit seiner Wirklichkeit umgehen.

Das Schönste kommt noch – vom Finale

»Ohne ein Leben nach dem Sterben bleibt dieses Leben ein fantastisches Chaos, die Erde ein unbegreifliches Riesengrab und unser Geborensein ein Verbrechen, auf welches die Todesstrafe gesetzt ist. Verstanden kann das Leben nur werden im Lichte der Ewigkeit.«
Dr. Carl L. Schleich, 1859–1922[63]

»Wunderbare Verwandlung. Die starken, tätigen Hände sind dir gebunden. Ohnmächtig, einsam siehst du das Ende deiner Tat. Doch du atmest auf und legst das Rechte still und getrost in stärkere Hände...«
»Komm nun, höchstes Fest auf dem Weg zur ewigen Freiheit, Tod, leg nieder beschwerliche Ketten und Mauern unseres vergänglichen Leibes und unserer verblendeten Seele, dass wir endlich erblicken, was hier zu sehen uns missgönnt ist. Freiheit, dich suchten wir... sterbend erkennen wir nun im Angesicht Gottes dich selbst.«
Dietrich Bonhoeffer[64]

»Das Schönste kommt noch.« Das ist der Titel eines Buchs von Fritz Rienecker. Im Untertitel heißt es: »Vom Leben nach dem

Sterben«. Sterben ist kein gegen die graue Wand fahren. Vielmehr ein Schritt in das Schönste, was je uns Menschen zugedacht worden ist. Die Bibel ist, wie Fritz Rienecker und viele andere mit ihm aufzeigen, voller Beschreibungen und Zusagen zum Kommenden. Altes und Neues Testament laufen, so könnte man sagen, über von dem, was Gott für kommende Zeiten vorschwebt. Das Beste: keiner muss, jeder darf da dabei sein. Im Gericht wird es sich entscheiden. Hier wird der Gott der Liebe sagen: Jetzt darf geschehen, was du, Mensch, wolltest. »Dein Wille, lieber Mensch, geschehe«, wird Gott sagen. Der Gott der Liebe akzeptiert und toleriert – erträgt und erleidet – die gegebenenfalls negative Entscheidung des Menschen. Billige Lösungen wird es nicht geben.

> Altes und Neues Testament laufen, so könnte man sagen, über von dem, was Gott für kommende Zeiten vorschwebt.

Eigenartig, dass plötzlich aus einer ganz andern, unerwarteten Ecke das Stichwort der Selbst-Bestimmung aufkommt. Es scheint, als könnte und dürfte ich selbst bestimmen, ob ich mein Leben von der von Gott verheißenen und in Aussicht gestellten Wirklichkeit her deuten und verstehen möchte oder ob ich mein Leben an die »graue Wand« fahren will. Worauf gehe ich zu? Darüber darf ich heute entscheiden.

Bildlich wird das in der folgenden Grafik ausgedrückt:

WAS SEHE ICH?

Die graue Wand oder

Die graue Wand mit Durch- und Ausblick

Vor mir: Die graue Wand,
das graue Ende,
ohne Durchblick

Vor mir: Die graue Wand,
mit Durchblick auf das,
was verheissen ist.
Kann ich es schon sehen?

Abbildung 5: Was sehe ich?

Der Titel des Buches von Gian D. Borasio – er wird auch der »Sterbepapst« genannt – zum Thema Sterben und Sterbehilfe ist tiefsinnig zweideutig: »Selbst bestimmt sterben«. Ja, bestimmt werden wir alle selbst sterben. Niemand wird uns dies abnehmen. Aber Zustimmung erfährt auch, dass wir selbst bestimmen, wie wir es mit dem Tod und dem, was danach kommt, haben wollen. Echte Selbstbestimmung ist angezeigt.

Hinter der geöffneten »grauen Wand« verbirgt sich jene letzte Wirklichkeit, in die hinein Dietrich Bonhoeffer aus vergitterten Fenstern blickte. Angerührt und bewegt von dieser letzten Wirklichkeit sagte er am Abend vor seiner Hinrichtung den letzten uns überlieferten Satz seines Daseins: »Dies ist das Ende – für mich der Beginn des Lebens.«

Das Schönste kommt noch. Wer sich in diesem gedanklichen Raum aufhält, bleibt nicht unberührt. Es bewegt ihn, es rührt ihn an, und zwar so sehr, dass bisherige Prägungen, bisherige Mentalitäten, bisherige Lebens- und Denkmuster plötzlich in den Grundfesten erschüttert werden. Die bisherige Boomer-Leitinstanz sagt zwar: »Wag's, wag den Schritt in den letzten dir verfügbaren und dir bereiteten Raum. Das wirst du schaffen. Das liegt dir.« Doch die andere Prägung sagt: »Das kann doch nicht wahr sein. Lassen, loslassen, aus den Händen geben, bloß vertrauen, nicht selbst machen, sich nicht selbst leiten: das ist zu viel, das kann nicht gut gehen.«

Dieser Zwiespalt scheint unserer Generation auferlegt zu sein. Dieses Zwiespältige werden wir wohl nie gänzlich abstreifen können. Darin haben wir uns wohl zu bewähren. Darin wird sich unsere Mündigkeit zu erweisen haben. Daran wird sich unsere Reife messen. Unser Umgang damit ist der letzte Teil, der Schlussakkord, das Finale unseres Vermächtnisses an die nach uns kommenden Generationen.

Was ich durch den Türspalt, oder eben durch das »Loch in der grauen Wand«, sehen und schauen darf, ist so sehr werbend und einladend, dass stabilste Verankerungen und stahlharte Fixierungen meines Lebens in Bewegung geraten. Da fehlen die Worte. Atemloses Staunen. Ungehindertes Sich-Aufrichten. Grund zu wahrer Freude. Hier werden keine Luftschlösser gebaut, vielmehr bekommen wir Einblick in ungeahnte Weiten, werfen einen Blick in die eine letzte, ewige, himmlische Welt. Wer will sich dem widersetzen?

Was uns, gerade in aller Zwiespältigkeit, heute verfügbar ist, sind eine Reihe von Landkarten, Wegweisern und Reisebeschreibungen, die wir in besonderer Weise im Alten und Neuen Testament auffinden, aufspüren und erahnen können. Wer die Landkarten und Beschreibungen mit den Augen des Herzens studiert, tankt Hoffnung und gewinnt Mut. Er spürt: Das noch nicht Anwesende drängt die Wucht des jetzt noch Anwesenden in den Hintergrund. Was gesehen wird, lässt bisher Erfahrenes zurückstehen. Finales besiegt Kausales: Nicht mehr die Warum-Frage ist bestimmend, sondern die Wohin-Frage. Das ist großartige Einladung. Eine Einladung an unsere eigenartige Generation, unsere Generation in ihrer vollen Eigenart. Auch diese ureigene Art kann nicht verhindern, dass wir die größte Einladung unseres Lebens annehmen, bejahen und ihr folgen.

Wer sind wir, wenn wir Christen sind oder werden wollen? Wir sind Menschen, die genau diese eine, kommende Wirklichkeit sehen, glauben und wahr-nehmen. Und damit sind wir nicht mehr Menschen von gestern, sondern Menschen von morgen, im Morgen daheim. Wir sind jene, die im Kommenden zu Hause sind. Wir sind diejenigen, die vom Kommenden her das Gegenwärtige sehen, deuten und einordnen. Wir leben vom neuen Himmel und von der neuen Erde her. Wir sind jene Menschen, die dem Alter buchstäblich die entscheidend wichtige neue Note geben, den unverzichtbar neuen Duft verschaffen, das Alter mit einer neuen, unnachahmlich wohltuenden Melodie begleiten.

Ohne Frage: Spätestens vor diesem goldenen Hintergrund haben Alter und Altern Zukunft, einzigartige Zukunft.

»Herr«, so könnten wir beten, »lehre uns den richtigen Blick auf das Heute. Nicht nur nach dem Tod, sondern jetzt schon, vor dem Tod, vielleicht lange vor unserem persönlichen Tod. Lass uns das Leben finden, das Leben, das im Kommenden und damit im unerdenklich Schönen verankert ist, das Leben, das das Letzte nicht im Hier und Jetzt sucht, sondern das Leben, das jetzt bereits ganz entspannt mit allen erfreulichen und weniger erfreulichen Seiten umzugehen vermag, weil es im Kommenden zu Hause ist. Danke, Herr, dass wir dieses unerdenklich Schöne, ja, dich selbst, das Leben schlechthin, eines Tages sehen dürfen.«

Ohne Frage: Spätestens vor diesem goldenen Hintergrund haben Alter und Älterwerden Zukunft, eine einzigartige Zukunft. Es gibt ein gelassenes Sterben. Ich darf es wählen, selbstbestimmt. Hier leuchtet glaubwürdig auf, was uns verheißen ist und was Gott vorschwebt. »Der Gerechte«, so sagt uns Psalm 92, »wird grünen wie ein Palmbaum, er wird wachsen wie eine Zeder auf dem Libanon. (...) Und wenn sie auch alt werden, werden sie dennoch blühen, fruchtbar und frisch sein, dass sie verkündigen, wie der Herr es recht macht« (Psalm 92,13-16; L).

Wer will vor einem solchen Hintergrund das Alter nicht nochmals neu entdecken und erobern? Wollen wir nicht geradezu älter werden? Zieht es uns nicht in dieses Gesund-älter-werden-Wollen? Die Reihe ist an uns, den sogenannten Babyboomern. Danke an alle, die mitmachen und mithelfen. Danke an alle, die Größeres sehen und unterstützen!

Zum Schluss: Ein Plädoyer

»Ich will eine wilde Alte werden.«
Heike Bischoff-Ferrari, die als Professorin die europaweit größte Studie in der Altersmedizin leitet.[65]

»Wir erleben derzeit wieder die Geburtswehen einer buchstäblich neuen Welt, mit anderem Funktionieren und anderer Grundordnung.«
Prof. Dr. Fredmund Malik[66]

Eine neue Zeit steht an. Etwas Neues liegt in der Luft. Das kann und wird auch das Alter betreffen. Modern war das, was wir unter dem Stichwort Anti-Aging verstanden haben. Zukunftsträchtig ist etwas fundamental anderes.

Gott ist Liebhaber des Lebens. Menschen sind eingeladen, sich dieser Liebhaberschaft anzuschließen. Gott liebt das Leben, und weil er das Leben liebt, liebt er auch das Alter. Pro-Aging liegt buchstäblich in der Luft. In dieser Spur können wir gar nicht anders, als ein großes Plädoyer für eine Bewegung auszurichten, zuerst an uns Babyboomern, dann aber weit darüber hinaus. Wir plädieren für eine Pro-Aging-Bewegung, eine Bewegung, die das Alter bejaht, die für das Alter eintritt, die das Alter liebt. Pro-Aging: weil es nicht nur eine ablaufende, sondern eine anlaufende Geschichte gibt, nicht nur einen zerfallenden äußeren, sondern einen sich (täglich) erneuernden inneren Menschen, nicht nur eine Ordnung des Todes, sondern eine in allem Älterwerden aufleuchtende Ordnung des Lebens.

Auf zwei Säulen wird diese Bewegung ruhen: auf der Säule der Hohen Schule des Älterwerdens und auf der Säule des Hingehens in die konkreten Lebensräume des Alters. An der Hohen Schule werden wir – als Jüngere und als bereits Gereiftere – sehen lernen, und im Hingehen werden wir Menschen im Alter und Älterwerden begegnen, ihnen erzählen, sie ermutigen, sie zu Vertrauen und Hoffnung anreizen, uns beschenken lassen – bei ihnen zu Hause, in Alterswohnungen, in Pflegheimen, in Hospizeinrichtungen.

Gott hat diesen alten Kontinent Europa in den vergangenen zwei Jahrtausenden auch in und nach größten Erschütterungen und Krisen nie fallen gelassen. Die aktuelle demografische Entwicklung mag uns in ein weiteres fundamentales Beben treiben. Wir glauben, dass auch dieses Beben es nicht schafft, uns den Boden unter den Füßen wegzuziehen. Was nötig ist, sind Menschen, die im Kommenden verankert und verwurzelt sind, und die entlang dem von Gott Zugesagten das, was kommt, vor Augen malen und erzählen. Solche Menschen sind im wahrsten Sinne des Wortes Zukunftserzähler und Zukunftsmaler. Diese Menschen sind pro Leben, deshalb pro Alter, im wahrsten Sinne des Wortes »Pro-

Ager«. Das ist wild – und damit uns Babyboomern in besonderer Weise angemessen. Und das ist Grund zum Feiern. Der Traum: dass solche Pro-Ager es nicht lassen können, in Stadthallen und Kongresszentren zu feiern, dass sie älter werden dürfen, dass sie Zukunft haben und dass das Beste noch kommt.

Literaturverzeichnis

Ahrens, Hanna: So möchte ich älter werden. Gießen: Brunnen, 2007. 111 S.

Aleman, André: Wenn das Gehirn älter wird. Was uns ängstigt, was wir wissen, was wir tun können. München: Beck, 2013. 240 S.

Antz, Eva-Maria und andere: Generationen lernen gemeinsam. Methoden für die intergenerationelle Bildungsarbeit. Bielefeld: Bertelsmann, 2009. 149 S.

Becker (von), Bernhard: Babyboomer. Die Generation der Vielen. Berlin: Suhrkamp, 2014. 149 S.

Borasio, Gian Domenico: Selbst bestimmt sterben: Was es bedeutet. Was uns daran hindert. Wie wir es erreichen können. München: C.H. Beck, 2014. 206 S.

Borasio, Gian Domenico: Über das Sterben. Was wir wissen, was wir tun können, wie wir uns darauf einstellen. München: DTV, 10. Auflage 2013. 208 S.

Bruhns, Annette; Lakotta, Beate; Pieper, Dietmar (Hrsg.): Demenz. Was wir darüber wissen, wie wir damit leben. München: Goldmann, 2013. 296 S.

Domian, Jürgen: Interview mit dem Tod. München, Goldmann, 2014. 176 S.

Dreikurs, Rudolf: Grundbegriffe der Individualpsychologie. Stuttgart: Klett-Cotta, 1981. 180 S.

Frankl, Viktor E.: Der Wille zum Sinn. Bern: Huber und Hogrefe, 6. Auflage 2012. 261 S.

Gronemeyer, Reimer: Altwerden ist das Schönste und Dümmste, was einem passieren kann. Hamburg: Körber-Stiftung, 2014. 210 S.

Gronemeyer, Reimer: Das 4. Lebensalter. Demenz ist keine Krankheit. München: Pattloch, 2013. 303 S.

Gronemeyer, Reimer: Die Entfernung vom Wolfsrudel. Über den drohenden Krieg der Jungen gegen die Alten (2. Auflage 2004 als »Kampf der Generationen«). Düsseldorf: Claassen, 1989. 176 S.

Gross, Peter: Die Multioptionsgesellschaft. Frankfurt: Suhrkamp, 1995. 435 S.

Gross, Peter: Ich muss sterben. Im Leid die Liebe neu erfahren. Freiburg: Herder, 2015. 157 S.

Gross, Peter: Wir werden älter – Vielen Dank – Aber wozu? Vier Annäherungen. Freiburg, Basel, Wien: Herder, 2013. 158 S.

Gross, Peter; Fagetti, Karin: Glücksfall Alter: Alte Menschen sind gefährlich, weil sie keine Angst vor der Zukunft haben. Freiburg: Herder, 2013. 191 S.

Grün, Anselm: Die hohe Kunst des Älterwerdens. Münsterschwarzach: Vier Türme Verlag, 8. Auflage, 2010. 166 S.

Gründinger, Wolfgang: Aufstand der Jungen. Wie wir den Krieg der Generationen vermeiden können. München: Beck, 2009. 267 S.

Guardini, Romano: Die Lebensalter. Ihre ethische und pädagogische Bedeutung. Würzburg 1953 bzw. Kevelaer: Topos Plus, 13. Auflage 2010. 100 S.

Heckel, Margaret: Die Midlife-Boomer. Warum es nie spannender war, älter zu werden. Hamburg: Körber-Stiftung, 2012. 218 S.

Huth, Werner: Instant-Mystik ist nicht gefragt. In: Deutsches Allgemeines Sonntagsblatt Nr. 36, 8.9.1985.

Hüther, Gerald: Was wir sind und was wir sein könnten. Ein neurobiologischer Mutmacher. Frankfurt: Fischer, 5. Auflage 2011. 189 S.

Kast, Verena: Was wirklich zählt, ist das gelebte Leben. Die Kraft des Lebensrückblickes. Freiburg: Herder, 2014. 192 S.

Izzo, John: Die fünf Geheimnisse, die Sie entdecken sollten, bevor Sie sterben. München: Goldmann, 5. Auflage, 2010. 237 S.

Kleinicke, Romy: Die Zukunft der Babyboomer. Bevölkerungsentwicklung und Pflegesituation in Deutschland 2020/2030. Saarbrücken: VDM-Verlag, 2008. 109 S.

Korte, Martin: Jung im Kopf. Erstaunliche Einsichten der Gehirnforschung in das Älterwerden. München: Deutsche Verlags-Anstalt, 4. Auflage 2013. 328 S.

Kruse, Andreas: Die Grenzgänge des Johann Sebastian Bach. Psychologische Einblicke. Berlin, Heidelberg: Springer, 2. Auflage 2014. 367 S.

Küng, Hans; Will, Anne: Glücklich sterben? Hans Küng im Gespräch mit Anne Will. München: Piper, 2014. 160 S.

Miegel, Meinhard: Exit. Wohlstand ohne Wachstum. Berlin: List. 2011. 300 S.

Müller, Markus: Trends 2016. Die Zukunft lieben. Basel: Brunnen, 2. Auflage 2012. 319 S.

Müller, Markus: Trends 2021. Es wird anders werden. Basel: Brunnen, 2012. 382 S.

Müller, Markus: Neue Leitplanken statt alte Werte. Antenne, erf schweiz. Juli 2015.

Opaschowski, Horst W.: Wohlstand neu denken: Wie die nächste Generation leben wird. Gütersloh: Gütersloher Verlagshaus, 2009. 240 S.

Perrig-Chiello, Pasqualina und Höpflinger, François: Die Babyboomer. Eine Generation revolutioniert das Alter. Zürich: Verlag Neue Zürcher Zeitung, 2009. 159 S.

Rappard, Dora: Frohes Alter. Zeugnisse von Glauben, Lebensmut und Zuversicht. Gießen: Brunnen, 21. Auflage, 1995. 182 S.

Renz, Monika: Zeugnisse Sterbender. Todesnähe als Wandlung und letzte Reifung. 4. Auflage. Paderborn: Junfermann, 2008. 223 S.

Richo, David: Fünf Dinge, die wir nicht ändern können, und das Glück, das daraus entsteht. Oberstdorf: Windpferd, 3. Auflage 2013. 248 S.

Rienecker, Fritz: Das Schönste kommt noch. Vom Leben nach dem Sterben. Witten: SCM R. Brockhaus, 3. Auflage 2015.

Rohr, Richard: Nur wer absteigt, kommt auch an. Die radikale Botschaft der Bibel. 2. Auflage. München: Claudius, 2010. 116 S.

Sanders, Oswald J.: Das Alter, die besten Jahre. Alt werden und doch jung bleiben. Bad Liebenzell: Verlag der Liebenzeller Mission, 1987. 139 S.

Scherf, Henning: Grau ist bunt. Was im Alter möglich ist. Freiburg: Herder, 2007. 280 S.

Schmidbauer, Wolfgang: Ein Land – drei Generationen. Psychogramm der Bundesrepublik. Freiburg: Herder, 2009. 259 S.

Schulz, Uwe: Nur noch eine Tür. Letzte Gespräche an der Schwelle des Todes. Basel: fontis, 2014. 255 S.

Sloterdijk, Peter: Die schrecklichen Kinder der Neuzeit. Berlin: Suhrkamp, 2014. 489 S.

Spaemann, Robert; Wannenwetsch, Bernd: Guter, schneller Tod. Von der Kunst, menschenwürdig zu sterben. Basel: Brunnen, 2013. 111 S.

Stolze, Cornelia: Vergiss Alzheimer. Die Wahrheit über eine Krankheit, die keine ist. Köln: Kiepenheuer & Witsch, 2011. 252 S.

Ware, Bronnie: 5 Dinge, die Sterbende am meisten bereuen. Einsichten, die Ihr Leben verändern werden. München: Arkana, 9. Auflage, 2013. 251 S.

Westermann, Christine: Da geht noch was. Mit 65 in die Kurve. Köln: Kiepenheuer & Witsch, 2015. 192 S.

Whitehouse, Peter J.; George, Daniel: Mythos Alzheimer. Was Sie schon immer über Alzheimer wissen wollten, Ihnen aber nicht gesagt wurde. Bern: Huber, 2009. 344 S.

Wolff, Hans Walter: Anthropologie des Alten Testaments. Gütersloh: Gütersloher Verlagshaus, 2010. 414 S.

Abbildungen

Abb. 1 (S. 69): »Das Stufenalter des Menschen«. Quelle:
https://commons.wikimedia.org/wiki/File:Stufenalter_01.jpg

Abb.2 (S. 107): »Schweizerische 100-Franken-Note
von 1956–1980«. Quelle: http://www.banknoteworld.it/images/
SWITZERLAND/SWISS-49nR.jpg

Abb. 3 (S. 146): »Eckpfeiler zum mündigen und gelungenen
Älterwerden«
(Grafik des Autors).

Abb. 4 (S. 191): »Schlüsselfelder im Ereignis Älterwerden«
(Grafik des Autors).

Abb. 5 (S. 236): »Was sehe ich?«
(Grafik des Autors).

Anmerkungen

[1] Gronemeyer, Reimer: Altwerden ist das Schönste und Dümmste, was einem passieren kann. Hamburg: Körber-Stiftung, 2014, S. 201.

[2] Bernhard von Becker: Babyboomer. Die Generation der Vielen. Berlin: Suhrkamp, 2014, S. 13.

[3] Pasqualina Perrig-Chiello und François Höpflinger: Die Babyboomer. Eine Generation revolutioniert das Alter. Zürich: Verlag Neue Zürcher Zeitung, 2009, S. 16.

[4] Becker, Babyboomer, a. a. O., S. 16.

[5] Die ZEIT 19. 3. 2015.

[6] Becker, Babyboomer, a. a. O., S. 13.

[7] Becker, Babyboomer, a. a. O., S. 87.

[8] Perrig-Chiello und Höpflinger, a. a. O.

[9] Becker, Babyboomer, a. a. O., S. 71.

[10] Reimer Gronemeyer, Altwerden, a. a. O., S. 64-65.

[11] Florian Illies: Generation Golf. Eine Inspektion, Frankfurt: Fischer, 1. Aufl. 2000.

[12] Wolfgang Schmidbauer: Ein Land – drei Generationen. Psychogramm der Bundesrepublik. Freiburg: Herder, 2009, S. 127.

[13] Die ZEIT vom 22. 3. 2012.

[14] Horst W. Opaschowski: Wohlstand neu denken: Wie die nächste Generation leben wird. Gütersloh: Gütersloher Verlagshaus, 2009, S. 101.

[15] Meinhard Miegel: Exit. Wohlstand ohne Wachstum. Berlin: Propyläen, 3. Aufl. 2010, S. 30-32.

[16] Markus Müller: Trends 2021. Es wird anders werden. Basel: Brunnen, 2012. S. 272-282.

[17] Bernd Ulrich in der ZEIT vom 29. 4. 2015.

[18] SRF online am 11. 6. 2015.

[19] Die ZEIT vom 27. 3. 2013.

[20] Margaret Heckel: Die Midlife-Boomer. Warum es nie spannender war, älter zu werden. Hamburg: Körber-Stiftung, 2012.

[21] Heckel: Die Midlife-Boomer, a. a. O., S. 18.

[22] Martin Korte: Jung im Kopf. Erstaunliche Einsichten der Gehirnforschung in das Älterwerden. München: Deutsche Verlags-Anstalt, 4. Auflage 2013, S. 29.

[23] André Aleman: Wenn das Gehirn älter wird. Was uns ängstigt, was wir wissen, was wir tun können. München: Beck, 2013, S. 15.

[24] Gronemeyer, Altwerden, a. a. O., S. 74.

25 Vgl. Gross, Peter; Fagetti, Karin: Glücksfall Alter: Alte Menschen sind gefährlich, weil sie keine Angst vor der Zukunft haben. Freiburg: Herder, 2013, S. 10-11.

26 Dora Rappard: Frohes Alter. Zeugnisse von Glauben, Lebensmut und Zuversicht. Gießen: Brunnen, 21. Auflage, 1995, S. 14.

27 Heckel: Die Midlife-Boomer, a. a. O., S. 89.

28 The Economist, 16. 12. 2010

29 Andreas Kruse: Die Grenzgänge des Johann Sebastian Bach. Psychologische Einblicke. Berlin, Heidelberg: Springer, 2. Auflage 2014, S. 4.

30 David Richo: Fünf Dinge, die wir nicht ändern können und das Glück, das daraus entsteht. Oberstdorf: Windpferd, 3. Auflage 2013.

31 John Izzo: Die fünf Geheimnisse, die Sie entdecken sollten, bevor Sie sterben. München: Goldmann, 5. Auflage, 2010.

32 Bronnie Ware: 5 Dinge, die Sterbende am meisten bereuen. Einsichten, die Ihr Leben verändern werden. München: Arkana, 9. Auflage, 2013.

33 Izzo: Fünf Geheimnisse, S. 9.

34 Romano Guardini: Die Lebensalter. Ihre ethische und pädagogische Bedeutung. Würzburg 1953 bzw. Kevelaer: Topos Plus, 13. Auflage 2010.

35 Weltwoche vom 4. 12. 2014.

36 Hans Küng, Anne Will: Glücklich sterben? Hans Küng im Gespräch mit Anne Will. München: Piper, 2014, S. 23.

37 Verena Kast: Was wirklich zählt, ist das gelebte Leben. Die Kraft des Lebensrückblickes. Freiburg, Herder, 2014.

38 zit. nach Mangalvadi, Vishal: Das Buch der Mitte. Wie wir wurden, was wir sind: Die Bibel als Herzstück der westlichen Kultur. Basel: fontis, 2014, S. 117.

39 Peter Sloterdijk: Die schrecklichen Kinder der Neuzeit. Berlin: Suhrkamp, 2014, S. 9.

40 Gronemeyer, Altwerden, S. 175.

41 zit. nach Reimer Gronemeyer, Das 4. Lebensalter. Demenz ist keine Krankheit. München: Pattloch, 2013, S. 30.

42 Dietrich Bonhoeffer: Widerstand und Ergebung. Briefe und Aufzeichnungen aus der Haft. Hrsg. von Christian Gremmels, Eberhard Bethge u. a., DBW Bd. 8, 1998, S. 513.

43 Das Lied »Du bist du« stammt von Jürgen Werth.

44 Rudolf Dreikurs, Grundbegriffe der Individualpsychologie. Stuttgart: Klett-Cotta, 13. Aufl. 2013, S. 28-29.

45 Klaus Dörner in Reimer Gronemeyer, Das 4. Lebensalter. a. a. O., S. 11.

46 Peter J. Whitehouse und Daniel George: Mythos Alzheimer. Was Sie schon immer über Alzheimer wissen wollten, Ihnen aber nicht gesagt wurde. Bern: Huber, 2009.

47 Cornelia Stolze: Vergiss Alzheimer. Die Wahrheit über eine Krankheit, die keine ist. Köln: Kiepenheuer & Witsch, 2011.

48 Reimer Gronemeyer: Das 4. Lebensalter. Demenz ist keine Krankheit. München: Pattloch, 2013.

49 Gronemeyer, Das 4. Lebensalter, a.a.O., S. 21.

50 Die ZEIT vom 23. Juli 2015.

51 Peter Gross: Wir werden älter – Vielen Dank – Aber wozu? Vier Annäherungen. Freiburg: Herder, 2013, S. 136.

52 Gronemeyer, Altwerden, a.a.O., S. 51 und 58.

53 Markus Müller: Neue Leitplanken statt alte Werte, Antenne, erf schweiz, Juli 2015.

54 Die ZEIT vom 20.8.2015

55 Bernhard von Becker: Babyboomer, Die Generation der Vielen, Berlin: Suhrkamp, 2014.

56 Siehe Markus Müller, Trends 2016. Die Zukunft lieben. Basel: Brunnen, 2. Auflage, 2012; ders. Trends 2021. Es wird anders werden. Basel: Brunnen, 2012.

57 Vgl. Wolfgang Gründinger: Aufstand der Jungen. Wie wir den Krieg der Generationen vermeiden können. München: Beck, 2009; oder bereits Reimer Gronemeyer: Die Entfernung vom Wolfsrudel. Über den drohenden Krieg der Jungen gegen die Alten (2. Auflage 2004 als »Kampf der Generationen«). Düsseldorf: Claassen, 1989.

58 Die ZEIT vom 9. Juli 2015.

59 Monika Renz: Zeugnisse Sterbender, Todesnähe als Wandlung und letzte Reifung, 4. Auflage, Paderborn: Junfermann, 2008.

60 Tagesanzeiger vom 22.9.2015.

61 Gian D. Borasio in seinem Buch: Selbst bestimmt sterben. Was es bedeutet. Was uns daran hindert. Wie wir es erreichen können. München: C.H. Beck, 2014, S. 10.

62 Uwe Schulz: Nur noch eine Tür. Letzte Gespräche an der Schwelle des Todes. Basel: fontis, 2014.

63 Zit. aus Fritz Rienecker: Das Schönste Kommt noch. Vom Leben nach dem Sterben. Witten: SCM R. Brockhaus, 3. Auflage 2015, S. 3.

64 Dietrich Bonhoeffer: Widerstand und Ergebung. Briefe und Aufzeichnungen aus der Haft. Hrsg. von Christian Gremmels, Eberhard Bethge u.a., DBW Bd. 8, 1998, S. 570ff.

65 Neue Zürcher Zeitung am 24.3.2015.

66 Die ZEIT vom 15.5.2014.

Jürgen Werth

Mehr Anfang war selten
Tagebuch eines Abschieds

Gebunden, 10,5 x 16,5 cm, 192 Seiten
Nr. 395.647, ISBN 978-3-7751-5647-9
Auch als E-Book

Der Schritt in den Ruhestand führt in einen unbekannten Dschungel.
Jürgen Werth, langjähriger Chef von ERF Medien, hat ihn hinter sich.
Hier das Tagebuch einer emotionalen Achterbahnfahrt eines Abschieds
und eines Neubeginns.

Jörg Ahlbrecht

Die große Kraft der kleinen Tode
Memento mori – ein vergessener Weg
zu einem erfüllten Leben

Gebunden, 14 x 21,5 cm, 168 Seiten
Nr. 226.725, ISBN 978-3-4172-6725-9
Auch als E-Book

Jörg Ahlbrecht stellt die geistliche Übung des »Memento mori« vor, bei
der man sich mit dem Gedanken des Todes auseinandersetzt. Der Nutzen dieser Übung ist ein bewussteres, tieferes Leben, mehr Dankbarkeit,
mehr Gelassenheit, eine klarere Sicht auf das, was wirklich wichtig ist.

Bitte fragen Sie in Ihrer Buchhandlung nach diesen Büchern!
Oder schreiben Sie an: SCM Verlag, D-71087 Holzgerlingen;
E-Mail: info@scm-verlag.de; Internet: www.scmedien.de